U0506360

洛阳伽蓝记

北魏 杨衒之 著

龚文静 译释

上海古籍出版社

图书在版编目(CIP)数据

洛阳伽蓝记/(北魏)杨衒之著;龚文静译释. --
上海:上海古籍出版社,2024.12(2025.9重印)
ISBN 978 - 7 - 5732 - 1000 - 5

Ⅰ.①洛… Ⅱ.①杨… ②龚… Ⅲ.①《洛阳伽蓝记
》 Ⅳ.①K928.75 ②K296.13

中国国家版本馆 CIP 数据核字(2024)第 002821 号

洛阳伽蓝记

[北魏]杨衒之 著　龚文静 译释

上海古籍出版社　出版发行

(上海市闵行区号景路 159 弄 1 - 5 号 A 座 5F　邮政编码 201101)
(1) 网址:www.GUJI.com.cn
(2) E-mail:guji1@guji.com.cn
(3) 易文网网址:www.ewen.co
上海展强印刷有限公司印刷

开本 890×1240　1/32　印张 14.75　插页 3　字数 330,000
2024 年 12 月第 1 版　2025 年 9 月第 2 次印刷
印数:3,101—5,200
ISBN 978 - 7 - 5732 - 1000 - 5

K·3530　定价:75.00 元
如有质量问题,请与承印公司联系
电话:021-66366565

目 录

序

孙英刚

魏晋南北朝时期，中国文明经历了大约三百年的分裂。在这漫长的分裂时期，战乱频仍，生灵涂炭，似乎是中国历史上的一个"黑暗"时期。但是同时，旧的思想桎梏解除，思辨哲学发展；佛教传入，带来新的信仰和文化元素；道教不断改造，神仙体系完善；代表当时主要自然知识体系的阴阳五行继续发展，呈现出新的形式；各种知识和信仰交相辉映，互相影响，中国文明呈现出空前的思想自由、文化繁荣的场景。这三百年中形成的知识、思想和信仰体系，几乎重塑了中华文化的基本内涵，为未来的文明发展轨迹指明了方向，很多以后中国文明的要素，都可以从这段时期找到源头。从这个角度讲，魏晋南北朝是中国历史上一个知识和信仰世界再造的重要时期。

这其中最重要的历史事件之一，就是佛教带来了新文化基因。我们一贯将佛教史视为魏晋南北朝史的一部分，但若换一个角度看，魏晋南北朝也是佛教在亚洲大陆兴起和传播中的一环。这是人类历史上的一件大事，不止是宗教信仰的传入与传出、政治意识形态的冲突与融合，亦几乎是中国知识和观念的全面革新：地理知识、宇宙观、生命轮回、语言系统、新的艺术形式、风俗习惯、城市景观，等等。这种文化融合和再造不仅是"取塞外野蛮精悍之血，注入中原文化颓废之躯"，更是高度发达的知识和信仰体系之间的磨合。仅仅从政治史的层面讲，佛教对未来美好世界的描述，以及对理想的世俗君主的界定，在数百年中，对当时中土政治的理论和实践都产生了重要的影响，包括政治术语、帝国仪式、君主头衔、礼仪革新、建筑空间等各个方面。又比如从城市空间的角度看，佛教兴起之前的中国城市，基本上分为"官""民"两种空间，国家祭司的礼仪空间老百姓是进不去的。佛教出现之后，在官—民的结构之外，提供了双方都可以去的近乎公共空间的场域；城市空间在世俗空间之外，也出现了宗教（神圣）空间。从《洛阳伽蓝记》中，我们可以生动地读出这种变化带来的城市活力。

北魏洛阳城从魏孝文帝太和十七年（493）迁都于此，到东魏孝静帝元善见天平元年（534）迁都邺城之间，是整个北方的政治、经济、信仰中心。四十年间，修建寺院上千所，见证了佛教传入中国的盛况。尤其是熙平元年（516）修建的永宁寺塔，其在建造时模仿了公元2世纪前半期贵霜帝国皇帝迦腻色迦在犍陀罗故地修建的雀离浮图（迦腻色迦大塔）。在永宁寺塔修建之前，世界上最高的建筑是雀离浮图；永宁寺塔建成后，总高一百四十七米，成为世界上最高的建筑。这样一个转变，生动地诠释了世界佛教的中心从印度转移到犍陀罗（公元2世纪前后）、再转移到中国（公元6世纪初）的历史脉络。北魏洛阳城这些壮丽的佛塔和寺院，给后人留下来深刻的印象。东魏迁都邺城十余年后，抚军司马杨衒之重游洛阳，追记其往昔之盛，希望其梵声在文字中留存，写下了《洛阳伽蓝记》。全书分城内、城东、城西、城南、城北五卷，描绘了当年北魏洛阳城佛光照耀下的繁盛。

在此书中，龚文静君对《洛阳伽蓝记》进行注解并以现代汉语转写，语言清澈，叙事深入浅出，可读性极强。此书并不仅仅是对《洛阳伽蓝记》的简单翻译，而是加入了作者的研究和解读。龚文静君文献出身，从事历史研究，训练扎实，态度严谨，也期待她有更多的好作品。

译者说明

　　20 世纪 50 年代以来，致力于《洛阳伽蓝记》整理、校注工作的学人甚多，硕果累累，有张宗祥《洛阳伽蓝记合校本》（商务印书馆，1955 年版），周祖谟《洛阳伽蓝记校释》（中华书局，1963 年初版），范祥雍《洛阳伽蓝记校注》（上海古籍出版社，1978 年版），杨勇《洛阳伽蓝记校笺》（中华书局，2006 年版）等。

　　范祥雍本和周祖谟本均是优良的注释本，且各有偏重。范本优点：其一，不妄改、妄补、妄删，充分尊重原文，便于了解全书原貌；其二，注释考镜源流，详列各家，全面详备。不足之处则是注引缺乏取舍，材料冗长。周本优点：其一，明确区分正文与子注，方便读者阅读；其二，理出诸多历史版本的沿革头绪；其三，注文精炼，条例明晰。缺点则是割裂旧文，有改删之嫌。杨勇本突出贡献在于对《洛阳伽蓝记》正文、子注的进一步厘分。

　　21 世纪以来，学界对《洛阳伽蓝记》的研究愈发深入，涉及史学、文学、语言学、文字学、园林建筑学等方面。本书基于先贤研究进行，却也区别于传统译释：注重于对各寺庙条下的重大历史事件的背景进行必要补充、探幽发微；结合人物传记、墓志等展开描述，以丰满人物形象；至于文中涉及的佛事、异事、轶闻等，则结合佛典、僧传及志怪小说等进行解读，旨在带读者全方位感受《洛阳伽蓝记》中所记载的人、物、事。现对本书的释译情况，略作说明如下：

一、为求全面客观，原文取各家所长，主要以范本的校定为依准，同时以周本为参考。译释若逢范本与周本相左，范本有误，灼然无疑的，则按周本译，其余多依范本。

二、为使该书在体例上更加明晰，本书据周、杨本将正文和子注作了区分，子注部分前以"〇"之方式标示。

三、本书区别于传统译注，不专门将注释、翻译、释文分列，而于原文后统一作译释，力求与史实结合。需说明一点，原文中所引述诗文以及信件不译，于译释部分稍作解读，使得读者可自行玩味其原有文字之美。

四、凡引用古代文献，均不出脚注；凡引用现代作者著述，均于脚注中标明作者、书名、出版机构、出版时间、页码。译释内容涉及书籍的出版信息均于参考文献中标明。

碍于学识粗浅，恐诸多疏漏，敬请方家批评指正。

龚文静

2023 年 12 月于杭州

原序

杨衒之，关于其生卒年、籍贯、姓氏和仕途问题的讨论由来久矣，目前尚无确论。他约生于北魏宣武帝元恪执政时期（6世纪初期），卒于东魏末年或北齐初年（6世纪中后期）。其祖籍主要有平州（今河北遵化）和定州（今河北满城）二说；[①]关于姓氏主要有杨、阳、羊三说。[②]杨衒之曾任奉朝请、期城郡太守、抚军府司马、秘书监，[③]着手写《洛阳伽蓝记》是在武定五年（547年），抚军司马任上。

故地重游，满目城郭倾颓，寺观尽毁，杨衒之慨而叹之，强烈的使命感喷薄而出，《洛阳伽蓝记》就为抢救这段即将消逝的历史记忆而作。全书分五卷展开，自城内至城东、南、西、北各成一卷，按照距离远近，一寺一条，依次介绍。寺庙的变迁只是城市风貌的一个缩影，杨衒之从伽蓝着手，笔端关照到僧俗佛事，还从皇廷写到市井，从王公贵族写到黎民百姓，从宫门森森写到山水园林，从洛阳城内写到西域国外，又从故实、轶事写到洛阳时人的信仰世界。

---

① 据唐释道宣《广弘明集》卷六《王臣滞惑篇》称杨衒之是"北平人"，据《魏书·地形志》记载北魏时有两个"北平郡"，一在今河北遵化一带，属平州，另一在今河北满城一带，属定州。

② 关于《洛阳伽蓝记》作者的姓氏，历来有杨、羊、阳三种不同说法。《历代三宝记》《广弘明集》《法苑珠林》《隋书·经籍志》《景德传灯录》《宋史·艺文志》等皆载"杨"；《旧唐书·经籍志》《新唐书·艺文志》等载"阳"；《史通》《郡斋读书志》等则载"羊"。范祥雍、刘跃进等学者认为应是杨氏。周延年、周祖谟等学者认为"羊""杨"是误写，衒之应是阳氏。此外据《史通·补注》《郡斋读书志》《百川书志》等载：阳衒之出身于河南北平，当地有世家大族北平阳氏。

③ 任奉朝请一职见《洛阳伽蓝记》永宁寺条杨衒之之自述；期城太守一职见隋费长房《历代三宝记》；唐道宣《续高僧传》《大唐内典录》，唐道世《法苑珠林》称其为期城郡守；抚军司马一称多见如隐堂等刻本《洛阳伽蓝记》作者题记；秘书监一职见唐道宣《广弘明集》。

＊

　　三坟五典之说，九流百氏之言，并理在人区，而义兼天
外。至于一乘二谛之原，三明六通之旨，西域备详，东土靡
记。自项日感梦，满月流光，阳门饰豪眉之像，夜台图绀发
之形。尔来奔竞，其风遂广。至晋永嘉，唯有寺四十二所。
逮皇魏受图，光宅嵩洛，笃信弥繁，法教俞盛。王侯贵臣，
弃象马如脱屣；庶士豪家，舍资财若遗迹。于是昭提栉比，
宝塔骈罗，争写天上之姿，竞摹山中之影。金刹与灵台比
高，广殿共阿房等壮，岂直木衣绨绣，土被朱紫而已哉！

　　《三坟》《五典》的学说和诸子百家的言论，这些经典由古代
的圣君贤哲创立，其道理通行于人世，深湛的思想更能兼达天
外。至于一乘、二谛的源流，三明、六通的宗旨，在西域有详细
完备的记录，而我东土却鲜有记载。自从汉明帝（刘庄）夜梦佛
陀，佛法如同满月流光一般照澈而来。从洛阳城雄伟的开阳门，
到北邙山高大的显节陵，一时间都绘以相好庄严的佛像。从此人
人竞相皈依佛教，崇佛之风广为流行。晋朝永嘉年间，洛阳城中
还只有四十二所佛寺。等到大魏接受天命、定都洛阳，天下人崇
佛的信念愈加坚定，信众越来越多。不论王侯贵臣还是士庶豪
门，都豪爽地捐献家财以供养寺庙，遂使得洛阳城中寺庙、佛塔
鳞次栉比，大家都争相描绘佛陀在天上、山中显现的各式风姿。
佛塔顶端的金刹能与灵台相较高低，大殿建得如阿房宫一般富丽
壮阔，哪里是"木头穿起丝织绣袍，泥土染上朱紫二色"（句出
张衡《西京赋》）得以形容的华美呢！

孝文帝拓跋宏在都平城时便热衷供佛弘法。据《魏书·释老志》载:"承明元年八月,高祖于永宁寺,设太法供,督良家男女为僧尼者百有余人……自兴光至此,京城内寺新旧且百所,僧尼二千余人,四方诸寺六千四百七十八,僧尼七万七千二百五十八人。"及至迁都洛阳,他更是大兴佛事,"迁京之始,宫阙未就,高祖住在金墉城。城西有王南寺,高祖数诣寺沙门论义","十七年,诏立僧制四十七条。十九年四月,帝幸徐州白塔寺"。于是才出现杨衒之开篇所述"金刹与灵台比高,广殿共阿房等壮"之盛况。

*

暨永熙多难,皇舆迁邺。诸寺僧尼,亦与时徙。至武定五年,岁在丁卯,余因行役,重览洛阳。城郭崩毁,宫室倾覆,寺观灰烬,庙塔丘墟,墙被蒿艾,巷罗荆棘。野兽穴于荒阶,山鸟巢于庭树。游儿牧竖,踯躅于九逵;农夫耕老,艺黍于双阙。《麦秀》之感,非独殷墟;《黍离》之悲,信哉周室。京城表里,凡有一千余寺,今日寥廓,钟声罕闻。恐后世无传,故撰斯记。然寺数最多,不可遍写,今之所录,止大伽蓝,其中小者,取其祥异、世俗谛事,因而出之。先以城内为始,次及城外。表列门名,以记远近。凡为五篇。余才非著述,多有遗漏,后之君子,详其阙焉。

永熙年间(532—534),动乱频发,北魏国都迁至邺城,原居洛阳的诸寺僧尼也随之搬迁。武定五年(547),时为丁卯之年,我(杨衒之)因公务出行,得以再次游历洛阳城。目光所及，城郭崩毁，宫殿倾覆，寺观化为灰烬，庙塔毁为废墟；墙垣被杂草覆盖，街巷中荆棘丛生；野兽以废宅为穴，山鸟在庭院的树上筑巢；放牧的孩童在城中的大道上漫无目的地游走，耕种的农夫在宫门前的空地里种上庄稼。如此看来，《麦秀》所蕴含的伤感，并非箕子看见殷墟时所独有；《黍离》所表达的悲痛，虽源于周室旧人，今人也能感同身受。洛阳城内外原有寺庙一千余所，如今却显得空旷清冷，连钟声也很难听到了。我担心昔日洛阳的繁盛不再为后世传颂，所以撰写此书记录盛况。由于寺庙数量很多，不可能逐一写遍，所记录的只包括各所大寺和那些曾发生过祥异、世谛的小寺。先写城内，再依次写城外。在此列举洛阳城各大门的名称，作为表现距离远近的标示物。本书共有五篇。以我的才能并不足以著书立说，一定会有诸多遗漏，还请后世德高之士补全缺漏之处。

*

太和十七年，高祖迁都洛阳，诏司空公穆亮营造宫室。洛阳城门依魏晋旧名。

东面有三门：

北头第一门曰建春门。汉曰上东门，阮籍诗曰"步出上东门"是也。魏晋曰建春门，高祖因而不改。

次南曰东阳门。汉曰中东门，魏晋曰东阳门，高祖因而不改。

次南曰青阳门。汉曰望京门，魏晋曰清明门，高祖改为青阳门。

太和十七年（493），孝文帝迁都洛阳，下诏让司空公穆亮主持修建宫城。洛阳城门沿用魏晋旧称。

洛阳城东面有三门，自北向南数：

第一个门称建春门。此门在汉朝被称为上东门。阮籍诗中所说的"步出上东门"即指此门。魏晋时称之为建春门，孝文帝沿用此名。

第二个门称东阳门。此门在汉朝被称为中东门；魏晋时称之为东阳门，孝文帝沿用此名。

第三个门称青阳门。此门在汉朝被称为望京门；魏晋时称之为清明门，孝文帝改其名为青阳门。

*

南面有四门：

东头第一门曰开阳门。初，汉光武迁都洛阳，作此门始成，而未有名，忽夜中有柱自来在楼上。后琅琊郡开阳县上言南门一柱飞去，使来视之，则是也。遂以开阳为名。自魏及晋因而不改，高祖亦然。

次西曰平昌门。汉曰平门，魏晋曰平昌门，高祖因而不改。

次西曰宣阳门。汉曰小苑门，魏晋曰宣阳门，高祖因而不改。

次西曰津阳门。汉曰津门。魏晋曰津阳门，高祖因而不改。

洛阳城南面有四门，自东向西数：

第一个门称开阳门。当年汉光武帝迁都至洛阳，此门刚建好，还未命名，夜间忽而有柱子飞至城楼之上。不久后琅琊郡开阳县令就上书朝廷，称该县南门有一根柱子不翼而飞。朝廷请开阳县派人来看，果真就是飞上城楼的那根柱子，于是就用"开阳"作为该城门的名称。该名从魏晋以来不曾更改，孝文帝也继续沿用。

第二个门称平昌门。此门在汉朝被称为平门；魏晋时称为平昌门，孝文帝沿用此名。

第三个门称宣阳门。此门在汉朝被称为小苑门；魏晋时称为宣阳门，孝文帝沿用此名。

第四个门称津阳门，此门在汉朝被称为津门；魏晋时称为津阳门，孝文帝沿用此名。

＊

西面有四门：

南头第一门曰西明门。汉曰广阳门，魏晋因而不改，高祖改为西明门。

次北曰西阳门。汉曰雍门，魏晋曰西明门，高祖改为西阳门。

次北曰阊阖门。汉曰上西门。上有铜璇玑玉衡，以齐七政。魏晋曰阊阖门，高祖因而不改。

次北曰承明门。承明者，高祖所立，当金墉城前东西大道。迁京之始，宫阙未就，高祖住在金墉城。城西有王南寺，高祖数诣寺（与）沙门论义，故通此门，而未有名，世人谓之新门，时王公卿士常迎驾于新门。高祖谓御史中尉李

彪曰："曹植诗云：'谒帝承明庐。'此门宜以承明为称。"遂
名之。

洛阳城西面有四门，自南向北数：

第一门称西明门。此门在汉朝被称为广阳门，魏晋时继续沿
用，孝文帝改其名为西明门。

第二个门称西阳门。此门在汉朝被称为雍门；魏晋时称为西
明门；孝文帝改其名为西阳门。

第三个门称阊阖门。此门在汉朝被称为上西门。门上装饰有
铜制的北斗七星图案，以期风调雨顺、阴阳调和。魏晋时称之为
阊阖门，孝文帝沿用此名。

第四个门称承明门。承明门由孝文帝所建，正对着金墉城前
东西走向的大道。迁都初期，宫城尚未建成，孝文帝便住在金墉
城中。在城的西面，有一座王南寺，孝文帝曾多次到寺中与僧人
谈论佛法义理，为了出行方便就开通了此门。当时没有正式命
名，世人称之为"新门"，王公大臣经常在新门迎接孝文帝。孝
文帝对御史中尉李彪说："曹植诗中有云：'谒帝承明庐'。这扇
门就以'承明'为名吧。"遂以此命名。

*

北面有二门：

西头曰大夏门。汉曰夏门，魏、晋曰大夏门。尝造三层
楼，去地二十丈。洛阳城门楼皆两重，去地百尺，惟大夏门
甍栋干云。

东头曰广莫门。汉曰穀门，魏晋曰广莫门，高祖因而不

改。自广莫门以西，至于大夏门，宫观相连，被诸城上也。

门有三道，所谓九轨。

洛阳城北面有两座城门：

西侧的门称大夏门。此门在汉朝被称为夏门；魏晋时称为大夏门，孝文帝沿用此名。魏宣武帝在城门上造三层楼，距离地面二十丈。当时洛阳城的城门楼都仅两层，高度不过离地百尺，只有大夏门的门楼高耸入云。

东侧的门称广莫门。此门在汉朝被称为榖门；魏晋时称为广莫门，孝文帝沿用此名。自广莫门以西，到大夏门，宫殿与楼观连成一线，直至城头之上。

以上诸城门各开三个门洞，开阔宽广，可容九辆车并驾齐驱。

卷一

城内

永宁寺

　　永宁寺兴建之时，北魏北面长期为祸的柔然主动遣使交好；在南面与萧梁政权虽有摩擦却无大战；向西则与西域诸国朝贡和贸易往来频繁。这一难得的相对平稳的外部环境，为北魏朝廷节省下大笔军费开支。如《魏书·食货志》所载：神龟、正光年间，北魏国库一时呈现出"府藏盈溢"之势。然而，统治阶级不尚武却崇奢，京中上至皇室宗亲、下至平民百姓，多以奢侈为荣；另一方面，当时佛教信仰兴盛，迁都洛阳后的孝文、宣武二帝及后继统治者都极度崇佛。在统治阶级普遍崇佛、崇奢的背景下，北魏王朝迎来了迁都后的第三位实际掌权者——灵太后胡氏。这位太后自幼受家族影响，也是一位虔诚的佛教信徒。彼时年富力强的她，虽无开疆辟土之宏伟抱负，却也希望能够创造出留存于世的功绩，永宁寺便在这一背景下由这位代子执政的实际最高统治者亲自督建。

永宁寺，熙平元年，灵太后胡氏所立也。在宫前阊阖门南一里御道西。

○ 其寺东有太尉府，西对永康里，南界昭玄曹，北邻御史台。阊阖门前，御道东，有左卫府，府南有司徒府。司徒府南有国子学，堂内有孔丘像，颜渊问仁、子路问政在侧。国子学南有宗正寺，寺南有太庙，庙南有护军府，府南有衣冠里。御道西有右卫府，府南有太尉府，府南有将作曹，曹南有九级府，府南有太社，社南有凌阴里，即四朝时藏冰处也。

515 年，灵太后胡氏实际执掌北魏政权，于次年，即熙平元年（516），下令建造永宁寺，历时 3 年才基本营建完毕。永宁寺位于宫城阊阖门前御道西侧。"御道"即指铜驼街。此街在东汉时期就已存在，是东汉北宫南门外街道，因东西两端各置一铜驼而得名。北魏迁都洛阳后，在原街道的基础上加以延长，穿过原南宫基址，直至宣阳门。这条贯穿宫城南北的大街，足有四十多米宽，成为城内南北向的中轴线。[1]

洛阳内城中密集分布着政务机构与朝官寓所。北魏于 494 年迁都洛阳后，在魏晋北宫基础上修建官署时，也沿用了部分原有的机构建筑。

永宁寺的东西南北分别设有：太尉府、永康里、昭玄曹、御史台。御道东侧自北向南设有左卫府、司徒府和国子学。国子

---

[1] 参见杨宽：《中国古代都城制度史研究》，上海：上海人民出版社，2016 年版，第 139—140 页。

学的正堂供奉着孔子像，其两侧装饰有"颜渊问仁"和"子路问政"的壁画。自国子学再向南，依次坐落着宗正寺、太庙、护军府和衣冠里。御道西侧自北向南矗立着右卫府、太尉府、将作曹、九级府、太社和凌阴里。凌阴里是东汉、曹魏、晋、北魏（一说晋武帝、惠帝、怀帝、愍帝）四朝专门用来储存冰块的地方。

*

> 中有九层浮图一所，架木为之，举高九十丈。上有刹复高十丈，合去地一千尺。去京师百里，已遥见之。初掘基至黄泉下，得金像三十躯，太后以为信法之征，是以营建过度也。刹上有金宝瓶，容二十五斛。宝瓶下有承露金盘三十重，周匝皆垂金铎，复有铁锁四道，引刹向浮图四角。锁上亦有金铎，铎大小如一石瓮子。浮图有九级，角角皆悬金铎，合上下有一百二十铎。浮图有四面，面有三户六窗，户皆朱漆。扉上（各）有五行金钉，（其十二门二十四扇），合有五千四百枚，复有金环铺首。殚土木之功，穷造形之巧，佛事精妙，不可思议。绣柱金铺，骇人心目。至于高风永夜，宝铎和鸣，铿锵之声，闻及十余里。

永宁寺中有一座九层宝塔，由木料架构而成，塔身高达九十多丈，其上还有十丈之高的塔刹。两者合在一起，高度约有一千尺，即便是在距离京城一百多里远的地方也能看见。

这座宝塔现今通称永宁寺塔。据《魏书·术艺传》记载，它的设计者是北魏殿中将军郭安兴（也是景明寺的设计者）。换算成今制，其高度大约在二百五十五米到二百九十五米之间，这个数字应当有一定程度上的文学夸大。郦道元《水经注》对永宁寺塔也有详尽地描述："作九层浮图，浮图下基方一十四丈，自金露盘下至地四十九丈。取法代都七级而又高广之。"《魏书·释老志》称"佛图九层，高四十余丈，诸费用，不可胜计"，这与郦道元的表述近乎一致。当代学者据考古发现和文献记载推算，有说总塔高不及一百米，大约在七十到八十米之间；[1] 也有说全塔有一百五十多米高。[2] 塔中垒有土坯，如同依山而建。土木共同承重的建筑方式并非北魏首创，早在秦汉时期就已经发展得相当成熟。若非如此，仅以木制材料的承重能力难以建成百米高塔。永宁寺塔不仅在北魏洛阳城是地标性建筑，在中国整个木造建筑史上也是堪称有数的著名范例。

建塔初期打地基时打到了地下水层，挖出了三十尊金佛像，胡太后认为这一定是她笃信佛法而生出的瑞应，因此将永宁寺营造得超出了规制。塔刹上铸有金宝瓶，能容纳甘露二十五斛。金宝瓶下还有三十层承露金盘，四周都垂挂着金铎装饰。又有四道铁锁链连接起塔刹和塔顶飞翘起的四角，锁链上也饰有如石瓮一般大小的金铎。宝塔共有九层，每个角都悬挂着金铎，通体共有一百二十个。塔身有四面，每面设三扇门六扇窗，上面都饰有金门环和辅首，门都刷了朱漆。每扇门窗上各有五行金钉，十二扇

[1] 参见陈明达：《中国封建社会木结构建筑技术的发展》，《建筑历史研究》第一辑，中国建筑科学研究院建筑情报研究所 1982 年版，第 56—95 页；张馭寰：《山西砖石塔研究》，《古建筑勘查与探究》，江苏古籍出版社 1988 年版，第 248 页；霍宏伟：《洛阳北魏永宁寺塔建筑艺术及其历史地位》，《河洛文化论丛》第一辑，河南大学出版社 1990 年版，第 272 页。

[2] 王贵祥：《关于北魏洛阳永宁寺塔复原的再研究》，《建筑史》第三十二辑，清华大学出版社 2013 年版，第 25—51 页。

门二十四扇窗共耗费了五千四百枚金钉。永宁寺营建之精妙，简直让人难以置信，人们看到后无不为之震撼。每到夜深，劲风乍起，宝铎铮铮，与风声相和，铿锵有力的铃音能传到十多里外。

＊

> 浮图北有佛殿一所，形如太极殿。中有丈八金像一躯、中长金像十躯、绣珠像三躯、金织成像五躯、玉像二躯。作功奇巧，冠于当世。僧房楼观一千余间，雕梁粉壁，青琐绮疏，难得而言。栝柏松椿，扶疏檐霤；藂竹香草，布护阶墀。
>
> ○是以常景碑云："须弥宝殿，兜率净宫，莫尚于斯也。"

在佛塔的北面有一座佛殿，制式类似于太极殿。殿中有丈八大金像一尊、与人同等高度的金像十尊、绣珠像三尊、金线织成的佛像五尊、玉像两尊，制作工艺都奇特精致，在当时称得上绝佳。寺中有僧房、楼观一千多间，其中雕画的梁柱、涂饰的墙壁、镂画的门窗，其精美程度难以用言语形容。殿外种植的栝树、柏树、椿树、松树枝叶繁茂，掩映着屋檐下的檐沟；丛竹香草，散布在石阶两侧。

难怪常景在碑文中感叹："即使是须弥山宝殿，兜率天净宫，也未必胜得过这里！"

太极殿是北魏皇宫的正殿，胡太后将皇家建筑的形制用在宗教建筑上，一方面可以彰显皇家寺庙的威严，另一方面也体现出佛教在统治者心目中所占据的地位。早在天安二年（447），献文帝就已在当时的都城平城建过一座永宁寺，并以该永宁寺为例，立下"日后建筑塔寺当不得逾越此制"的规定。迁都后，诸帝虽一直有在新都另建永宁寺的计划，却均未能付诸实践。随着孝文、宣武二帝进一步推崇佛教，及至胡太后秉政，佛教已在社会各阶层广泛传播，洛阳崇佛一时蔚然成风。因此，胡太后建寺既可视为继承高祖遗志，也可解释成是树立宗教权威之举，有一定的政治和宗教意义。

*

> 外国所献经像，皆在此寺。寺院墙皆施短椽，以瓦覆之，若今宫墙也。四面各开一门。南门楼三重，通三道，去地二十丈，形制似今端门。图以云气，画彩仙灵。绮钱青琐，辉赫丽华。拱门有四力士、四狮子，饰以金银，加之珠玉，装严焕炳，世所未闻。东西两门亦皆如之。所可异者，唯楼二重。北门一道，上不施屋，似乌头门，其四门外，树以青槐，亘以绿水，京邑行人，多庇其下。路断飞尘，不由淳云之润；清风送凉，岂藉合欢之发。

其他国家所进献的经文、佛像，都收藏在永宁寺中。寺中院墙都加有短木椽，其上覆盖着瓦片，宛如北魏时的宫墙。寺庙四面各建有一座拱门。其中南门楼有三层，下设三个门洞，高二十丈，形状规制很像皇宫的端门（正南门）。门扇上绘有云气和彩色的仙人，呈现出华丽无比的气势。门前有四个力士塑像和四头石狮子，都用金银装饰，镶嵌珠玉，皆装束严整、光彩亮丽，世间罕见。东西两门的门楼只有两层，其华丽程度却不输南门。北边的门仅有一个门洞，上面没有门楼，状如乌头门。

　　根据考古数据可知，永宁寺院墙的基槽深度、宽度与洛阳宫城城墙基本吻合；南门是永宁寺的正门，形制尤其华丽，对标的"端门"是洛阳宫城内正殿太极殿前的南面正门；佛殿更是直接对标太极殿。乌头门是一种较为常见的建筑样式，也是权势和地位的象征。其由两立柱、一横枋、二门扇构成，立柱头上黑漆以防雨水腐蚀，故称"乌头"。唐宋时有律法明确规定，达到一定等级的官员才能使用这种门。一座寺院建筑却多处与宫城建筑保持一致，可见其政治意涵。

　　当时的洛阳夏季整体闷热，然而通观《洛阳伽蓝记》，可见城中的绿化建设非常丰富，极高的植被覆盖率使舒适感扑面而来。永宁寺外种有大片青槐，绿水成渠，环绕其间。京城中的行人多在荫蔽之下纳凉。道路上没有飞扬的尘土，却并非由于雨水、云气的润湿；清风送来阵阵凉爽，又哪里用得着团扇！

　　由于历代都城营建对木材的需求以及战争等因素的影响，北魏洛阳周边的森林资源在当时是相对匮乏的——就连孝文帝重建洛阳时所用的木材都要远取于西河之地（今吕梁山），于是城中的绿化工作成为朝廷的主要任务之一。据《魏书·高祖纪》和《魏书·食货志》记载，政府曾多次下令世业田上除种植谷物外，还必须种植一定数量的桑树、榆树、枣树。

＊

诏中书舍人常景为寺碑文。

　○景字永昌，河内人也。敏学博通，知名海内。太和十九年为高祖所器，拔为律博士，刑法疑狱，多访于景。正始初，诏刊律令，永作通式。敕景共治书侍御史高僧裕、羽林监王元龟、尚书郎祖莹、员外散骑侍郎李琰之等撰集其事。又诏太师彭城王勰、青州刺史刘芳入预其议。景讨正科条，商榷古今，甚有伦序，见行于世，今《律》二十篇是也。又共芳造洛阳宫殿门阁之名，经途里邑之号。出除长安令，时人比之潘岳。其后历位中书舍人、黄门侍郎、秘书监、幽州刺史、仪同三司，学徒以为荣焉。景入参近侍，出为侯牧，居室贫俭，事等农家；唯有经史，盈车满架。所著文集数百余篇，给事中封肃伯作序行于世。

胡太后下诏命中书舍人常景为永宁寺作碑文。

常景，字永昌，是河内郡人。他勤勉好学，学识渊博，海内闻名。太和十九年（495），常景受到孝文帝的赏识，被拔擢为律博士，朝廷官员们在刑法和疑案上遇到棘手的问题，多会向常景问询。正始元年（504），宣武帝（元恪）下诏刊定律令，先是命常景与治书侍御史高僧裕、羽林监王元龟、尚书郎祖莹、员外散骑侍郎李琰之等共同制定、撰写，后又诏令太师彭城王勰、青州刺史刘芳参与讨论。常景反复考量各朝旧律，并结合当下的实际情况，提出很多新的科目条例，就是后来通行的二十篇律条。常景又与刘芳共同商讨制定了洛阳宫殿、门阁的名称，以及路和里邑的名号。常景出外担任长安令时，百姓们都将他比作潘岳。后来常景历任中书舍人、黄门侍郎、秘书监、幽州刺史、仪同三司。他的学生和门客都以能拜其门下为荣。虽然常景在朝廷为皇帝近臣，在地方为一方之长，生活却十分俭朴，除了家中堆满各类经史书籍，与平常百姓家并没有什么区别。常景文采斐然，著文百篇，给事中封肃伯曾为他作序，在世间流传甚广。

＊

装饰毕功，明帝与太后共登之；视宫内如掌中，临京师若家庭。以其目见宫中，禁人不听升（之）。

　○衒之尝与河南尹胡孝世共登之，下临云雨，信哉不虚。

时有西域沙门菩提达摩者，波斯国胡人也。起自荒裔，来游中土，见金盘炫日，光照云表，宝铎含风，响出天外，歌咏赞叹，实是神功。自云："年一百五十岁，历涉诸国，靡不周遍，而此寺精丽，阎浮所无也。极佛境界，亦未有此。"口唱南无，合掌连日。

永平三年（510），皇子元诩出生，延昌四年（515）即位为孝明帝。永宁寺修建完毕，年方九岁的孝明帝随母亲一起登临。彼时胡太后还未必满三十岁。站在永宁寺塔之上，向皇城望去，如同看掌中之物，远眺整个京城就好似看寻常人家的小院。因在永宁寺塔上能看见皇宫内部的情形，太后就下令禁人登塔。

我（杨衒之）曾经同河南尹胡孝世共同登上永宁寺塔，在塔上果真能够俯视云雨，这话虽难以置信，但确实如此！

当时有位西域高僧名唤菩提达摩，他本是波斯胡人，来自极边远的地区，云游来到华夏。菩提达摩看着宝塔上的金盘在日光中闪烁，听着宝铎迎风发出的清脆声音响彻天外，不禁感叹其美轮美奂："我活了一百五十年，周游遍历许多国家，永宁寺的精美华丽，无论是在人世间还是在佛国净土，都不曾见过。"菩提达摩双手合十，置于胸前，口念南无，赞美了好久。

永宁寺在建筑形制上已经开始表现出鲜明的中国化特色。古印度的塔如同一个实心的半球体，顶上做塔刹，地面围绕塔身做一圈回廊，外用石栏杆围起，东西南北四方设门，状如牌坊。人们主要绕回廊一周进行佛事活动，并不能登塔。我国东汉所立的白马寺塔刹制式即仿照天竺状貌而建，但塔身仍受中国古老建筑望楼的影响，变为可以登临观望的高耸建筑。[1] 从设计和建材上来看，永宁寺塔内部中空，确实可以登临，只是依据现代对其遗址考察推断，塔中很可能没有楼梯，需要借用木制爬梯辅助才得以上下。

《魏书·崔光传》详尽记录了神龟二年（519）八月胡太后初次登塔时，侍中崔光上表谏言内容，大意概括如下：其一，永宁寺塔层层叠叠，阁道狭窄，太后若发生意外会引起臣民恐慌，不该冒险登临如此高塔；其二，《礼记》《汉书》都有对君主应避免登高临深的相关告诫典故；其三，宝塔乃圣神之地，祭祀应严格按礼法规定的程序进行，即便太后登塔心意至诚，但随从众多，居心难测，且若民众跟风登塔，恐会造成秩序混乱；其四，应注重内心的虔诚而非外在形式，需颁行相关法规，保障宝塔的清静和庄严。崔光多次提及塔高危险，力谏胡太后不再登塔，应以身体力行传播教化，引导民众理性崇佛。

除《魏书·释老志》记载永宁寺塔"其诸费用，不可胜计"外，《周书·寇俊传》也明确指出胡太后建造永宁寺的资金消耗之巨大，以至于还需克扣官员俸禄的十分之一来用作弥补。这些上层官员的财产损失最终大有可能转嫁成普通百姓的负担。

---

[1] 参见（韩）金大珍：《北魏洛阳城市风貌研究：以〈洛阳伽蓝记〉为中心》，北京：中国社会科学出版社，2016年版，第60页。

胡太后的谥号是"灵"。这是个恶谥，代表国家在她手中衰败，也代表负责定谥的后人对她殊无好感，这种恶评将与历史记载一并流传后世。她去世后，曾经颁布的禁令也就随她同去，杨衒之才得以登塔，一览昔日余晖。

*

至孝昌二年中，大风发屋拔树，刹上宝瓶随风而落，入地丈余。复命工匠，更铸新瓶。

孝昌二年（526），狂风大作，大风掀翻了屋顶，将大树连根拔起。永宁寺塔顶的宝瓶被风吹落，插入地下一丈多深。于是朝廷命令工匠重新铸造宝瓶。

*

建义元年，太原王尔朱荣总士马于此寺。

○荣字天宝，北地秀容人也。世为第一领民酋长，博陵郡公。部落八千余家，有马数万匹，富等天府。武泰元年二月中，帝崩，无子，立临洮王世子钊以绍大业，年三岁。太后贪秉朝政，故以立之。荣谓并州刺史元天穆曰："皇帝晏驾，春秋十九。海内士庶，犹曰幼君。况今奉未言之儿以临天下，而望升平，其可得乎？吾世荷国恩，不能坐看成败，今欲以铁马五千，赴哀山陵，兼问侍臣帝崩之由。君竟谓何如？"穆曰："明公世跨并、肆，雄才杰出，部落之民，控弦一万。若能行废立之事，伊、霍复见（于）今日。"荣即共穆结异姓兄弟，穆年大，荣兄事之；荣为盟主，穆亦拜荣。于是密议长君诸王之中，不知谁应当璧。遂于晋阳，人各铸像不成，唯长乐王子攸像光相具足，端严特妙。是以荣意在长乐，遣苍头王丰入洛约以为主。长乐即许之，共克期契。

建义元年（528），太原王尔朱荣率兵马驻扎于永宁寺。

尔朱荣字天宝，契胡族，是北地秀容人。家族世代都担任部落首领，被封为博陵郡公，封地方三百里，掌管的部落有八千多户部民，马数万匹，其富足程度不亚于天子府库。

据《魏书·尔朱荣传》记载，"荣洁白，美容貌，幼而神机明决"。尔朱荣不仅生得一副好相貌，还天赋异禀，自小便机灵善断。尔朱荣之父尔朱新兴因捐献资粮马匹支援国家战事，孝文帝特许其夏在领地、冬入京。他遂借此机会，积极用名马与京中权贵互通有无，如此打通了尔朱一族在朝中的道路。之后，他将爵位传给尔朱荣，功成身退。因此尔朱荣甫一入仕，名下便有一块丰饶富裕的领地支持，代表家族延续与京师贵胄的长期来往。

孝明帝正光年间，柔然入侵，尔朱荣被任命为三品将军，以别将身份率领一路兵马前去讨伐。尽管这次针对柔然的北征以"不及而还"告终，尔朱荣却自此锥处囊中，锋芒尽露。他此后先后平定了乞扶莫于叛乱、万子乞真叛乱、素和婆崘崄叛乱、刘阿如叛乱、北列步若叛乱、解律洛阳叛乱，驱逐了费也头叛军，被任命为武卫将军、临时抚军将军，军威日益强盛。孝昌二年（526）八月，尔朱荣途经肆州时，肆州刺史尉庆宾因忌恨他，据城不出。此时发生了肆州刺史尉庆宾拒绝尔朱荣军进驻一事，尔朱荣怒而破城，将尉庆宾关押到自己的领地，并安排堂叔尔朱羽生继任肆州刺史——这已远远逾越了他的职权范围，北魏朝廷却对此事不加干预，任其妄为。《魏书·尔朱荣传》亦感叹"自是荣兵威渐盛，朝廷亦不能罪责"。这时的北魏朝廷依然为尔朱荣加官进爵，依赖尔朱荣四处平叛，但已经不再为他派去援军。之后，便有了孝明帝身死，尔朱荣图谋废立的这一幕。

武泰元年（528）二月，孝明帝驾崩，因未留下子嗣，就立临洮王的世子元钊来继承大业。胡太后早年贪恋权位，企图执掌朝廷政事，没想到儿子早逝，这才落得个立三岁小儿为帝的荒唐局面。尔朱荣对并州刺史元天穆说："皇帝驾崩时十九岁，举国上下尚且说他是年幼的君主。现在朝廷甚至拥立还不会说话的小孩登基，还指望天下太平，这怎么可能呢？我们家族世代承蒙皇恩，不能对国家衰亡袖手旁观。我打算调用五千兵马，奔赴皇帝的陵寝追悼，同时也要向侍奉皇帝的近臣追问皇帝驾崩的真正原因。你觉得怎么样？"元天穆回答说："明公世代跨有并州、肆州，英才辈出，部落中的百姓，能拉弓的健儿有上万人。倘若由您来主持废立之事，那就是伊尹、霍光再现于今日啊！"于是尔朱荣与元天穆结成异姓兄弟。元天穆年纪更大，尔朱荣将他视为兄长。尔朱荣做盟主时，元天穆也向他行拜谒之礼。二人密谋立储，不知应该选谁，于是就在晋阳为诸王都铸造一尊塑像以作占卜。其他人的塑像都铸造失败，只有长乐王元子攸的塑像一次铸造成功，且其塑像神貌兼备，栩栩如生，庄严精巧。于是尔朱荣有意立长乐王为国君，派遣名叫王丰的仆役前往洛阳与长乐王谈判。长乐王欣然接受，并立即订立盟约。

拓跋氏虽是鲜卑血统，但出于国家正统地位的巩固及其他因素的长远考量，一直在积极推动儒学，主动汉化。相比而言，尔朱氏是个保持着游牧传统的边境军事贵族，不仅保留着部落时代传承下来的封号，还保持着更多部族传统特质和风俗，例如骑射牧猎、铸像占卜等。

顾名思义，这种占卜方式主要是通过用模具做一个被占卜者的铜像来进行判断——如果一次铸成，就代表这位被占卜者是合适的人选。在尔朱荣前，北魏政权曾三次用这种占卜法确认是否立后，其中两位铸像未成者终其一生也没能成为皇后（死后则有追封）。尔朱荣权倾朝野后，庄帝（即长乐王）有意禅位，而尔朱荣以自己铸像四次都没能成功为由推辞了；二十年后，高洋铸像占卜，一铸而成，篡得北齐。此类在今人看来是怪力乱神之说的理论，在当时的时空背景下，与政治纷争、政治宣传等相结合，不能不说起到了特殊的导向作用。

*

○荣三军皓素，扬旌南出。太后闻荣举兵，召王公议之。时胡氏专宠，皇宗怨望，入议者莫肯致言。唯黄门侍郎徐纥曰："尔朱荣马邑小胡，人才凡鄙，不度德量力，长戟指阙，所谓穷辙拒轮，积薪候燎！今宿卫文武，足得一战，但守河桥，观其意趣。荣悬军千里，兵老师弊。以逸待劳，破之必矣。"后然纥言，即遣都督李神轨、郑季明等，领众五千镇河桥。

尔朱荣身着丧服，挥着大旗，率领三军一路向南。太后听闻尔朱荣起兵，赶忙召集王公前来商议对策。当时胡太后擅权，偏听偏信，皇族内部对她积怨已深，来议事的人中竟没有一个愿意出谋划策。只有黄门侍郎徐纥进言："尔朱荣是马邑的胡人，行事粗鄙，品行低劣，不能正确估计自己的能力和品行，就用长戟直指宫廷，简直是想用车辙来阻挡车轮的前进，是积聚一堆柴薪等着被燃烧！如今保卫皇宫的文臣武将就足够与之一战，只要能守住河桥，观察对方动向即可。尔朱荣的军队远道而来，孤军直入，兵将都疲惫不堪，而我军只需以逸待劳，击败他们毫无悬念。"胡太后采纳了徐纥的建议，便派都督李神轨、郑季明等率领五千士兵镇守河桥。

六镇，也称北镇，是北魏前期为防御和进攻柔然政权，沿平城北由西向东依次设置的六个军事据点，分别是沃野镇、怀朔镇、武川镇、抚冥镇、柔玄镇、怀荒镇。每镇都设有镇都大将，由鲜卑贵族中具有杰出军事才能者担任。在北魏中前期，六镇一直是交通命脉和重要牧场，因此其戍边人员多是拓跋联盟各部落的牧民及少数中原高门宗族子弟。孝文帝之前的北魏皇帝都对六镇的军事防御极为重视。

随着北魏一统北方，柔然政权在北魏的打击下也日益衰落，对北魏已经无法造成致命威胁，六镇的军事政治地位开始降低。尽管孝文帝在迁都洛阳后，仍会去六镇巡视，但其汉化改革无疑对六镇的军人们造成了冲击。他们的社会地位因迁都而迅速下降，鲜卑文化背景也遭到冲击和鄙夷，因此逐渐受到排挤。失去原有特权的贵族沦为身份卑微的户民；本可一路高升的戍边士卒失去了一切晋升渠道，甚至被戏称为"代来寒人"。矛盾一触即发，六镇的戍卒与镇民共同发起动乱。

正光四年（523），六镇与柔然都遭遇了严重的饥荒。柔然向北魏求助，囊中羞涩的北魏政府断然拒绝。柔然人便一路杀至平城周边，抢夺了大量牛羊、驿马，孝明帝紧急调兵抵抗，可惜收效甚微。没过多久，柔然人再次出兵进攻怀荒镇。本就处于饥荒中的怀荒镇民要求开仓赈饥，抵抗敌军，可镇将于景以没有收到中央命令为由，拒绝擅自开仓，镇民群情激愤下杀死于景起义。很快最西边的沃野镇也被攻破，起义军一路攻至武川、怀朔，于五原白道大破北魏政府军，六镇全部正式起义造反，周边的高车族也趁乱加入其中。面对来势汹汹的起义大军，北魏政府不得已只能请柔然帮忙镇压，情势瞬间逆转。在多番袭击后，六镇一片萧索，无复当年"国之肺腑"的风采。降伏的六镇军户们被朝廷安置在河北地区，但根源问题并没有被解决，很快他们又与当地饱受欺压的农民联合发动了河北起义。

孝昌元年（525）六月，才遭遇起义失败的六镇军民来到了河北，迎接他们的是新一轮自然灾害。近二十万人无处谋生就食，纷纷如鸟兽散。终于在两个月后，杜洛周率领余众再次起义，一年内占领了河北大半，在孝昌二年年末攻下燕州、幽州后，调转方向，南下进攻定州和瀛州，并击退了柔然援军。差不多同时，河北大镇定州内部也发生了动乱。北魏政府在州内对六镇降户发动大规模屠杀，矛盾立刻被激化，十万军户投身于起义军中。原起义军首领被部下取而代之，新首领想投降北魏政府，被原怀朔镇镇将葛荣杀害。随后定州义军在葛荣的带领下大破章武王元融、广阳王元渊率领的政府军，一时间声名大振。孝昌二年（526），葛荣建立新的政权，定国号为齐，年号为广安。武泰元年（528）年初，葛荣杀了杜洛周，合并其部众，成功占领河北五大州（冀、定、沧、瀛、殷），准备挥师向洛阳。然而此时北魏大权已旁落尔朱荣手中，同年九月，葛荣义军就败在了尔朱荣的铁骑脚下。

葛荣的失败并不意味着起义结束，义军余众继续在幽州附近开战，最终于永安二年（529）彻底失败。至此，历时四年的河北起义落下帷幕。这次六镇军户们被随便安置，他们在尔朱一族的手下受尽凌辱，艰难生存，前前后后又发动了二十余次动乱，被屠杀者过半。

六镇起义爆发后不久，关陇地区也爆发了相当规模的动乱。最先发生地在秦州（今甘肃天水），原因与其他起义类似，当地军民苦于政府官员的苛政辱虐，在杀害刺史后，自建政权，国号为秦，领袖为羌人莫折念生。这支起义军数次击败前去镇压的政府军，先后攻下岐州、凉州，但很快北魏与吐谷浑联手，夺回凉州，同时起义军内部出现叛徒，导致形势逆转。孝昌三年（527）年初，莫折念生重整旗鼓，再度占领陇东各州，并攻陷潼关，直指洛阳。北魏政府极度恐慌，赶紧派军收复潼关，并向义军内部输送间谍收买义军大将。同年九月，莫折念生因部下叛变而死，整支队伍最终归降；同时另一支以万俟丑奴为首的起义军仍四处攻城拔寨。

万俟丑奴本是六镇起义军中某位首领的部将，因此在他接管关陇义军后，进攻方向由原先的陇山附近，调整至河北、陕北，与六镇义军余众相配合。永安元年（528），万俟丑奴自建政权，正好这时波斯向北魏政府进献的狮子被他拦截，他便视此为祥瑞，定年号为神兽。此后万俟丑奴果然势如破竹，泾渭之间均在其掌控之下。尔朱荣平葛荣后，永安三年（530），遣尔朱天光，擒获万俟丑奴。关陇起义军也很快失败投降。

河北起义期间，不少被波及的汉人逃往青州。他们在那里的经历与六镇军户如出一辙——饱受当地豪强欺凌，整日挣扎在温饱线上。永安元年（528）六月，邢杲带领这些流民在青州起义。

他自封汉王，定年号为天统。这支起义军一路打到光州，但很快就被北魏政府军镇压。

值得注意的是，几次起义最终都被以尔朱荣军为主力的北魏势力击败（北魏宗室、柔然，甚至同为造反的葛荣都起到了一定作用），而多次战败求援显然早已折损了北魏中央军的力量与信心，另外也使得其可支配的军事力量都被义军牵制而难以速来勤王，这也是为什么偌大一个北魏王朝，在面对尔朱荣时如此慌乱无力、不堪一击。

*

○四月十一日，荣过河内，至高头驿。长乐王从雷陂北渡，赴荣军所。神轨、季明等见长乐王往，遂开门降。十二日，荣军于芒山之北，河阴之野。十三日，召百官赴驾，至者尽诛之，王公卿士及诸朝臣死者二千余人。十四日，车驾入城，大赦天下，改号为建义元年，是为庄帝。

四月十一日，尔朱荣率军越过河内郡，到达高头驿。长乐王北渡雷陂，奔赴尔朱荣驻扎的军营。李神轨、郑季明等见长乐王已经倒戈，于是打开城门直接投降。十二日，尔朱荣在芒山的北面、河阴（今河南孟津）郊外驻军，次日召令百官拜谒新帝，前来的官员全部被杀，包括王公、卿士及诸朝臣在内，死者多达两千余人。十四日，新帝入城，大赦天下，改年号为建义元年，是为孝庄帝。

尔朱荣的这次滥杀史称"河阴之变"，除胡太后和幼帝元钊被沉于黄河外，带兵投降的李神轨和郑季明都死在这场屠杀之中，其他遭殃的人还包括孝庄帝元子攸的两位兄弟。孝庄帝与其兄元劭关系亲密，元劭死后被孝庄帝追尊为皇帝（一说是尔朱荣上表请求追尊元劭为皇帝），这是史上第一次弟弟追封兄长为皇帝。经此一变，孝庄帝已经清楚地认识到自己的被动地位——他在名义上掌握了北魏的最高权力，实际上却连周遭亲近的生死也无法把握。那么尔朱荣为什么还要继续扶持这位名义上的皇帝而不取而代之呢？这似乎很难再用"争取政治资源以稳固权力"来解释。尔朱荣并非没有政治野心，极力平定起义也为他积蓄了军事实力，稳固了朝中权势。河阴之变后于他而言形势一片大好，但他仍迟迟未动。庄帝出手之迅速令他始料未及，彻底丧失称帝机会。不知尔朱荣的犹豫是否与他四次铸像占卜失败有关，倘若铸像成功亦或庄帝诛杀行动稍有迟疑，历史的指针或许会因他偏转方向。

*

○ 于时新经大兵，人物歼尽，流迸之徒惊骇未出。庄帝肇升太极，解网垂仁，唯散骑常侍山伟一人拜恩南阙。加荣使持节中外诸军事大将军、开府北道大行台、都督十州诸军事大将军、领左右、太原王。其天穆为侍中、太尉公、世袭并州刺史、上党王。起家为公卿牧守者，不可胜数。二十日，洛中草草，犹自不安，死生相怨，人怀异虑。贵室豪家，弃宅竞窜；贫夫贱士，襁负争逃。于是出诏，滥死者普加褒赠，三品以上赠三公，五品以上赠令仆，七品以上赠州牧，白民赠郡镇。于是稍安。帝纳荣女为皇后。进荣为柱国大将军录尚书事，余官如故；进天穆为大将军，余官皆如故。

当时国家刚遭遇严重的战乱，贤德之士几乎消亡殆尽，有能力的人大多由于惶恐害怕，躲藏在各个角落不敢出仕。孝庄帝为招贤纳士，亲自登上太极殿，下令施行仁义，但只有散骑常侍山伟一人面朝南阙拜谢皇恩。孝庄帝加封尔朱荣为使持节中外诸军事大将军、开府北道大行台、都督十州诸军事大将军、领左右、太原王等官职，任命元天穆为侍中、太尉公、世袭并州刺史、上党王。还有很多人直接从平民百姓一跃成为公卿或州郡长官。二十日，洛阳人心浮动，仍旧不得安定，人们因死生相怨，相互猜忌。豪门望族抛弃了家宅争相逃窜，平民百姓背着孩子竞相逃跑。随后朝廷下诏书："所有在政变中死去的人们，朝廷都会加以褒奖追封；三品以上的，追封三公；五品以上的，追封尚书令、仆射；七品以上的，追赠州牧；平民追赠郡镇。"社会这才稍为安定。孝庄帝娶了尔朱荣的女儿做皇后，并进封尔朱荣为柱国大将军录尚书事，元天穆为大将军。

*

永安二年五月，北海王元颢复入洛，在此寺聚兵。
○颢，庄帝从兄也。孝昌末，镇汲郡，闻尔朱荣入洛阳，遂南
　奔萧衍。是年入洛，庄帝北巡。颢登皇帝位，改年日建武
　元年。

永安二年（529）五月，北海王元颢再次领兵入洛，在永宁寺聚集军队。

元颢是庄帝的堂兄，孝昌（525—527）末年时正负责镇守汲

郡，听闻尔朱荣率军进入洛阳，于是就往南投奔萧衍政权。同年，元颢自南向北进军，杀回洛阳《梁书·陈庆之传》表示，在南朝大将陈庆之的帮助下，元颢势如破竹，一路上攻城拔寨。但据今人推测，因元颢的宗亲身份加持，沿途州郡最多不过象征性抵抗，甚至自愿加入他的队伍。但无论如何，他确实赶在尔朱荣忙着镇压葛荣起义军分身乏术的时候攻入了北魏都城。元颢入洛，庄帝弃城逃亡，美其名曰"北巡"。

巧合的是，当初尔朱荣进入洛阳引发河阴之变时，元颢也正在镇压葛荣起义军。河阴一役，元颢失去了效忠的朝廷，甚至陷入腹背受敌的险境，只能谋求自安。他原本试图占领殷、相二州，据邺城自立，终因相州行台甄先已经投忠庄帝朝廷，大计难成。元颢自觉在北方难以立足，故而投奔萧梁。他并不是唯一投奔萧梁的北魏宗室，河阴之变后，汝南王元悦、临淮王元彧也一样投奔南梁，亦有郢州刺史元愿达举城南叛。

梁武帝对这些投南之人极为优待。一方面，北方的老对手远赴南方俯首称臣令梁武帝十分得意；另一方面，一个混乱分裂的北朝显然对南朝更有利。元颢有意带兵与北方实际掌权者尔朱荣作战，正中梁武帝下怀：无论战况如何，毫无疑问都是在削弱北方的军事实力。为此，他甚至派出一支七千人的军队帮助元颢回归故里。恐怕梁武帝也没想到元颢仅凭这支南军就抵达了前人难以企及的国都。

*

○颢与庄帝书曰："大道既隐，天下匪公。祸福不追，与能义
绝。朕犹庶几五帝，无取六军。正以糠秕万乘，锱铢大宝，

非贪皇帝之尊，岂图六合之富。直以尔朱荣往岁入洛，顺而勤王，终为魏贼。逆刃加于君亲，锋镝肆于卿宰，元氏少长，殆欲无遗。已有陈恒盗齐之心，非无六卿分晋之计。但以四海横流，欲篡未可，暂树君臣，假相拜置。害卿兄弟，独夫介立。遵养待时，臣节讵久。朕睹此心寒，远投江表，泣请梁朝，誓在复耻。风行建业，电赴三川。正欲问罪于尔朱，出卿于桎梏。恤深怨于骨肉，解苍生于倒悬。谓卿明眸击节，躬来见我，共叙哀辛，同讨凶羯。不意驾入城皋，便尔北渡。虽迫于凶手，势不自由，或贰生素怀，弃剑猜我。闻之永叹，抚衿而失。何者？朕之于卿，兄弟非远，连枝分叶，兴灭相依，假有内阋，外犹御侮。况我与卿，睦厚偏笃，其于急难，凡今莫如。弃亲即雠，义将焉据也。且尔朱荣不臣之迹，暴于旁午，谋魏社稷，愚智同见。卿乃明白，疑于必然，托命豺狼，委身虎口。弃亲助贼，兄弟寻戈。假获民地，本是荣物，若克城邑，绝非卿有。徒危宗国，以广寇仇，快贼莽之心，假卜庄之利。有识之士，咸为惭之。今家国隆替，在卿与我。若天道助顺，誓兹义举，则皇魏宗社，与运无穷。傥天不厌乱，胡羯未殄，鸱鸣狼噬，荐食河北，在荣为福，于卿为祸。岂伊异人？尺书道意，卿宜三复。兼利是图，富贵可保，徇人非虑，终不食言，自相鱼肉。善择元吉，勿贻后悔。"

○此黄门郎祖莹之词也。

《魏书·元颢传》云："颢，少慷慨，有壮气。"《梁书·陈庆之传》却称："颢既得志，荒于酒色，乃日夜宴乐，不复视事。"

不论元颢其人究竟如何，此时摆在北魏众人眼前的是两大阵营首领的正面对决：元颢一路高歌猛进直取洛阳；尔朱荣则以少胜多击破了葛荣的"大齐"，收编其数十万起义军，声势浩大的六镇之乱只剩下邢杲和万俟丑奴两支还算小有规模。

元颢未必没有胜机。一方面，起义军诈降又叛不算奇事，尔朱荣的部队中各处收编的义军占比不小，若处置不当，必会反遭其祸。倘若元颢能倚仗洛阳防御圈抵挡住尔朱荣的进攻，尔朱荣很有可能将面临人心离散的危机。另一方面，孝庄帝也是元颢极易争取的助力。这位傀儡皇帝此时只能等待"太原王、上党王来赴急难"，毫无军事自主权。手握军权的元颢需要孝庄帝使自己师出有名，就算此举无果，他随后也还可以指派北人军队镇守关隘。故而元颢请黄门郎祖莹代笔，给孝庄帝去信，积极劝说他逃离尔朱荣的控制，与自己联手共谋复兴北魏。

＊

> ○时帝在长子城，太原王、上党王来赴急。六月，帝围河内，太守元桃汤、车骑将军宗正珍孙等为颢守，攻之弗克。时暑炎赫，将士疲劳，太原王欲使帝幸晋阳，至秋更举大义。未决，召刘助筮之。助曰："必克。"于是至明尽力攻之，如其言。桃汤、珍孙并斩首以殉三军。

当时，孝庄帝在长子城（上党郡治所），太原王尔朱荣、上党王元天穆前来解围。六月，孝庄帝包围河内郡，太守元桃汤、车骑将军兼宗正卿元珍孙等人为元颢守城。城池久攻不下，又逢酷暑炎热，将士疲劳，尔朱荣便想让孝庄帝先移驾晋阳，等到秋天再举兵攻城。众人商议之下难以决断，就诏令刘助前来占卜。刘助说："一定能攻克。"于是等天一亮，士兵们就拼尽全力再次强攻，结果真如占卜预示的那样成功破城。元桃汤、元珍孙都被斩首示众。

*

○颢闻河内不守，亲率百僚出镇河桥，特迁侍中安丰王延明往守硖石。七月，帝至河阳，与颢隔河相望。太原王命车骑将军尔朱兆潜师渡河，破延明于硖石。颢闻延明败，亦散走。所将江淮子弟五千人，莫不解甲相泣，握手成别。颢与数十骑欲奔萧衍，至长社，为社民斩其首，传送京师。二十日，帝还洛阳，进太原王天柱大将军，余官亦如故；进上党王太宰，余官亦如故。

元颢听闻河内郡失守，亲自率领百官镇守河桥，特地拔擢安丰王元延明为侍中，镇守硖石。七月，孝庄帝抵达河阳，与元颢隔着黄河遥遥相望。尔朱荣命令车骑将军尔朱兆带兵偷偷渡过黄河，在硖石大破元延明军。元颢听闻元延明战败的消息，仓皇溃逃。他所率领的五千江淮子弟兵都解盔卸甲，相对而泣，握手言别。元颢带着数十骑兵马打算投奔萧衍，在长社（属颖川郡，今河南临颖）被当地人斩下头颅，送至京城。二十日，孝庄帝返回洛阳，随后加封尔朱荣为天柱大将军，元天穆为太宰。

*

永安三年，逆贼尔朱兆囚庄帝于寺。

○时太原王位极心骄，功高意侈，与夺（任情），臧否肆意。帝怒谓左右曰："朕宁作高贵乡公死，不作汉献帝生。"九月二十五日，诈言产太子，荣、穆并入朝，庄帝手刃荣于明光殿，穆为伏兵鲁遑所杀，荣世子部落大人亦死焉。荣部下车骑将军尔朱阳都等二十人随入朱华门，亦为伏兵所杀。唯右仆射尔朱世隆素在家，闻荣死，总荣部曲，烧西阳门，奔河桥。

永安三年（530），反贼尔朱兆将孝庄帝囚禁在永宁寺。

当时尔朱荣已位极人臣，自恃功高，心气骄纵，政务裁决、褒贬赏罚都任性随意。孝庄帝对近侍怒言："我宁可像曹髦一样为抗击权臣奋战而死，也不愿如汉献帝般苟活。"九月二十五日，孝庄帝佯称太子出生，诏令尔朱荣、元天穆一同入宫庆祝，在明光殿亲手杀死了尔朱荣，元天穆也为伏兵鲁遑所杀，时任部落大人的尔朱荣世子也一同被杀。尔朱荣的部下、车骑将军尔朱阳都等二十人，在进入东华门时被伏兵一网打尽。右仆射尔朱世隆由于一直居于家中而逃过一劫。他听说尔朱荣被杀后，便自觉接管了他的部下，在放火焚烧西阳门后，逃至河桥。

三国时曹魏的末代君主曹髦在位时期（241—260），实际权力一直掌握在以司马昭为首的司马氏手中。景元元年（260）五月，曹髦为改变现状，召集侍中王沈、尚书王经、散骑常侍王业，感叹"司马昭之心，路人皆知"，商讨铲除司马氏势力的对策。尽管遭到劝阻，曹髦仍然坚持带着宫里的侍卫、奴仆杀向司马昭的住所。最后曹髦连司马昭的面都没见到，就被其手下成济杀害。在他死后，司马氏逼迫太后下旨剥夺了曹髦的帝位，又诛灭成济三族，以避免弑君的骂名。

孝庄帝虽以"高贵乡公"曹髦自比，他的行动却比曹髦更有成效。不知尔朱荣被孝庄帝亲手刺死之时，是否还记得当初那个光相俱足、端严特妙的长乐王铜像？是否会后悔当初没有代之称帝？

至此，杨衒之借永宁寺为依托，将北魏末年三大军事政变有序交代完毕。分别是建义元年（528），尔朱荣入洛，于永宁寺领兵马驻扎；永安二年（529）五月，北海王元颢入洛，于永宁寺聚兵；永安三年（530），尔朱兆攻破洛阳，囚孝庄帝于永宁寺。

*

○至十月一日，隆与荣妻北乡郡长公主至芒山冯王寺为荣追福荐斋，即遣尔朱侯讨伐。尔朱那律归等领胡骑一千，皆白服，来至郭下，索太原王尸丧。帝升大夏门望之，遣主书牛法尚谓归等曰："太原王立功不终，阴图衅逆，王法无亲，已依正刑。罪止荣身，余皆不问。卿等何为不降，官爵如故？"归曰："臣从太原王来朝陛下，何忽今日枉致无理？臣欲还晋阳，不忍空去，愿得太原王尸丧，生死无恨。"发言雨泪，哀不自胜。群胡恸哭，声振京师。帝闻之，亦为伤怀。遣侍中朱元龙赍铁券与世隆，待之不死，官位如故。世隆谓元龙曰："太原王功格天地，道济生民，赤心奉国，神明所知。长乐不顾信誓，枉害忠良，今日两行铁字，何足可信？吾为太原王报仇，终不归降。"元龙见世隆呼帝为长乐，知其不款，且以言帝。帝即出库物，置城西门外，募敢死之士以讨世隆。一日即得万人，与归等战于郭外，凶势不摧。

归等屡涉戎场，便（周本有［利］）击刺。京师士众，未习
军旅，虽皆义勇，力不从心。三日频战，而游魂不息。帝更
募人断河桥。有汉中人李苗为水军，从上流放火烧桥。世隆
见桥被焚，遂大剽生民，北上太行。帝遣侍中源子恭、黄门
郎杨宽，领步骑三万镇河内。

十月一日，尔朱世隆与尔朱荣的妻子北乡郡长公主到达芒山
冯王寺，为尔朱荣做佛事、祈冥福，随即派尔朱侯前去兴师问
罪。尔朱那律归等人率领一千胡骑，身着丧服，兵临城下，索
要尔朱荣的尸首。孝庄帝登上大夏门观望，派主书牛法尚对尔朱
那律归等说："太原王立有大功却不能善终，暗中计划寻衅谋逆，
王法之下，不能因亲情包庇其罪，现已依法处刑。如今所有罪行
只归咎于尔朱荣一人，其他人概不追究，你们为何不降？只要投
降，官爵依旧。"尔朱那律归说："臣等跟随太原王来朝见陛下，
为什么偏偏在今天无端地做出如此无理之事？臣要回晋阳，实在
不忍空手而归，愿得太原王尸首，那么无论是生是死，都没有遗
憾了。"尔朱那律归说话的时候泪如雨下，悲痛不已，在场的尔
朱荣旧部也都放声大哭，声动京城。孝庄帝也为之感伤，于是派
侍中朱元龙赐予尔朱世隆铁券，给予他免死的待遇，官职依旧。
尔朱世隆对朱元龙说："太原王的功绩和德行震天撼地，他造福
百姓，以一片忠诚奉献国家，拳拳之心神明可鉴。如今长乐违反
盟誓，反使忠良蒙冤受害，今天仅凭铁券上的两行字，又怎么能
使人信服呢？我要为太原王报仇雪恨，誓死不降！"朱元龙听尔
朱世隆直呼孝庄帝为长乐，知他无心言和，便将此事上报给孝庄
帝。孝庄帝立即拿出国库中的财宝放置在城西门外，以招募敢死

之士，准备讨伐尔朱世隆。一天之内就招募到了上万人。这些死士同尔朱那律归在城外交战，并没能挫败尔朱氏军队的气焰。尔朱那律归久经沙场，精于砍击、劈刺之术；而中央临时组建的万人军队未曾接受作战训练，虽然义勇，但力不从心，在接连三天作战后，只能苟延残喘。孝庄帝又招募新兵前去截断河桥。有一个叫作李苗的汉中人组建水军，在上游成功放火烧毁了桥梁。尔朱世隆见状，转而大肆掠夺百姓，北上太行山。孝庄帝派遣侍中源子恭、黄门郎杨宽带领步兵、骑兵三万，镇守河内郡。

同样是尔朱氏率兵逼近洛阳，这时的局势却与胡太后时又有不同。四处蜂起的起义已被尽数招降、镇压；元颢死后，萧梁也没有大动静；朝中的崇奢之风在河阴之变大杀一通后也有了很大改变，即使朝廷无可用之兵也能快速聚起三万人之众。可以说在孝庄帝短暂的执政期间，北魏上下又稍许恢复了一些凝聚力。尔朱荣几乎一度平定了北魏混乱的政局，即使他多次表现出强烈的不臣之心，最终也未拔帜易帜，以臣子身份死在了他自己钦定的君主手中。另一方面，尔朱荣虽作战骁勇，却算不上深谋远虑，他埋下的政治隐患多不胜数，随着这位枭雄身死，他所缔造的一切很快演变成了另一番模样。

*

○ 世隆至高都，立太原太守长广王晔为主，改号曰建明元年。尔朱氏自封王者八人。长广王都晋阳，遣颍川王尔朱兆举兵向京师，子恭军失利，兆自雷陂涉渡，擒庄帝于式乾殿。帝初以黄河奔急，未谓兆得济，不意兆不由舟楫，凭流而渡。是日水浅，不没马腹，故及此难。书契所记，未之有也。

尔朱世隆到高都（今山西晋城东北）后，拥立太原太守长广王元晔为皇帝，改年号为建明。尔朱一氏共有八人封王。元晔建都晋阳，派遣颍川王尔朱兆进军京城。源子恭镇守失利，尔朱兆从雷陂涉水而渡，在式乾殿生擒孝庄帝。起初孝庄帝认为黄河水流很是湍急，尔朱兆不可能顺利渡河。没想到当天黄河水位极浅，还没能没过马腹，尔朱兆都用不着船，全军淌水即渡。

尔朱荣虽死，却为尔朱一氏留下了足以与北魏统治政权相抗衡的政治、军事遗产。尔朱氏的继承者们迫不及待地要为他们已故的将领报仇，以表忠烈，同时也迫不及待地要继承这笔遗产，实现自己的政治野心，于是火速踏上了擒杀孝庄帝的征途。

然而历史告诉我们，在激烈的政治纷争中，一旦力压群雄的大人物轰然倒下，正统、合法的群体在短时间内难以再诞生出一位可以接替的强者。这时，政治野心家们会从各种地方冒出来，用任意手段攫取果实，譬如后来的高欢，再譬如宇文泰等。北魏的命脉由年轻的孝庄帝与他的柱国大将军在飘渺中延续，又如儿戏般破灭，须臾便落到了这些人的手中。

＊

○衍之曰："昔光武受命，冰桥凝于滹水；昭烈中起，的卢踊于泥沟。皆理合于天，神祇所福，故能功济宇宙，大庇生民。若兆者蜂目豺声，行穷枭獍，阻兵安忍，贼害君亲，皇灵有知，鉴其凶德！反使孟津由膝，赞其逆心。《易》称

‘天道祸盈，鬼神福谦’，以此验之，信为虚说。"

杨衒之说："从前光武帝刘秀接受天命时，滹沱河水凝结成冰为他搭桥；昭烈帝刘备在位呈现中兴之势时，他骑的的卢马得以从泥沟里跃起。这些都顺应了上天的旨意，因此受到神祇赐予的福报和护佑，这些帝王也因此得以功德兼济天下，庇护万民安宁。但尔朱兆此人声貌凶悍，有着胡蜂一样的眼睛，豺狼一样的声音，行事比枭獍（以父母为食的恶鸟、恶兽）还恶劣，他倚仗手头的军队行凶作恶，残害国君和手足。他所犯下的罪行，皇天若有感知，应当能知道他的凶恶！这样的人却反而使孟津渡的水位浅不过膝，助其完成大逆不道之举。《易经》称‘天道会使盈者有所亏损，鬼神会给谦恭之人赐予福佑’，从这件事上来看，实在就是胡言。"

史书上对尔朱兆的评价比较糟糕，说他鲁莽，和族中之人关系也比较紧张；而对尔朱世隆的评价略高一些，称他在几次大事中表现得很有先见之明。二人后来俱死于战祸，不得善终。正所谓"天行有常，不为尧存，不为桀亡"。

＊

○ 时兆营军尚书省，建天子金鼓，庭设漏刻，嫔御妃主皆拥之于幕。锁帝于寺门楼上。时十二月，帝患寒，随兆乞头巾，兆不与。遂囚帝送晋阳，缢于三级寺。帝临崩礼佛，愿不为国王。又作五言曰："权去生道促，忧来死路长。怀恨出国门，含悲入鬼乡！隧门一时闭，幽庭岂复光？思鸟吟青松，哀风吹白杨。昔来闻死苦，何言身自当！"至太昌元年冬，始迎梓宫赴京师，葬帝靖陵，所作五言诗即为挽歌词。朝野闻之，莫不悲恸。百姓观者，悉皆掩涕而已！

当时尔朱兆驻军在尚书省，陈列天子的金鼓，在庭院里放置计时的滴漏，嫔妃、侍妾以及宫女都被送到军队的帷帐前。孝庄帝被关押在寺庙的门楼上。当时正是隆冬腊月，孝庄帝寒冷难耐，便向尔朱兆要头巾御寒，尔朱兆不给。后来尔朱兆将孝庄帝押送到晋阳，将他绞死在三级寺中。孝庄帝临终前拜佛，祈愿来生不为帝王。又作五言诗道："权去生道促，忧来死路长。怀恨出国门，含悲入鬼乡。隧门一时闭，幽庭岂复光？思鸟吟青松，哀风吹白杨。昔来闻死苦，何言身自当！"到太昌元年（532）冬天，孝庄帝的棺椁才被迎回洛阳，安葬在靖陵，他所作的五言诗被用作挽歌。朝野上下听罢，无不哀伤痛哭；沿途的百姓也都掩面哭泣，伤心不已。

孝庄帝在绝境中挣扎了三年：即位第一年（528），他亲理冤狱，以求民心，诏求强直，以寻亲信，还在华林园亲自面试，与"陈国家利害之谋，赴君亲危难之节者"探讨国事；即位第二年（529），他就被元颢赶出洛阳，待叛乱结束后，又诏"群官休停在外者"入朝，企图重振旗鼓；即位第三年（530），万俟丑奴被平定，天下太平，他为稳固政权，设计于明光殿将尔朱荣杀害。孝庄帝绝非懦弱无能之辈，只可惜成功之事不全由人。他的皇位始终笼罩在阴影与恐惧之中。

尔朱荣死后，孝庄帝便是北魏最大的旗帜。他调兵遣将，派遣忠于自己的军队与尔朱氏四处对抗。然而除却成功焚毁河桥之外，庄帝一方竟然没有一场能称道的胜利。在尔朱兆强渡成功的那一刻，孝庄帝的一切努力都失去意义。

*

永熙三年二月，浮图为火所烧，帝登凌云台望火，遣南
阳王宝炬、录尚书长孙稚，将羽林一千救赴火所。莫不悲
惜，垂泪而去。火初从第八级中，平旦大发，当时雷雨晦
冥，杂下霰雪，百姓道俗，咸来观火，悲哀之声，振动京
邑。时有三比丘赴火而死。火经三月不灭。有火入地寻柱，
周年犹有烟气。

永宁之名承自雄韬武略的孝文帝，寄托着他对各民族融合下
北魏政权永享安宁的期许；永宁之塔建自崇佛尚释的灵太后，寄
托着她对佛祖庇佑下现世佛国长久繁华的向往。然而事与愿违，
永熙三年（534）二月，永宁寺塔被大火所焚毁。孝武帝元修登
上凌云台查看火势，派南阳王元宝炬、录尚书事长孙稚率领一千
羽林军救火，所有人都为此感到惋惜悲痛。大火最初起于无人觉
察之处，从第八层燃起，天明时转为炽烈。当天雷雨交加，天
色昏暗阴沉，雨中还夹着雪粒，城中围观的百姓和僧人无不哭喊
叹息，其声震动京城。当时有三位僧人不忍见寺庙燃尽，于是投
身火中自焚遗身。大火整整烧了三个多月都没有完全熄灭。地面
不时还有火苗蹿出，残存的梁柱时常复燃，整个废墟周年烟雾
弥漫。

*

其年五月中，有人从东莱郡来，云："见浮图于海中，

光明照耀，俨然如新，海上之民咸皆见之。俄然雾起，浮图
遂隐。"至七月中，平阳王为侍中斛斯椿所使，奔于长安。
十月而京师迁邺。

　　这年（534）五月中旬，从东莱郡来的人说看见有宝塔浮现
于海面，在阳光下熠熠生辉，就像是重新铸造般华丽，沿海居民
都说见到了它。忽然雾气弥漫开来，宝塔瞬间就隐没不见了。到
了七月，平阳王被侍中斛斯椿所挟持，逃往长安。十月，国都向
北迁移至邺城。

　　《魏书·灵征志》有这样一段记载："出帝永熙三年（534）
二月，永宁寺九层佛图灾。既而时人咸言，有人见佛图飞入东海
中。永宁佛图，灵像所在，天意若曰：永宁见灾，魏不宁矣。勃
海，齐献武王之本封也。神灵归海，则齐室将兴之验也。"这里
魏收借永宁寺塔火灾，发出天亡北魏的感慨，又称灵像飞入渤
海，有为"北齐是天命所归"的舆论造势的嫌疑。赵翼在《廿二
史札记》中提到魏收在修史之时正在北齐为官，因此对北齐政权
多有回护。反观杨衒之，用一句"俄然雾起，浮图遂隐"戛然而
止，平静地陈述了永宁寺的终结，不掺杂任何主观感慨。其实通
观《洛阳伽蓝记》全书，杨衒之直接发表个人议论之处屈指可
数，多是"述而不作"的。

　　永熙三年（534）十月，高欢逼孝武帝退位，立元善见为帝，
是为孝静帝。"京师迁邺"就是六镇军人出身的高欢下达的政令，
这意味着对洛阳城的抛弃，对孝文帝汉化政策和汉化成果的否
定。接下来的东魏政权将在高欢十六年的专断控制下，继续走上
鲜卑化的道路。

拓展阅读

关于杨衒之向菩提达摩讨教佛法一事

在宋人道元所著的《景德传灯录》卷三中曾有这样一个故事：

杨衒之问达摩祖师："西天五印度，祖师您传布的佛法世代相承，其中的道行是什么样的呢？"祖师回答说："洞明了佛法心宗，修行就与知解相对应，就可以名之为佛祖。"杨衒之又问道："除此之外还需要做到什么呢？"祖师答道："还须明了他人之心智，知晓其古今源流，不厌恶有无之别，于法无所取，做到无贪无著，苦乐随缘，不因外界干扰心性，不贤明亦不愚蠢，没有迷惘亦没有彻悟。如能懂得这一道理，就可以称之为佛祖。"杨衒之又说道："弟子归心三宝亦有些时日，却仍然智慧浅薄、昏蒙不明，参悟不透其中的真理。刚才听闻大师之言，更加感到不知所措。希望大师大发慈悲之心，为我点明心法宗旨。"祖师见杨衒之心意恳切诚挚，就说了一偈："亦不因为看见恶行而生出厌恶，亦不因为看到了善举而积极迎合；亦不舍弃智慧而走向愚昧，亦不抛弃迷惑而走近觉悟。要达大道就要超凡，要通佛心就要出俗。不与凡人或圣人同轨，能够超脱一切，就可以称之为佛祖。"杨衒之听了悲喜交加，说道："希望大师久住世间，化导众生。"祖师说："我即将离去，不能久留。众生的根性各有不同，甚至千差万别，故而我将多遭灾难。"杨衒之问道："不知是什么人要加害于您，弟子可否为大师除去？"祖师说道："我因为传布诸佛道秘法，为诸多迷失之人带来教化，因此使得他们心中难得安宁，哪里有说出此人的道理。"杨衒之说："大师如若不说，怎么能表示佛乘通达变化、观照事理的神力？"达摩祖师不得已，就说了一段谶语："江槎分玉浪，管炬开金锁。五口相共行，九十无彼我。"杨衒之听了，不知其中奥义，只能默记在心，参拜祖师后就辞别而去。达摩祖师所说的谶言，虽然当时无法理解，但日后都逐一应验了。

永宁寺遗址

多次考古发掘确定永宁寺建筑布局以佛塔为中心，佛殿置于塔后。木塔基址呈方形，包括上下两层，皆为夯土版筑而成。整座寺院南北长约 305 米，东西宽约 215 米，塔遗址遗存 38.2 米见方的塔基，四面遗存有版筑院墙的痕迹，四面各开一门，寺院整体由九层木塔、佛殿以及四面的寺门构成。[①] 早期这种以佛塔为中心的布局方式表明当时的佛事活动围绕佛塔进行，是对印度佛事活动传统的继承。此后寺庙在大殿进行佛事活动，已逐步具备了中国特色。

在建筑风格上，九层木塔既借鉴了早期佛教建筑固有的形制，同时也继承了中国早期殿堂建筑高台与重楼的形制特点。[②] 考古发现证明《洛阳伽蓝记》卷一中所记的信息，如永宁寺佛塔九层、四面、每面三户六窗等，都十分可靠。

20 世纪 80 年代以来，考古工作者先后三次对永宁寺遗址进行考古发掘，清理出一批精美的彩绘泥塑造像残件，主要有佛、

① 杜玉生：《北魏永宁寺塔基发掘简报》，《考古》1981 年第 4 期，第 223—224 页。
② 中国社会科学院考古研究所洛阳工作队：《汉魏洛阳城的初步勘察》，《考古》1973 年第 4期，第 114—115 页。

菩萨、比丘、众僧、飞天、供养人、动物等形象，还有一些与佛教题材有关的饰品、景物等塑件。在数千件出土文物中，塔基内出土的一批堪称佛教泥塑巅峰之作的彩绘泥塑残体格外引人注目。

其中最著名的当属一尊大像的面部残件。这尊泥塑佛像面部仅存下半部分，高24.5厘米，学者据此推测整个佛像头部应有40—50厘米，若该尊佛像为站姿，则通高可达3米。就是这半张佛像面容上我们看到了一副跨越千年的神秘微笑。佛像的双眼的下眼睑部分、双颊、鼻子、嘴、下颚都清晰可见。面部线条流畅，脸颊长而舒展，面容光洁，目光下视，鼻子高挺，嘴角微微上翘。笑容雍容睿智，仿佛洞察一切又超然世外，给人恬静含蓄的美感。

从早期云冈石窟，到龙门石窟、敦煌莫高窟，再到麦积山石窟，就整体而言，北魏佛像雕塑呈现出由威仪庄重到神采奕奕、飘逸自得的转变，形成了中国雕塑艺术理想美的高峰。对泥塑佛像的艺术发挥寄托着人们的美好、希望和理想，同时也是时人形体、神情、面相和风度的理想凝聚。①

---

① 对不同时期佛陀世容的探讨，参见李泽厚：《美的历程》，桂林：广西师范大学出版社，2001年第2版，第147—153页。

建中寺

　　或许因为杨衒之用意本就不在于此，或许另有他因，全书对于佛寺、佛像的夸赞之辞千篇一律，反将政事、人物寄于对寺庙的描写。这也是他的特点所在。杨衒之鲜少直接批判某个人或某件事，但他的材料编排或有深意，从遣词用句中也能一窥他下笔时鲜明的情感色彩。

　　此篇具体描写了建中寺中的屋舍布局，指出胡太后亲信刘腾之故宅豪奢逾制。其后又借永康里，着重介绍了刘腾、元乂联合谋反以及太后返政的一系列政治事件。

　　胡太后是从后宫走上前台的掌权者，其执政的合法性全在于其子孝明帝，而无关执政能力的高低。与之类似，其亲信们所行使的权力来自效忠对象，而不在于功绩大小，例如胡太后的主要帮手——宦官和外戚。这种权力授予模式可使新执政者在短时间内迅速积蓄力量，但也极易养虎为患，遭到反噬。

建中寺，普泰元年，尚书令乐平王尔朱世隆所立也。本
是阉官司空刘腾宅。

○ 屋宇奢侈，梁栋逾制。一里之间，廊庑充溢。堂比宣光殿，
门匹乾明门，博敞弘丽，诸王莫及也。

建中寺是在普泰元年（531），由尚书令、封号为乐平王的尔
朱世隆修建而成。该寺庙极其侈丽，不仅支撑屋宇的梁柱违反了
当时朝廷对房屋制式的规定，且在一里长的道路上建满了游廊。
正堂气派得好比宣光殿（北魏洛阳宫城的后宫正殿），正门也堪
比乾明门（宫城东门），屋舍宽敞，弘大壮丽，是诸多王室宅邸
都比不上的奢华。

这里原是大宦官刘腾的住宅。刘腾历经孝文、宣武、孝明三
朝。他最初通过告密获得孝文帝信任，办事能力也得到认可，任
职大长秋卿，为宦官之首。宣武帝执政时期，刘腾依其意愿向胡
妃提供帮助，并在当时权势较大的高皇后手下暗中保护胡妃母
子。当胡妃一跃成为执掌大权的胡太后时，他自然成了宠臣，一
时间权倾朝野。

*

在西阳门内御道北，所谓延年里。

○ 刘腾宅东有太仆寺，寺东有乘黄署，署东有武库署，即魏相
国司马文王府，库东至阊阖宫门是也。

建中寺位于西阳门内御道北侧，即延年里内。

刘腾宅自西向东分别排布着太仆寺、乘黄署、武库署。武库署原是三国时期曹魏的相国司马昭的府邸，再往东就到宫城的阊阖门了。

*

西阳门内御道南有永康里。里内复有领军将军元乂宅。

　○掘故井得石铭，云是汉太尉荀彧宅。

西阳门内御道南侧则是永康里，内有领军将军元乂的住宅。

曾经有人在这间宅邸的老井里挖出了带铭文的石刻，其文称这里是汉朝太尉荀彧的宅邸。

今日提起荀彧，多称其为曹魏谋士，是曹操统一北方的首席功臣。其人举孝廉出身，董卓掌权后弃官归乡，率领宗族避难冀州，被袁绍待为上宾。后投奔曹操，官至侍中、守尚书令，封万岁亭侯，居中持重达十数年，处理军国事务，被敬称作"荀令君"。因反对曹操称魏公，被调离中枢，于寿春忧郁而亡（一说服毒自尽），享年五十岁，获谥号为"敬"，魏咸熙二年（265）被赠为太尉。

*

正光年中，元乂专权，太后幽隔永巷，腾为谋主。

　○乂是江阳王继之子，太后妹婿。熙平初，明帝幼冲，诸王权

　　上，太后拜乂为侍中领军左右，令总禁兵，委以腹心，反得

　　幽隔永巷六年。太后哭曰："养虎自啮，长虺成蛇。"

元义是江阳王元继的长子。由于元继曾被御史弹劾免去官爵，元义本无爵位继承，然而联姻带来了机会——他娶了胡太后的妹妹胡玄辉。熙平初年（约516），孝明帝不过才七岁，是非都难辨，更不要说执政掌权了。胡太后为更好地把控朝政，任命被她视为心腹的妹夫元义为侍中、领军左右，统帅禁军。

不过太后能用亲子为傀儡，其他人自然也用得。执掌禁军的元义很快与执掌宫廷的刘腾联手：元义以武力擒杀当时朝中声望较高、负责主持朝议的清河王元怿；刘腾则封锁永巷门，将胡太后幽禁在后宫中长达六年之久。他们假称胡太后还政于帝，建立起"辅政大臣政治集团"，言必称"敕（皇帝专用）"，借幼君名义发布命令，使得文武百官不敢违抗他们的意愿。胡太后哭着说："我自己的行为招来了恶果，就好像养了老虎而被咬，把小蛇养成了可怕的大蛇啊。"

元义"才术空浅"，并没有什么远大的理想，因此在尝到权力的滋味后很快腐化堕落。他不仅在宫里给自己做了一个私人小金库，还派人用巾帕罩住宫外的妇人，用竹轿送进宫内，玩乐后再用同样的方法将这些女子送出宫。他的父亲元继也仗着儿子的权势，四处敛财，凡是新上任的地方官在到任前都必须向他缴纳"请托"费，围绕在元义身边的那帮"辅政大臣"也都是同样的嘴脸，贪财无度，导致地方小官的选拔都没办法保证公平性。

那几年又正赶上大灾，正光二年（521）、三年连续出现大旱，地里一片焦黄，百姓颗粒无收。面对灾情，元义只以孝明帝的名义颁布了一道罪己诏，再无其他救灾举措。雪上加霜的是，边疆地区和老对手柔然都不安宁，正光二年至五年期间（521—

524)，大小叛乱多达十余起。

统治阶层的腐败、连年不断的天灾以及频繁发动的战乱同时袭来，北魏王朝已是大厦将倾，一片风雨飘摇。有宗室逃到南朝后，在信中这么描述元乂弄权下的北魏："年年水旱，牛马殪踣，桑柘焦枯，饥馑相仍，菜色满道，妖灾告谴，人皆叹息。瀍涧西北，羌戎陆梁；泗汴左右，戍漕流离。加以剖斮忠贤，歼殄宗室，哀彼本邦，一朝横溃。"

*

　　至孝昌二年，太后反政，遂诛乂等，没腾田宅。元乂诛
　日，腾已物故，太后追思腾罪，发墓残尸，使其神灵无所归
　趣。以宅赐高阳王雍。

元雍是此时资历最深的宗室。元乂篡政时并没有动摇北魏政权主体，元雍的官面地位一直在元乂之上。然而元雍很清楚，在军权旁落的当下自己的权势并不稳固，因此对元乂很是忌惮。趁着一次出游的机会，元雍提醒孝明帝，元乂一家权力过大，若有反意恐难遏止。此次进言对剥夺元乂军权起到重要的作用。胡太后返政后，将位于京中黄金地段的刘腾大宅赠予元雍，或许有以此作为谢礼之意。

很快胡太后便定下了除掉元乂的计划。由于元乂掌权后并未采取恰当的措施获取朝臣支持，对禁军的控制力也比较有限，宗室和朝官曾数次谋划刺杀元乂。尽管这些行动都没能成功，但他们的举措体现着朝中风向，也为之后太后再次夺回政权做了一定程度的准备。孝昌元年（525），孝明帝下诏解除元乂的军职，没

过多久又将他"除名为民"。

没了权势的元乂很快遭到了报复。有人报告称元乂和他的弟弟元爪意图谋反,一伙人打算先占领洛阳周边的县城,再联合六镇降户和鲁阳诸蛮一同起事。胡太后得知此事后,念及其妹夫的身份,仍未下定决心对元乂下杀手。以黄门侍郎李琰之为代表的大臣们坚决请求胡太后诛杀元乂,孝明帝也极力劝说,最终胡太后将元乂兄弟二人赐死于家。元乂的墓志详细记载了他临死前的情形:"孝昌二年三月廿日,诏遣宿卫禁兵二千人夜围公第。……与第五弟给事中山宾(即元爪)同时遇害……仰药而薨。"

元乂的墓也已被发现,其墓顶保存有一幅"星象图"。图中绘有浅蓝色的银河,三百余颗星辰被其分隔两边。有专家指出,该图所绘的是当时实际的星空,并根据北斗星斗柄的方向判断星图描绘的星象应发生在正月晚上或七月凌晨前。这与元乂三月去世、七月下葬的时间较为吻合。

元乂被杀之日,刘腾已经去世,太后却仍要追究他的罪责,于是遣人挖开他的坟墓,毁掉尸体,让他的灵魂无处归依。在古代中国普遍信仰体系中,身体与灵魂是共同构成生命的二要素。在躯体丧失生命力后,灵魂仍以躯体为依托继续存在。胡太后欲使刘腾在死后也不得安宁,故而令人"发墓残尸"。在时人的认知中,这种报复性的惩戒方式尤为残酷。

在"建中寺"篇中出场的尔朱世隆、刘腾、元乂,都曾以臣子身份成功谋得高位,并与权力中心有着密切关联。更有趣的是,杨衒之特意指出刘腾、元乂的宅邸曾是司马昭、荀彧的住处。刘腾当然无法与实现改朝换代的司马昭相比,元乂与荀彧也可以说是有云泥之别。这些人在同一条目下出现,不免让人对这必然的巧合唏嘘一二。

*

> 雍薨，太原王尔朱荣停憩其上。荣被诛，建明元年，尚
> 书令乐平王尔朱世隆为荣追福，题以为寺。朱门黄阁，所谓
> 仙居也。以前厅为佛殿，后堂为讲室。金花宝盖，遍满其
> 中。有一凉风堂，本腾避暑之处，凄凉常冷，经夏无蝇，有
> 万年千岁之树也。

元雍死后，太原王尔朱荣在这所宅邸暂住。尔朱荣被诛杀后，建明元年（530），时任尚书令、封号乐平王的尔朱世隆为死去的尔朱荣祈福，于是将这里题为寺庙。朱漆的厅门、黄漆的阁楼就如同仙人的住所般恢宏。前厅作佛殿用，后堂则为讲室。其间到处装饰着金银莲花纹和释家华盖。有一处建筑叫凉风堂，本是刘腾避暑之处，长满了参天古树，因此一年到头都冷清阴凉，夏天也没有苍蝇。

尔朱世隆是尔朱荣族弟，也是胡太后时期尔朱氏中为数不多长居洛阳的族人。他曾在禁军系统中担任直阁官，是皇帝的近侍。这一职位的设置有使地方豪强与京中权贵乃至皇帝本人拉近关系的考量，尔朱荣也曾任过此类职官。当尔朱世隆得知尔朱荣发兵南下的消息时，就逃出洛阳投奔了这位族兄。尔朱荣与其继承人一并死后，尔朱世隆再次逃出洛阳，成为尔朱氏的领导者之一。他扶持元晔称帝，占据都城洛阳，作为有能力操纵帝王废立的大权臣，在北魏政权争夺中取得了暂时的胜利。

尔朱世隆的权力主要来源于尔朱氏的政治、军事力量积累，

并借了北魏皇权最后一点落日余晖。此时，洛阳城内忠于北魏皇权的皇族与大臣已经因为屠杀和战乱所剩无几，尔朱世隆在都城附近所受到的政治阻力也大幅降低，其他参与这场政权争夺的挑战者们亦是如此。可以说，北魏的灭亡在河阴之变时就已注定，之后的政权角逐与中央皇权再无实质关联，其后必定会过渡到群雄逐鹿的军阀混战，迈向分裂与征服的乱世中去。

如果说"永宁寺"篇象征皇室正统的兴衰，"建中寺"篇则是乱臣贼子的交叠。他们在洛阳城中留下的痕迹并非只此一处，杨衒之在后文还会多次提及。

最后，我们将视线投向佛寺本身。北魏洛阳的佛寺多为舍宅而建，建中寺就是以私家宅邸改建成寺院的典范之一。宅邸本身所具有的宽阔厚重的宅基、雕梁画栋的装饰以及大规模的园林景观都为寺院所直接沿用，佛教化的改建又为这座建筑另添几分庄严神秘的宗教色彩。五世纪末至六世纪上半叶北魏洛阳城的伽蓝，正悄无声息地以中国化的方式蓬勃生长。

长秋寺

与由住宅改造的建中寺不同，长秋寺是刘腾在长秋卿任上专门建造的佛寺。虽然刘腾擅权弄政，但他也同样是北魏诸多佛教信众的一员。当时宗教笼络人心的作用可见一斑。

此篇主要描写了寺中的三层宝塔以及佛像游行时的盛况。

长秋寺，刘腾所立也。

○腾初为长秋卿，因以为名。

在西阳门内御道北一里。

○亦在延年里，即是晋中朝时金市处。寺北有濛汜池，夏则有

水，冬则竭矣。

长秋寺为宦官刘腾所建，因其曾经做过大长秋卿而得名。该寺位于西阳门内御道向北一里的地方，也在延年里内，就是西晋时期（永嘉南渡，东晋偏安江左后，称建都中原洛阳的西晋为中朝）洛阳大市的所在地。据陆机《洛阳记》记载，当时洛阳有三大市：金市、马市、洛阳市。其中金市在临商观，位于皇宫西侧，是买卖兵器、农具、铁锅等物品的主要场所。寺北有濛汜池，池中夏天时才有水，近冬则逐渐干涸。该池于魏孝明帝时开凿而成，"濛汜"意为日落之处。《元河南志》记载："孝明帝于宫西凿池，以通御沟，义取日入蒙汜为名。"

*

中有三层浮图一所，金盘灵刹，曜诸城内。作六牙白象

负释迦在虚空中。庄严佛事，悉用金玉，工作之异，难可具

陈。四月四日，此像常出，辟邪师子导引其前。吞刀吐火，

腾骧一面；彩幢上索，诡谲不常。奇伎异服，冠于都市。像

停之处，观者如堵，迭相践跃，常有死人。

长秋寺中有一座三层佛塔，塔上的承露盘和宝刹闪着金光，照射全城。塔中供奉着一尊骑着六牙白象行走在虚空中的释迦塑像。佛像完全由金玉制成，其工艺奇巧程度，无法用言语完全描述出来。每年四月四日这天，寺庙通常会把这尊佛像抬去游行，由装扮成辟邪和狮子的人员在游行队伍前做引导，还有吞刀吐火、爬竿走绳等表演，奇谲诡异，变化多端。艺伎们身着奇特的装扮，在城中最为惹人注目，此番盛景在别处都不曾有过。佛像游行队伍每每停驻，观众都会围成厚厚的人墙，以至于经常发生踩踏事故致人死亡。

佛诞日多被认为是四月初八这天。每到佛诞日前后都会举办庆祝活动。东汉时期，这种庆贺仪式仅限在寺院内举行，魏晋南北朝时佛教兴盛，佛诞日逐渐被衍生为一个同时具有宗教性与世俗性的节日，仪式也丰富多样起来，融入了伎乐表演等。

行像又被称作"行城""巡城"，是汉魏六朝时期在佛诞日常见的纪庆活动之一。在法显所著的《佛国记》中，曾记载有关于阗国的行像活动：从四月一日开始准备，到十四日行像结束，近半月时间举国上下全都参与其中，佛像以及车马都装饰得十分华丽，佛像经行之处，上至君主，下达百姓，所有人都毕恭毕敬。《魏书·释老志》记载：魏太武帝即位时，"遵太祖、太宗之业……于四月八日，舆诸佛像行于广衢帝亲御门楼，临观散花，以致礼敬"，场面十分壮观。志磐《佛祖统纪》卷三八记载，太和二十一年（497），"诏四月八日迎洛京诸寺佛像入阊阖宫，受皇帝散华礼敬，岁以为常"。可见北魏一朝行像活动历史之悠久，礼制之成熟。

行像本是庄严的佛教活动，在北魏的洛阳却时常伴随着一系列大规模的娱乐活动。其中马戏、幻术等表演往往喧宾夺主，使得佛像本身受到的关注变少。而就杨衒之"诡谲不常""常有死人"的用词来看，其或许对此亦有几分批判与不满之意。

由于缺乏相关史料，我们无法判断这种猎奇又致人死命的马戏游行究竟于何时开始盛行，是否经过刘腾本人的授意，抑或与刘腾全无关系。虽然此寺以刘腾冠名，但这位弄权的大宦官毕竟不是寺庙的住持，而杨衒之将这种因游行而造成的极端后果置于"长秋寺"篇进行介绍，是否有意将之与刘腾进行捆绑？今人不得而知。

瑶光寺

　　"瑶光寺"篇里，杨衒之介绍了一些洛阳宫城内的建筑。这也许意味着北魏时期，皇宫的内部园林对朝臣而言无需特别避讳，隐隐透露出北魏相对薄弱的君臣之防。

　　就瑶光寺本身而言，它为后宫中不再受命运眷顾的女性提供了最后的庇护所。虽然当时的政治环境并未严苛到让这些可怜人丧失容身之所的地步，但能以青灯古佛为伴给她们提供了更多的可能——远离尘世，苟且偷生，还是蛰居其中，卷土重来。据《魏书·皇后传》，最早在瑶光寺出家的皇后应是孝文帝的第一任皇后冯氏。此后宣武帝皇后高氏、孝明帝皇后胡氏亦在瑶光寺出俗修行。高氏出家时已被孝明帝尊为皇太后，适逢大型庆典还可以回宫过节。

*

瑶光寺，世宗宣武皇帝所立。在阊阖城门御道北，东去
千秋门二里。

○ 千秋门内道北有西游园，园中有凌云台，即是魏文帝所筑
者。台上有八角井，高祖于井北造凉风观，登之远望，目极
洛川。台下有碧海曲池。台东有宣慈观，去地十丈。观东有
灵芝钓台，累木为之，出于海中，去地二十丈。风生户牖，
云起梁栋，丹楹刻桷，图写列仙。刻石为鲸鱼，背负钓台，
既如从地踊出，又似空中飞下。钓台南有宣光殿，北有嘉福
殿，西有九龙殿。殿前九龙吐水成一海。凡四殿，皆有飞阁
向灵芝往来。三伏之月，皇帝在灵芝台以避暑。

瑶光寺由宣武皇帝元恪下旨修建，位于阊阖门内御道北侧，
千秋门（宫城西门）向东二里处。

千秋门通向宫城的道路北边有个园子叫西游园。园中有魏
文帝曹丕建造的凌云台，台上有一口八角井，井北面有本朝高
祖孝文帝建造的凉风观，登观能遥遥看见远处的洛川。凌云台
下有蜿蜒的水池，色碧如玉，台东有宣慈观，高有十丈。在宣
慈观东边有座高二十丈、建在水中的木制高台，名唤灵芝钓台。
因其极高，门窗间总有风吹过，梁柱间似有云涌之貌。钓台本
身色彩明亮，雕刻秀丽，处处绘着仙人们的画像；台基被雕琢
成鲸鱼的形状，栩栩如生，既有从地下跃起般灵动，又有从空
中飞降之气魄。钓台南面是宣光殿，北面是嘉福殿，西面是九
龙殿。九龙殿前置有九龙雕像，龙口吐水自成一景。四处宫殿

与灵芝钓台间都设有空中连廊，架通往来。每到三伏天，皇帝都会来此处避暑。

*

有五层浮图一所，去地五十丈。仙掌凌虚，铎垂云表，作工之妙，埒美永宁。讲殿尼房，五百余间，绮疏连亘，户牖相通，珍木香草，不可胜言。牛筋狗骨之木，鸡头鸭脚之草，亦悉备焉。椒房嫔御，学道之所，掖庭美人，并在其中。亦有名族处女，性爱道场，落发辞亲，来仪此寺，屏珍丽之饰，服修道之衣，投心八正，归诚一乘。永安三年中，尔朱兆入洛阳，纵兵大掠，时有秀容胡骑数十人，入瑶光寺淫秽，自此后颇获讥讪。京师语曰："洛阳男儿急作髻，瑶光寺尼夺作婿。"

瑶光寺内有五层佛塔一座，高五十丈。塔上的承露金盘好似仙人向上托起的手掌，铎铃仿佛垂于云彩之上，其制作工艺之精巧与永宁寺塔不相上下。寺内的讲经堂和比丘尼住房共有五百多间，屋舍精巧，疏密有秩，门户间彼此接连相通。寺内不仅种植着许多不可名状的珍奇草木，就连被俗称为"牛筋""狗骨""鸡头""鸭脚"的檍树、枸树、芡草、鸭脚葵等寻常草木也一应俱全。宫中的妃嫔在这里学习佛法，掖庭中有姿色的侍女也栖居其中。高门大族里未出阁的小姐也会因信奉佛法，辞别亲人，到这里剃度出家。一入佛门，她们便摒弃华丽名贵的饰品，穿上修行者的服装，潜心投身到佛法之中。永安三年（530），尔朱兆率军攻入洛阳，纵容士兵们在城内大肆掠夺，数十个从秀容郡来的胡族骑兵闯入瑶光寺大行淫秽之事，瑶光寺因此受到诸多讥笑。洛阳坊间有流言说："洛阳男儿急作髻，瑶光寺尼夺作婿。"

髻是古代男子少年时期的发型特征。按照传统礼制规定，男子要到弱冠（二十岁行成年加冠之礼）才可以娶妻。而此时洛阳城中的男子纷纷束发，刻意扮成孩童之相，以避免被"瑶光寺尼夺作婿"，足见瑶光寺尼被迫还俗后的社会地位和艰难处境。她们本是"椒房嫔御""掖庭美人""名族处女"，一心远离世俗，潜心修行，却因战争兵乱在清静学道之所遭受劫难，余生落得此般境地，令人叹惋。

*

瑶光寺北有承明门，有金墉城，即魏氏所筑。

○晋永康中，惠帝幽于金墉城。东有洛阳小城，永嘉中所筑。城东北角有魏文帝百尺楼，年虽久远，形制如初。高祖在城内作光极殿，因名金墉城门为光极门。又作重楼飞阁，遍城上下，从地望之，有如云也。

瑶光寺再往北就是承明门和金墉城。

金墉城由魏孝明帝曹叡所筑，西晋永康年间（300—301），晋惠帝司马衷被赵王伦囚禁于此。城东有一座洛阳小城，是晋怀帝在永嘉年间（307—311）所筑。小城的东北角有魏文帝曹丕所建的百尺楼，虽然年代久远，形制规模却完好如初。孝文帝在城内建造了一座光极殿，因此金墉城城门也被称作光极门。城内遍地都是楼台高阁，从地面向上望去，好似有浮云游走于飞檐翘角间。

金墉城建筑群与瑶光寺离得非常近，因此瑶光寺也有"金墉瑶光寺"之称。金墉城在晋时一度成为王公贵族们的"监狱"——在254年到307年这五十余年间，金墉城一共囚禁过三位皇帝、两位皇后、一位皇太后、一位皇太子以及三位郡王。如果我们忽略掉曾居住于此的魏晋宗室大多被害身亡的事实，其实在孝文帝改建后，金墉城还算是一个可以保证安全且十分舒适的居住地。孝文帝曾将其作为临时行宫，这里也曾短暂地作为军事堡垒被一再加固。而在孝文帝迁入洛阳宫城后，它就又变回那个被人嫌弃的高级监狱，成为部分没有出家的太妃及其附属女官们的住所。

关于杨衒之所记的"东有洛阳小城，永嘉中所筑"，《水经注》卷十六"谷水"亦有记载："谷水径洛阳小城北，因阿旧城，故向地也。永嘉之乱，结以为垒，号曰'洛阳垒'。"结合考古发现推断，该小城是西晋末年战乱时修建的军事堡垒，位置就在金墉城之东，其作用是将原本连接不够紧凑的金墉城、大夏门、华林园和皇宫紧密连成一体，从而加强洛阳城北部的军事防御体系。这种特殊的地理位置，使得小城在北魏洛阳时代亦得以留存。[①]

拓展阅读

金墉城

孝文帝自迁洛之初就开始大规模营建金墉城，于太和十九年

---

① 参见刘曙光：《汉魏洛阳研究四札》，《中原文物》1996年特刊。

（495）八月建成，耗时一年多。据考古发现，北魏金墉城整体作长方形，由3座南北毗连的小城共同构成。城南北长1048米左右，东西宽225米左右。城墙夯土版筑，厚12至13米，墙外侧建有马面。金墉城北依邙山，南依大城，东邻宫城，地势高，壁垒坚固，颇有虎踞龙盘之势；谷水自西直泻城下，然后分流，环绕城的西、北、东三面。就其在洛阳城中的战略地位而言，是宫城的重要屏障。[①]

---

① 参见（韩）金大珍：《北魏洛阳城市风貌研究：以〈洛阳伽蓝记〉为中心》，中国社会科学出版社2016年版，第45页。

景乐寺

与"长秋寺"篇类似，景乐寺的形象书写似乎也与其修建者的声誉捆绑。此寺由当时颇有名望的忠臣——清河王元怿主持修建。若细作对比，不难看出杨衒之笔端的温度差别——长秋寺行像声势宏大，却不时致人死命；景乐寺甜井清幽，供人安宁。

景乐寺也是一座专供女性修行的寺庙，位置绝佳，建制豪华，环境优美。寺中有大殿一座，在六斋日以及其他节日中，寺中常有大型歌舞表演，包括部分源于域外的幻术。

景乐寺，太傅清河文献王怿所立也。

○怿是孝文皇帝之子，宣武皇帝之弟。

景乐寺是官至太傅、谥号为文献的清河王元怿所建造的。

元怿是孝文帝的儿子，宣武皇帝的弟弟。在胡太后掌权时元怿担任侍中一职，负责掌管门下省，工作内容主要是朝议与谏诤。正史对他的评价是才长从政，明于决断，竭力匡辅，以天下为己任。虽说这些评价难免会有几分溢美之词，但显然《魏书》有意彰显这位清河王明事理、重实务的形象，而杨衒之提到他时特称其谥号"文献"，也同样表明了一种认可的态度。

在胡太后执政时期普遍崇奢斗富，一位忠诚又实干的高级官员相当难得。可惜元怿赢得的美誉与声望并不能保全他的性命。在刘腾、元乂发动的政变中，元怿被率先铲除。

*

在阊阖南，御道东，西望永宁寺正相当。

○寺西有司徒府，东有大将军高肇宅，北连义井里。义井里北
　门外有桑树数株，枝条繁茂。下有甘井一所，石槽铁罐，供
　给行人，饮水庇荫，多有憩者。

景乐寺在宫城阊阖门向南的御道东侧，与西面的永宁寺正相对。寺西就是司徒府，寺东则是大将军高肇的宅邸。寺北挨着义井里。义井里北门外有成片的桑树林，那里的桑树枝条都极其

繁茂。树下有一口井，井水甘甜，井旁放着石槽和铁罐，供过往的行人使用。很多人都会来这儿休息，饮水乘凉。

*

有佛殿一所，像辇在焉。雕刻巧妙，冠绝一时。堂庑周环，曲房连接，轻条拂户，花蕊被庭。至于六斋，常设女乐，歌声绕梁，舞袖徐转，丝管寥亮，谐妙入神。以是尼寺，丈夫不得入。得往观者，以为至天堂。及文献王薨，寺禁稍宽，百姓出入，无复限碍。

景乐寺中有一所佛殿，运送佛像的车辇也停放在这里。寺内佛像雕刻得很是精巧，在当时算得上是独一无二。寺内建筑与园林相映成趣，堂廊房屋间，不时有枝条轻轻拂过门户，盛开的鲜花淹没了整座庭院。六斋日这天，通常会安排歌舞伎表演，歌者的歌声绕梁不绝，舞者的长袖随之摇曳，丝竹之声高昂清亮，乐音交融，和谐美妙，令人沉醉其中。景乐寺为尼寺，男子不得入内。那些有机会前去观赏其中景色和表演的人都以为自己到了天堂。在文献王元怿去世后，寺禁才变得宽松了些，百姓出入不再受到限制。

*

后汝南王悦复修之。

○悦是文献之弟。召诸音乐，逞伎寺内。奇禽怪兽，舞拚殿庭。飞空幻惑，世所未睹。异端奇术，总萃其中。剥驴投井，植枣种瓜，须臾之间，皆得食之。士女观者，目乱睛迷。自建义已后，京师频有大兵，此戏遂隐也。

后来，汝南王元悦将景乐寺修缮复原。

元悦是文献王元怿的弟弟。他召集了诸多歌舞伎人在寺中表演，并寻得不少珍稀动物，让它们在庭院里互相扑击。各种各样的奇端异术也都汇集在景乐寺中，如飞天幻术、鱼龙幻戏、肢解驴马、凭空凿井等。还有神奇的"植枣种瓜"之术：瓜枣的种子被埋入土中即刻便发芽、开花、结果，观众当场就能享用果实。这类幻术表演时人从未见过，前来寺中观看的男男女女无不心醉神迷。

《魏书》对元悦的评价是喜怒无常，难以捉摸，能行奇事，为人所惧。何谓之能行奇事呢？有这样一件轶事：在兄长元怿死后，元悦接任侍中，旋即向还在服丧期间的元怿之子元亶索要元怿的衣物与古玩。元亶没有按照他的意愿行事，他便令人杖责其百下，近乎将人打死。事后元悦竟假装无事发生，依然对元亶态度亲昵，称其为"阿儿"。如此怪脾气的王爷在城中长期举办各种大规模的杂耍、幻术表演，也显得不足为奇了。

遗憾的是，建义元年（528）河阴之变后，洛阳城中频繁发生大规模战乱，此类戏法表演也在刀剑马蹄之下消失无踪。胡太后本人亦死于这一年。自元义被除，胡太后独掌大权，与孝明帝逐渐母子离心。胡太后担心孝明帝年岁渐长，难以掌控，在朝堂上处处打压其势力。谷士恢很得孝明帝信任，被提拔为领左右将军，但很快就被胡太后找借口调离中央，谷士恢不愿从命便被处死了。孝明帝身边还有一位"蜜多道人"[1]，因为能说胡语，一直

---

[1] 柳存仁曾考证，"蜜多"应为波斯语，指的是密特拉（Mithra）僧侣。密特拉是祆教主神阿胡拉·玛兹达的副手，因此有学者认为此"蜜多道人"很可能是一位祆教传教士，故而"能胡语"。

紧跟孝明帝左右。胡太后担心他会私下探听消息，传递情报，便在城南一条小巷子内将其杀害。

武泰元年（528）二月，胡太后用一杯鸩酒结束了儿子的生命。此时这位年轻的帝王不过才十九岁。事后，胡太后竟谎称孝明帝妃子潘充华才诞下不久的女儿（即元姑娘）是个男孩，立她为太子，待人心安定后，又主动揭穿元姑娘的身份，改立年仅三岁的元钊（临洮王元宝晖之子）为帝，天下愕然。这无疑给尔朱荣提供了机会，他立刻与元天穆联手起兵，打着为孝明帝报仇的旗号杀入洛阳，随后把灵太后和幼帝元钊一并沉入黄河之中。

或许胡太后并不该被视为北魏王朝积弊的罪魁祸首。在权力欲望的驱使下，她在错误的时间走到权力高位，承接了一个自己无力承担的使命。事实上，她也只是一个如你我般不能扭转时局的普通人。

昭仪尼寺

昭仪尼寺也是洛阳城内专供女性修行的寺院之一，由多位宦官集资所建。此篇截取了洛阳社会中的几个小片段，有学子，也有盗贼，有民间信仰，亦有佛教传说，各有意旨。

昭仪尼寺中有一佛二菩萨尤为特别，在佛诞日，会与景明寺中所供奉的佛像共同营造浓烈的节日气氛。另外杨衒之还绘声绘色地记录了神桑被伐和菩萨捉贼两则神异现象。

＊

昭仪尼寺，阉官等所立也。在东阳门内一里御道南。

　○东阳门内道北太仓、导官二署。东南治粟里，仓司官属住

　　其内。

昭仪尼寺由多位宦官共同出资而建，位于东阳门内御道向南一里处。

东阳门内御道北侧是太仓署和导官署，东南方向有治粟里，司掌太仓的官员及其属官都居住在这里。

＊

太后临朝，阉寺专宠，宦者之家，积金满堂。是以萧忻

　云："高轩斗升者，尽是阉官之媵妇；胡马鸣珂者，莫非黄

　门之养息也。"

　○忻，阳平人也。爱尚文籍，少有名誉，见阉寺宠盛，遂发此

　　言，因即知名，为治书侍御史。

胡太后临朝当政时，只宠信宫中的近侍，致使宦官们家里的金银财宝多得可以堆满整个厅堂。所以有个叫萧忻的说："乘着高杆大帐马车的，尽是些宦官包养的情妇；骑着玉饰琳琅胡马的，全都是宦官收养的儿子。"

萧忻是阳平人，爱好文章典籍，年少扬名，见宦官得势，荣宠一时，就发表了此番言论，因而名声大噪，官至治书侍御史。

前几篇讲关于刘腾时曾提及领导宫中宦官的长官是大长秋卿，而这里出现的"黄门"则是大长秋下辖的中黄门、小黄门。二者是宦官担任最多的官职，故而被用以代指宦官。

宦官通常在朝中没有亲戚，相对不容易卷入朋党斗争，相较于其他官员而言更有可能维持对统治者本人的忠诚。胡太后的娘家地位不算显赫，难以在短期内找到政治推力，于是选择通过与宗室联姻的方式发展外戚，又设置专门服务于自己的崇训宫宦官，将这些人作为自己势力的核心。为了维系这些人的信任忠诚，胡太后对他们多加赏赐，却还是遭到了背叛。

*

　　寺有一佛二菩萨，塑工精绝，京师所无也。四月七日，常出诣景明，景明三像恒出迎之。伎乐之盛，与刘腾相比。堂前有酒树面木。

昭仪寺内供奉着一佛二菩萨造像，其雕塑工艺之绝妙，在整个洛阳都难以得见。一佛二菩萨组合通常以佛为主、二菩萨为辅。在供奉形式上，常见为阿弥陀佛或释迦牟尼佛在中间，观音、大势至二菩萨在两侧；卢舍那佛在中央，文殊、普贤二菩萨在两侧等。尽管组合的内容不同，"一主尊与二胁侍"的结构形式在北魏时期较为多见。

每逢四月七日，这三尊像都会被迁至景明寺接受拜谒，而景明寺的三尊佛像也会被抬出来相迎。奏乐行像的盛况，可与长秋寺的行像盛况相提并论。

佛堂前还种植着酒树、面木。据《梁书·诸夷传·扶南》记载，酒树产于顿逊国，形状像安石榴，取其花汁放于杯中，静置数日自然成酒，味道鲜美醉人。《西阳杂俎》记载：古南海县（今海南地区）有桄榔树，叶簇生于茎顶，其中大的果实可以出面，有治病的作用。若以牛乳就着吃，味道很是鲜美。《后汉书·南夷传》亦记载"牂柯……句町县（今贵州境内）有桄榔木，可以为面"。《齐民要术》引吴录《地理志》曰："交址（今越南境内）有穙木，其皮中有如白米屑者，干捣之，以水淋之，似面，可作饼。"大量异域树种自然生长在中原地区，可见当时洛阳植物种类之丰富，对外交流之频繁。

*

> 昭仪寺有池，京师学徒谓之翟泉也。
>
> ○ 衒之按杜预注《春秋》云翟泉在晋太仓西南。按晋太仓在建春门内，今太仓在东阳门内，此地今在太仓西南，明非翟泉也。后隐士赵逸云："此地是晋侍中石崇家池，池南有绿珠楼。"于是学徒始寤，经过者想见绿珠之容也。

昭仪寺中有一泉池，洛阳城中的读书人称其为翟泉。

杨衒之按：据杜预所注《春秋》记载，翟泉在晋太仓西南方位。又查询得知晋时的太仓在建春门内，现在的太仓则在东阳门内，而昭仪尼寺的池子在现在太仓的西南方，肯定不是晋时的翟泉。隐士赵逸说："这里是晋时侍中石崇家的池子，池子的南面就是宠妾绿珠所住的楼。"

石崇是晋时奢侈的代表人物。他十分聪明，任荆州刺史时靠抢劫远行的商客发家致富，其府宅富贵雍容，生活极度豪奢。史书记载石崇喜欢与人斗富，还会肆意斩杀未能劝客喝酒的女子。晋惠帝时贾后专权，石崇巴结外戚贾谧，但很快贾后一党被赵王司马伦杀害，石崇被免官，家产也被新的掌权者盯上。石崇有一个善于吹笛的美妾叫绿珠，司马伦的党羽孙秀直接上门向他要人。当日石崇正在绿珠楼上与绿珠饮酒，见士兵来到门前，不禁对绿珠感叹："我是因你而获罪啊！"绿珠听罢立刻舍身坠楼，以死谢罪。唐人崔郊借此典故，作了一首《赠去婢》：

> 公子王孙逐后尘，绿珠垂泪滴罗巾。
> 侯门一入深如海，从此萧郎是路人。

不过在杨衒之的笔下，当时京城的读书人在了解翟泉的历史渊源后，只是遐想起绿珠的容颜来。

这里还提到了一个较为有趣的人群——京师学徒。北魏时科举选官制度尚未建立，基本没有"学而优则仕"的为官途径。不过，汉武帝时期儒学就已被立为官学，成为选拔官员的核心参考标准，教授儒学的学校也同样是在培养官员，入学者常常是贵族子弟。据《魏书·儒林传》，孝文帝迁都之始，就下诏建立国子、太学、四门小学，并在太和二十三年（499）规定所设官员品秩。北魏洛阳城中设有国子学、太学、四门小学（东、南、西、北四门）共六所学校，负责教学的有国子祭酒、国子博士、国子助教、太学博士、四门小学博士等，学生员额都有定数。在宣武帝执政期间，再次诏令营建国学，以至一时出现了"虽黉宇（即校舍）未立，而经术弥显，时天下承平，学业大盛"的局面。

*

池西南有愿会寺，中书侍郎王翊舍宅所立也。佛堂前生
桑树一株，直上五尺，枝条横绕，柯叶傍布，形如羽盖。复
高五尺，又然。凡为五重，每重叶椹各异。京师道俗谓之神
桑。观者成市，施者甚众。帝闻而恶之，以为惑众。命给事
黄门侍郎元纪伐杀之。其日云雾晦冥，下斧之处，血流至
地，见者莫不悲泣。

在翟泉的西南面有座愿会寺，由中书侍郎王翊的舍宅改建而
成。佛堂前有一棵大桑树，高五尺之处，枝条错综缠绕，叶片四
散，就像羽毛做成的华盖。再向上五尺，依旧如此，循环往复，
共有五重，每重的枝叶和果实各不相同。京城中僧俗子弟都称此
树为神桑。前来观赏神桑的人多如集市般热闹，布施的人也非
常多。孝武帝元修听闻，认为这存在迷惑众人的隐患，于是命令
给事黄门侍郎元纪砍倒此树。砍树这天，云雾弥漫，天色昏暗异
常，斧头所砍之处，有如血液般鲜红的汁液涌出，见者无不为之
悲泣。

"桑"在古代中国自然崇拜、祭祀习俗和宗教仪式等方面均
占据特殊地位，例如很多祭祀都在桑树林中举行；商汤曾亲自
在桑树林中祈雨；亲桑礼（又称先蚕礼）在周代已成定制，并为
后世承袭，等等。《山海经·中山经》记载宣山之上有桑，名曰
"帝女之桑"。传说这种桑树高五十尺，叶大尺余，枝丫向四面八
方延伸，树干粗壮，上面爬满红色纹理，开出的花拥有青色的花
萼和黄色的花瓣，极为神异。

与《伽蓝记》记载的五重神桑相似,《三国演义》第七十八回亦提及一棵被砍伤后会流出鲜红液体的神树。曹操到洛阳后招揽苏越设计了九间大殿,并听从苏越的建议,打算用洛阳城外跃龙祠旁的一棵大梨树作为大殿的大梁。岂料前去砍树的工人回复称那棵梨树锯子锯不开,斧子也砍不断。曹操不信,亲自前去观看。只见梨树果真高耸入云,亭亭如华盖。当地耆老纷纷谏言,称此树为百年神树,有神人栖居,恐怕不能妄动。曹操大怒,亲自拔剑伐树。树干被砍开后流出如鲜血一般的液体,曹操大惊失色,立刻打马回城。当天夜里他便睡卧不安,梦到树神前来索命,醒后头痛难忍,遍求良医,都说此病不可能治愈。有人认为这是神明对曹操降下的惩罚。《三国志》并未记载这件轶闻,裴松之注引《曹阿瞒传》和《世说新语》,补充说明"太祖自汉中至洛阳,起建始殿,伐濯龙祠而树血出","王使工苏越徙美梨,掘之,根伤尽出血。越白状,王躬自视而恶之,以为不祥,还遂寝疾"。伐神树遭树神降罚应是罗贯中为丰满人物形象而发挥的文学想象,旨在讽刺曹操自大狂妄、野心膨胀,最终自食恶果。

　　孝武帝长期处在权臣高欢的阴影笼罩之下,处境与孝庄帝相似。这种名义上的最高统治者不仅行政权受到严重干预,性命也长期掌握在别人手中。重压之下的孝武帝或许是忌惮有人借神桑蛊惑人心,故而不顾神桑在民众心目中的特殊地位,坚决将之砍伐。

＊

　　寺南有宜寿里。内有苞信县令段晖宅。

　　○地下常闻有钟声,时见五色光明,照于堂宇。晖甚异之。遂掘光所，得金像一躯，可高三尺，并有二菩萨，跌坐上铭云：晋泰始二年五月十五日侍中中书监荀勖造。晖遂舍宅为光明寺。时人咸云此荀勖旧宅。其后，盗者欲窃此像，像与菩萨合声喝贼，盗者惊怖，应即殒倒。众僧闻像叫声，遂来捉得贼。

昭仪尼寺南是宜寿里，里内有苞信县令段晖的宅邸。

据说段晖时常能听到从地下传来的钟声，又总看见堂前闪耀着五色光芒，颇感诧异，于是从发光的位置向下挖，竟挖到一尊高约三尺的金佛像和两尊菩萨像。佛像底座上刻有铭文"晋泰始二年五月十五日侍中中书监荀勖造"，段晖就捐出此宅，改建为光明寺。时人都说这里是荀勖的故宅。有人企图窃取这尊佛像，没想到佛像与菩萨像竟齐声大喝，小偷受到惊吓，跌倒在地，僧人们循声而来，正好将其抓获。

此寺条目下，杨衒之再次施以重笔，对权势过大的宦官进行抨击，犀利地挑明由于宦官权势过大、财富过多，直接导致一些畸形社会现象产生。其中有关神异事件的描写、虚与实的转换，则是杨衒之的精巧构思和良苦用心所在。作为当朝权力中心，洛阳城中大事多与皇帝、权臣、贵族、高官这一类群体脱不开干系，但在这些举足轻重的人群之外，其他群体也有自己多彩的生活。洛阳城中每个人的一举一动，乃至每一株草木，都同样会对周遭环境产生或大或小的影响。只有将这些联系到一起，才能拼凑出一幅有生气的社会图景。

胡统寺

胡统寺是胡太后从姑出资所建，因此也享受了朝廷优渥的供养。在此寺中修行的多为京城中有名望的女尼，她们精通佛学义理，不仅名冠僧俗界，还常入宫为太后讲解佛法。

*

胡统寺，太后从姑所立也。

○入道为尼，遂居此寺。

胡太后的从姑出家为尼，修建了胡统寺，她本人便安居于此。

《魏故比丘尼统法师僧芝墓志铭》中记载，胡太后从姑名为僧芝，十七岁出家，曾担任比丘尼统。僧芝善于讲经，以《涅槃经》《法华经》《胜鬘经》为主，在僧界有一定的名望，宫中也对她礼遇有加。

*

在永宁南一里许。宝塔五重，金刹高耸。洞房周匝，对户交疏。朱柱素壁，甚为佳丽。其寺诸尼，帝城名德，善于开导，工谈义理，常入宫与太后说法。其资养缁流，从无比也。

胡统寺距离永宁寺南约一里。寺中立有五层宝塔，金色的塔刹高耸于顶。寺内环绕着一圈幽深的禅房，房门与雕花的窗交错相对。朱漆的楹柱与粉白的墙壁尤其秀丽。寺内的比丘尼们都是洛阳城中德高望众之人，她们既善于开导他人，又精通佛学义理，常常进宫为太后讲解佛法，并以此获得朝廷的财政支持。因此这座寺庙所受到的供养条件，是其他寺庙远比不上的。

在冯太后执政时期，比丘尼进宫讲法就十分盛行。据《魏书·皇后传》记载："后姑为尼，颇能讲道。世宗（宣武帝元恪）初，入讲禁中。积数岁，讽左右称后姿行，世宗闻之，乃召入掖庭为承华世妇。"僧芝就是应冯太后之诏入宫。比丘尼的身份使僧芝轻易取得后宫众多奉佛者的青睐，为自己积累了信任与威望。后来胡太后得以进宫，与其从姑的极力引荐有着直接关联。

修梵寺

　　修梵寺在御道北侧，形制之宏伟堪比嵩明寺。其特殊之处在于殿堂内供有四大金刚，相好威严，得到了菩提达摩的高赞。

　　此外杨衒之提及永和里中有太傅录尚书事长孙稚、尚书右仆射郭祚、吏部尚书邢峦等六人的宅邸，在强调众官员普遍富贵的同时，也交代了邢峦因贪得他人财物而受到的惩罚。

修梵寺，在青阳门内御道北。嵩明寺复在修梵寺西。并雕墙峻宇，比屋连甍，亦是名寺也。

修梵寺有金刚，鸠鸽不入，鸟雀不栖。菩提达摩云："得其真相也。"

修梵寺建在青阳门内御道北侧，嵩明寺建在修梵寺西侧。两座寺庙屋舍毗邻、屋脊相连，都有精心雕饰的墙壁、高高耸立的屋檐，皆为洛阳城中的名寺。

修梵寺内塑有金刚力士像，怒目威严，鸠鸽见了都不敢飞入，燕雀也从不在此筑巢栖息。菩提达摩说："这是因为还原出了真正的金刚相啊。"

金刚为梵文 Vájra 的意译，是"金刚力士"的省称，即手执金刚杵（古印度兵器）、守护佛法的天神。金刚是金中最刚的意思，喻意牢固、锐利，能摧毁一切烦恼。汉传佛教寺院中安置于山门左右的二金刚，左称"密执金刚"，右称"那罗延金刚"。其塑像多裸露上身，缠衣裳于腰部，怒目而视，形象威严，呈现出刚毅勇猛的外貌特征。寺庙中供奉的四天王像也俗称为"四大金刚"，是佛教中最为重要的护法天神。

*

寺北有永和里，汉太师董卓之宅也。

◦里南北皆有池，卓之所造。今犹有水，冬夏不竭。

修梵寺北边是永和里，里内有汉太师董卓的宅邸。永和里南北都有水池，均是董卓所建。时至今日池中依旧有水，一年四季都不会干涸。

*

○里中太傅录尚书长孙稚、尚书右仆射郭祚、吏部尚书邢峦、廷尉卿元洪超、卫尉卿许伯桃、凉州刺史尉成兴等六宅。皆高门华屋，斋馆敞丽。楸槐荫途，桐杨夹植，当世名为贵里。掘此地者，辄得金玉宝玩之物。时邢峦家常掘得丹砂，及钱数十万，铭云："董太师之物。"后梦卓夜中随峦索此物，峦不与之。经年，峦遂卒矣。

永和里中有太傅录尚书事长孙稚、尚书右仆射郭祚、吏部尚书邢峦、廷尉卿元洪超、卫尉卿许伯桃以及凉州刺史尉成兴六人的宅邸。

长孙稚，原名长孙冀归，字承业。祖父长孙嵩，官至宰相。六岁承袭爵位，孝文帝赐其名"稚"。其人戎马一生，战功赫赫，可谓见证了北魏一朝由盛转衰的变迁历程：孝文帝时曾随帝南征；宣武帝时都督淮南诸军事，与南朝作战；孝明帝时四处平叛；孝庄帝时发生河阴之变，朝中一度无人可用，长孙稚得到升迁。534年，长孙稚随孝武帝西迁关中（532年高欢立元修为帝，元修因难以容忍高欢弄权，在534年选择投奔长安的宇文泰），次年（西魏文帝元宝炬即位当年）因病逝世。

《魏书·长孙道生附长孙稚传》记载了这样一件事：胡太后执政时期，萧宝夤叛乱，当时长孙稚背上害了毒疮，他的儿子患了脚疾，父子二人仍坚持一同去朝中领命平叛。胡太后表示，此二人病重，自己实在不愿把他们派上战场，但如今朝中又无人可用。尚书仆射元顺看着朝中官僚们说，如自己般身居高位之人，受到朝廷恩宠，却在危难之时让病人冲锋陷阵，这实在是于理不合。朝中无人回应元顺的话，长孙稚最终还是拖着病体奔赴战场，并成功完成了平叛任务。

郭祚，字季祐，出身太原郭氏。北魏太平真君十一年（450），崔浩修国史触怒太武帝拓跋焘被降罪，连坐其姻亲范阳卢氏、太原郭氏、河东柳氏等。郭祚的父亲郭洪和族人也惨遭灭门，唯郭祚在亲人帮助之下逃过一死，时年方两岁。后被举为秀才，受到孝文、宣武二帝重用，当时有很多政令都出于他的建议。孝明帝即位初期，政坛动荡，他成了权臣于忠掌权的阻碍，无罪被杀。

邢峦作为谏臣有劝宣武帝重农抑商的功绩，作为武官有对梁作战的数次大功。孝文帝曾夸奖他的住宅，邢峦对答曰："迁都乃是无穷之业，臣欲与魏共升降。"《魏书·邢峦传》记载，邢峦于514年暴毙，杨衒之亦在后文略有交代。

这些大臣的府宅无不门户高大，屋宇华美。斋戒时所住的馆舍也建得轩敞明丽。楸树、槐树遍布于道，桐树、杨树夹杂其中，垂下蓊郁的树荫。这儿曾被称为"贵里"。在这里挖地，往往会发现黄金、珠玉等珍奇的玩物。邢峦就时常能在家里挖到丹砂和几十万古钱币。这些钱上还刻有铭文："董太师之物。"传闻董卓曾在夜间向邢峦讨取这些物件，邢峦不愿归还，一年后便突然去世了。

景林寺

　　景林寺位于御道东侧，寺中有塔，环境清幽，园林中果树种类繁多。虽位于繁华热闹地段，僧人清修却不受干扰。国子博士卢白头不为权贵所动，专心于此著述。杨衒之还介绍了建春门内御道南句盾、典农、籍田三处官署。

　　洛阳作为都城的历史远不止魏晋三朝，向上可追溯至周成王定鼎郏鄏，可谓千年古都。城中大小政治斗争数见不鲜，但若将目光都聚焦于此，未免太过促狭。在"景林寺"篇，文中所涉意象多在文化领域。

景林寺，在开阳门内御道东。讲殿叠起，房庑连属。丹
槛炫日，绣桷迎风，实为胜地。

景林寺位于开阳门内的御道东侧。寺内的讲经殿有好几重，
屋舍廊宇次第接连。朱漆的木柱在烈日的映照下闪闪发亮，雕花
的屋椽迎风送爽，确实称得上是佛门宝地。

*

寺西有园，多饶奇果。春鸟秋蝉，鸣声相续。中有禅房
一所，内置祇洹精舍，形制虽小，巧构难比。加以禅阁虚
静，隐室凝邃，嘉树夹牖，芳杜匝阶，虽云朝市，想同岩
谷。净行之僧，绳坐其内，餐风服道，结跏数息。

景林寺西面有园林，盛产多种奇珍异果。春有鸟叫余音袅
袅，秋有蝉鸣不绝于耳。园中有一座禅房，内设祇洹精舍，形制
规格虽小，构造设计却十分精巧。此处树木古老繁盛，窗户在枝
条的夹缝间隐隐可见，芬芳的杜若草簇拥着台阶，密密地生成一
片白。禅房掩映其间，更显深邃。尽管位于闹市之中，寺内却如
深山空谷般清幽。僧人端坐身姿，在其中修清净行，餐风饮露，
禅定修习。

*

有石铭一所，国子博士卢白头为其文。

○白头，一字景裕，范阳人也。性爱恬静，丘园放敖，学极六

经，说通百氏。普泰初，起家为国子博士。虽在朱门，以注

述为事，注《周易》行之于世也。

景林寺中有一方石铭，刻着国子博士卢白头所著的文章。

卢白头，又叫卢景裕，范阳人，生性喜欢宁静，放纵自傲，
隐居乡野，学贯六经，通晓百家。卢景裕其人有佛、道轶事各
一。佛事说他关押在晋阳监狱时，虔心念诵佛经，于是枷锁自
动脱落。道事说他有一撮白发，共四十九根（《周易·系辞上传》
载："大道"之数五十，天衍四十九，剩其一则可为"人"所
遁）。他本人对《老子》《周易》颇有研究。普泰初年（531），卢
白头被授予官职，成为国子博士，虽跻身于富贵显达之列，他仍
把著书立说当成事业，注解的《周易》流行于世。

*

建春门内御道南，有句盾、典农、籍田三署。籍田南有

司农寺。御道北有空地，拟作东宫，晋中朝时太仓处也。太

仓南有翟泉，周回三里，即《春秋》所谓"王子虎、晋狐偃

盟于翟泉"也。

○水犹澄清，洞底明净，鳞甲潜藏，辨其鱼鳖。

建春门内御道向南，有句盾、典农、籍田三个官署。籍田署
南有司农寺。御道北侧有一块空地，打算用作营建东宫，原本是
西晋时太仓的所在地。太仓南有翟泉，周长三里，就是《春秋》
上所载"当年王子虎、晋狐偃翟泉会盟"之处。其泉水尤其清澈

明净，甚至可以直视水底，水中潜游的鱼虾、鳖类都清晰可见。

与前文描写遗迹的方式类似，杨衒之也同样交代了翟泉的渊薮及其发展。北魏自建国以来，对于自己王朝的正统性和德运问题十分重视，朝中也围绕德运展开了几次大规模的论辩。

战国时期阴阳家邹衍提出"五德终始说"，木、火、土、金、水所代表的五种德性按次序循环运转，相克相生，并以此来阐释王朝更迭的理论。这一政治学硕定型于汉代，此后，"德运"即被视为王朝的命运而备受重视。新建立的王朝为证明政权由天授，强调统治的合法性和权威性，会根据这一传统学说宣扬本朝的"德"。

对于鲜卑人来说，血统和种族问题始终是论证自身统治正统性过程中的一道大难题。天兴元年（386）拓跋珪征服了邺城（旧时魏地的重要城池），同时于外强大的周边势力（慕容）不容小觑，于内王位角逐日益激烈，为了巩固自己的地位，拓跋珪于同年正式将国号定为"魏"。①

然而，在上一个统一的王朝西晋之后，中原土地迎来了无休无止的破碎，十六国来自不同的民族，却都希望能延续正统，彼此间也有很深的历史矛盾，对自己国家德运的确立也多有考究。

因此当孝文帝登基后，他面临着这样一个问题：是否要延续十六国的德运次序。太和十四年（490），朝廷展开了一次大规模

---

① 关于北魏早期国号的问题，前人多有研究，何德章提出拓跋珪接续曹魏的土德，承续汉朝的火德。田余庆进一步论述了拓跋珪更改国号的历史背景。参见何德章：《北魏国号与正统问题》，《历史研究》，1992 年第 3 期；何德章：《〈魏书〉正统义例之渊源》，《北朝研究》，1996 年第 2 期；田余庆：《〈代歌〉、〈代记〉和北魏国史》，《拓跋史探》（修订本），生活·读书·新知三联书店 2011 年版，第 202—248 页。

的论辩。本次争论的内容与其说是北魏的德运次序问题，不如说是对十六国正统性认可与否的大讨论。其中李彪、崔光直接否定了西晋之后在北方建立政权的赵、燕、秦（气势力范围差不多涵盖了旧时魏地）的正统地位，提议应承接西晋的金德，得到了多数大臣的支持。太和十五年（491），孝文帝下诏定北魏德运为水德。[①]

　　国号的最终确立和德运的拟定、改易，直接体现拓跋政权为在汉族士大夫心中获得正统地位而做出的争取。本篇杨衒之写到华林园中大湖，不忘说明这就是曹魏天渊池；当提到拟作东宫处空地时，又接着指出此处即西晋时太仓。此外，类似论及某处补充其历史渊源的叙事方式在行文中并不少见，且多是曹魏、西晋故地。

＊

　　　　高祖于泉北置河南尹。

　　　　○中朝时步广里也。

　　高祖孝文帝在翟泉的北面设河南尹，位置就在西晋时的步广里。

＊

　　　　泉西有华林园，高祖以泉在园东，因名为"苍龙海"。

　　　　华林园中有大海，即魏天渊池。

---

① 参看罗新：《十六国北朝的五德历运问题》，《中国史研究》2004 年第 3 期，第 47—56 页。

翟泉西面有座华林园。人在园内时，翟泉处于东方苍龙位，故高祖将其命名为"苍龙海"。华林园中有一个大湖，就是曹魏时期的天渊池。

池中还有魏文帝所建造的九华台。孝文帝在九华台上建造了一座清凉殿，宣武帝又在苍龙海中修筑了一座蓬莱山。蓬莱山上设有仙人馆，九华台上有钓台殿。殿台、楼台间飞架起虹蜺阁，阁道架空，建无所凭依，走在其上仿佛驭虚而行。三月修禊之日或是九月巳辰之时，皇帝就会乘着船头饰有鹢鸟像的龙舟在天渊池中赏玩。

*

在天渊池的西面有藏冰室。每到六月，就会从中取出冰块供应给百官。天渊池的西南有景阳山。景阳山东有羲和岭，羲和岭上建有温风室；西有嫦娥峰，峰上建有露寒馆。阁道凌空而建，横跨山谷，将馆台彼此相连。景阳山北面有玄武池，南面有清暑殿。殿东接临涧亭，西临临危台。

*

　　景阳山南有百果园，果别作林，林各有堂。有仙人枣，
长五寸，把之两头俱出，核细如针，霜降乃熟，食之甚美。
俗传云出昆仑山，一曰西王母枣。又有仙人桃，其色赤，表
里照彻，得霜乃熟。亦出昆仑山，一曰王母桃也。

　　景阳山南是百果园。园中的果树按照种类划分成林，林内各
设一堂。其中有仙人枣，长五寸，人一只手都握不下，枣核细得
像针，霜降之后成熟，味道尤其甜美。传说它原产于昆仑山，又
被称为西王母枣。还有仙人桃，色泽红艳，果肉和果皮都鲜嫩
透亮，也是霜降后成熟。相传它也出自昆仑山，有人称之为王
母桃。

*

　　奈林南有石碑一所，魏文帝所立也，题云"苗茨之碑"。
高祖于碑北作苗茨堂。

　　○永安中，庄帝马射于华林园，百官皆来读碑，疑苗字误。国
　　　子博士李同轨曰："魏文英才，世称三祖。公干、仲宣，为
　　　其羽翼。但未知本意如何，不得言误也。"衒之时为奉朝请，
　　　因即释曰："以茑覆之，故言苗茨。何误之有？"众咸称善，
　　　以为得其旨归。

　　奈林向南有一座石碑，是魏文帝所立，题为"苗茨之碑"。

文成帝在碑的北面修建了苗茨堂。

永安年间（528—530），孝庄帝在华林园骑射游猎，随从的百官都来看碑上题字，其中有人怀疑"苗"字讹误。国子博士李同轨说："魏文帝很有才华，是举世称颂的曹魏三祖之一，有刘桢、王粲这样有才能的人为他辅政。我们尚未知晓其本意，就不应该冒然说它有误。"我（杨衒之）当时担任奉朝请，正好在场，于是立刻解释道："用蒿草盖屋，所以叫苗茨（古时"茅""苗"二字可通），这又有什么不妥呢？"众人都称妙，认为这样解释正贴合本旨。

＊

> 柰林西有都堂，有流觞池。堂东有扶桑海。凡此诸海，皆有石窦流于地下，西通谷水，东连阳渠，亦与翟泉相连。若旱魃为害，谷水注之不竭；离毕滂润，阳渠泄之不盈。至于鳞甲异品，羽毛殊类，濯波浮浪，如似自然也。

柰林的西面有都堂，又有曲水流觞池。都堂的东面是扶桑海。这些水池都经石穴连通地下水系，向西与谷水相接，向东与阳渠相连，又同时与翟泉相通。遇到干旱成灾的日子，谷水能够源源不断地流入扶桑海内而使其不枯竭；等到月亮接近毕宿、接连大雨的时节，阳渠则能泄出扶桑海的水确保其不泛滥。至于不同的鱼类、鳖类以及各种飞禽珍奇，有的逐水嬉戏，有的迎浪浮游，好不自在。

在洛阳内城的末篇，杨衒之将忠臣受戮、奸佞为祸、叛贼掌权等要素一概抛开，似乎试图给读者描绘出一幅未受祸乱影响、繁盛又稳定的洛阳城图景。在那个洛阳，帝王在节庆日出游，士子随帝王游猎，开心地聊些文章故事；城中的山川河流、亭台楼榭各有来历，寄托着建造者与游赏者道不尽的美好愿景。那样一个洛阳城又何尝不是真实的呢！

拓展阅读

洛阳城中的水利工程

北魏洛阳城营建过程中，对城市水利系统的建设和修缮尤为注重。宫城、官署、寺院、里坊、府宅中园林多有池，整个洛阳城（包括内城和外郭）绿水环绕。纵横交错的河道网络除不仅美化环境，更为居民的生产、生活提供极大便利。《洛阳伽蓝记》中，多次出现"池""海"等水景表述，是洛阳城水利建设辉煌成就的直接体现。

东汉建武五年（29），河南尹王梁奉旨开凿运河，试图引洛水支流谷水东注洛阳城下，继而东流至偃师汇入洛水，但河道挖成后并未顺利通流。建武二十四年（48），大司空张纯在王梁挖渠的基础上重新设计，成功引洛水入城，这条运河即为阳渠。

《水经注·谷水》细致交代了北魏在晋永嘉"渠堰颓毁"后如何另辟蹊径，引谷水绕城解决洛阳城市的用水需求。宫城用水由城西阊阖门引入，东流至宫城千秋门处分成两支：一支沿宫城西、南两垣外流至宫城东南隅；一支流入千秋门，沿东南方向斜穿宫城中部，自云龙门以北出城，南流至宫城东南隅与另一支汇合。两支相会后南流东折至城东东阳门出城，汇入绕城的谷水运河。

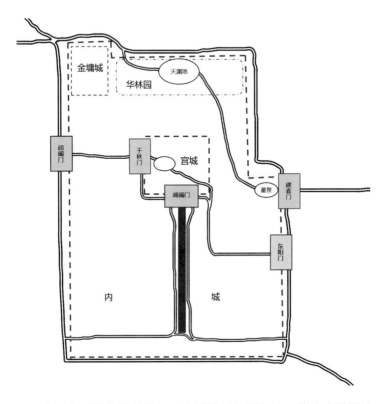

内城水网首先是引谷水于内城城垣四周环流，作为内城沿边的水源。其次在内城北大夏门处分出一支流入华林园，东南方向斜穿华林园，再南流东折入建春门内翟泉，提供内城北半部用水。这一支水流形成了华林园中的天渊池、玄武池、流觞池、扶桑海。

城南的水系则分为入城西阊阖门的一支东流至千秋门分流：其中一支南下东折，在阊阖门东西侧各分一流南下，沿铜驼大街两侧南流，这两流经过官署集中区，是南半城区的办公区主要的供水来源。流经宫城的两支在宫城东南隅汇合后，南下东折至东阳门出城，为南半城区东部区域提供水源。在城西西明门处，还有一支水流入城，横贯城南，由青阳门出城。流经铜驼大街两侧的水流贯流汇合，提供了南半城区最南部分的用水。北魏在洛阳根据当时的地形和自然环境，充分利用洛阳城周围的天然河流，保障了城中的环境建设和城市用水，堪称中国古代城市建设史上的一个成功范例，是北魏对古代城市发展做出的重要贡献。但随着北魏都城迁邺，洛阳废弃，邙山上经年累月冲刷而下的淤土，又慢慢填塞了渠道。

　　自1992年以来，偃师市文物管理局对位于北魏外廓城以东的阳渠、鸿池陂两处遗址做了持续的勘察，明确了阳渠东、西段走向和形状，并对阳渠与鸿池陂的关系有了初步了解。考古报告显示，汉魏洛阳城东的阳渠河道位于今洛河之北的邙山陂下，总体上由西向东沿邙山走势汇入洛河。东西全长18400米（含外廓城内），以鸿池陂为界，分为东、西两段。从其地理位置和具体走向来看，两段渠道原本应是一条，但西段较东段相比更宽且更深，沿用时间晚，并于中途改道注入鸿池陂。这表明西段阳渠或许因某种需求而被加以改造过。此次考古发现的阳渠西段遗迹，其地理位置、具体走向都与《水经注·谷水》记载中的阳渠相契合。①

---

① 参见偃师市文物管理局：《汉魏洛阳城东阳渠、鸿池陂考古勘察简报》，《华夏考古》2011年第1期，第20—25页。

卷二

城东

明悬尼寺

据《洛阳伽蓝记》中所收录佛寺的地理方位分布来看，城东占比最大，有 26 座。

明悬尼寺是彭城王元勰所建，营建较早，其时崇奢之风尚未大肆盛行，元勰本人亦无慕奢之名，故而寺中除有一座三层宝塔外，并无其他华丽装饰，或许正是因为设施无出彩之处，杨衒之便没有对寺庙建制做详细描述。

此外，杨衒之在对建春门外马宪桥的具体建造时间做了考证的同时，对刘澄之等人的讹误进行了严厉地批判。在第二卷中，杨衒之选材多侧重于与南朝相关部分，从中不难感受到两朝微妙的对立关系。

*

明悬尼寺，彭城武宣王勰所立也。在建春门外石桥南。

○ 谷水周围绕城，至建春门外，东入阳渠石桥。桥有四石柱，
在道南，铭云："汉阳嘉四年将作大匠马宪造。"逮我孝昌三
年，大雨颓桥，南柱始埋没，道北二柱，至今犹存。衒之
按刘澄之《山川古今记》、戴延之《西征记》并云："晋太康
元年造"，此则失之远矣。按澄之等并生在江表，未游中土，
假因征役，暂来经过；至于旧事，多非亲览，闻诸道路，便
为穿凿，误我后学，日月已甚。

明悬尼寺由彭城武宣王元勰所修建，位于建春门外石桥以南。

元勰（473—508）是献文帝第六子，孝文帝的弟弟。他不仅在孝文帝推动改革时积极支持，力助迁都，还辅助孝文帝营建洛京。据《魏书·彭城王勰传》与《北史·彭城王传》记载，元勰谨遵长幼尊卑有序，不敢僭越，十分谦恭，多次辞让孝文帝在金钱和权势上给予的赏赐。在孝文帝带病最后一次南征时，"勰内侍医药，外总军国之务，遐迩肃然，人无异议"；在孝文帝病重之际，他甚至向天乞求用自己的寿命换孝文帝的阳寿，并亲自侍候在孝文帝左右，药与饮食都亲自尝过之后再给孝文帝食用，故被称赞"孝以为质，忠而树行"。孝文帝十分信任和敬重元勰，在弥留时亲笔下诏告诫太子在自己驾崩后可以满足元勰的心愿，准许他辞去职务，功成身退，切勿猜忌。宣武帝即位后，因元勰作为钦定辅政大臣声望过高、功劳过大，行事多受制约。尽管元

勰忠诚谦恭，有意辅政报国，无意参与政治斗争，在外戚高肇的挑拨之下，宣武帝最终还是违背了孝文帝的遗诏，在元勰的王妃生产当日将其召进皇宫，以一杯毒酒葬送了这位年仅 35 岁的忠臣。元勰临死前还向宣武帝倾诉一片衷肠，高呼"皇天！忠而见杀"。

当元勰被毒害的消息传来时，景明寺和报德寺的僧人正准备敲钟吃饭，闻此噩耗，两寺共一千多名僧人都拒绝进食，只饮水作斋。从中可见元勰冤屈之深、在僧众间威望之高。

"景乐寺"篇曾将元怿与元勰作比较，称此二人都是忠良遇害；而杨衒之分别以其谥号文献、武宣相称，在本书中较为特别，可视为一种表态。

谷水环绕着洛阳城，在建春门外向东流入阳渠。交汇处有一座石桥。该桥有四座石墩，南面的石桥墩上刻着"汉阳嘉四年（135）将作大匠马宪造"。孝昌三年（527），由于受到大雨的冲击，桥基坍塌，南面的石墩被埋没，唯有北面的两个石墩留存至今。刘澄之《山川古今记》与戴延之《西征记》都说这座石桥于晋太康元年（280）建成，实在有违事实。据我（杨衒之）考证，刘澄之等人生于南朝，不曾来中原游历，只随军途经此地。至于中原地区过去的事情，他们大多没有实地考察，只不过是道听途说，就跟着穿凿附会，这种不实的论断对我朝后进学人的误导实在是太久了。

阳渠石桥并无正式名称，在其他记载中也被称作建春门石桥，盖因其架设于建春门外的护城河（即阳渠）上。据郦道元《水经注》所载，建春门石桥"桥首建两石柱，桥之右柱铭云：'阳嘉四年乙酉壬申，诏书以城下漕渠，东通河、济，南引江、淮，方贡委输，所由而至，使中谒者魏郡清渊马宪监作石桥梁柱，敦敕工匠尽要妙之巧，攒立重石，累高周距，桥工路博，流通万里。'"可知东汉时石桥下应有漕运通行。又因西晋时太仓迁至建春门内，可以想见建春门石桥上能载运粮大车，下能过运粮大船的热闹场景。

关于石桥的建造时间，杨衒之的考证没有错误。据现代学者查考，建于东汉阳嘉四年（135）的洛阳建春门石桥被认定为我国最早的石拱桥。[1]

时代不同、群体不同，对于价值观的认同都不尽相同，立场相对时，对于同一件事的叙述和评价自然会截然相反。杨衒之认为刘澄之和戴延之妄下定论，所述不实，应被斥责，但作为后世读者的我们，除了了解事件本身之外，更需要思考当时的北朝人是怀着一种怎样的心态来记述和评论南朝人的行为。

不得不承认，从个别表达方式和内容来看，《洛阳伽蓝记》确实明显存在文学夸饰的部分，正因如此，其中所蕴含的特殊价值就更要求后世读者从不同层面、不同角度，以"同情之理解"的心态去体察。

*

> 有三层塔一所，未加庄严。寺东有中朝时常满仓，高祖
> 令为租场，天下贡赋所聚蓄也。

明悬尼寺内有一座三层佛塔，没有装饰佛像。寺东面就是西

① 项海帆、潘洪萱等编著：《中国桥梁史纲》，上海：同济大学出版社 2009 年版，第 42 页。

晋时的粮库常满仓的所在之处。孝文帝下令将这里作为租场，地方向朝廷缴纳的赋税都汇聚于此。

北魏初期曾征服西域诸国，贡即为藩属国上缴之物，而赋为本国国民上缴之物。杨衒之在此处特将"未加庄严"的佛塔和常满粮仓、租场相提并论，意在指出王朝的强盛与否往往不在于佛事做得是否精妙，而在于贡赋的征收和运用是否得当。从世俗的观点来看，倘若国泰民安，军力强盛，则仓可常满，自得庄严；而若民生凋敝，士卒作乱，纵有百丈高塔、庄严特妙，又能如何？

即便在封建帝制时代，政府也同样具有公共服务性质。中央统治集团必须想方设法建立和维持地方上的忠诚，发展与巩固地方生产力，其所有作为或不作为最终都会反馈在中央财政上。这个复杂而艰巨的社会课题长期考验着统治者们。"常满"之于古代，几近于如今所说的"物质极大丰富"，是重要的理想追求之一。

拓展阅读

洛阳城的东北角——建春门

城门与城市的交通状况密切相关，且形制、修饰情况是城市面貌的重要构成部分，因此一直以来备受考古发掘所重视。建春门的考古发掘于 1985 年正式展开，证实东汉上东门与北魏建春门同属一门。作为北魏洛阳城东面北头第一座城门，建春门历经东汉、曹魏、西晋、北魏四朝，毁于北魏末年。如今建春门遗址仍位于洛阳市东北角。

　　关于城门及门洞顶部的形制，考古工作者根据汉唐长安城推断，北魏城门门洞应该也采用了夯土墙和排叉柱支撑的大过梁式结构。关于城门的建筑材料和修饰情况，发掘报告显示，从魏晋时期开始，城门两侧的夯土城垣就已包砌青砖；从遗址内所见大片白灰墙皮可以推断，当年对门洞的修饰十分讲究，门洞壁粉饰白灰膏，在白灰墙皮上以红粉绘画线条图案。关于城门通道，考古发掘再次佐证《洛阳伽蓝记序》中所记"一门有三道，所谓九轨"的情况属实。[①]

---

① 参见中国社会科学院考古研究所洛阳汉魏城工作队：《汉魏洛阳城北魏建春门遗址的发掘》，《考古》1988年第9期，第814—818页。

龙华寺

龙华寺由国家军队出资所建。此篇介绍了建阳里通过在市楼击鼓对集市进行管理的有趣现象。此外，借寺中的钟声交代了胡太后召沙门讲经一事，随之笔锋一转，大篇幅讲述关于投北者萧综的故事。此篇杨衒之虽用意于南朝，落笔实则与北魏寿阳公主的命运联系甚密，我们也可从中一窥战火纷乱中北魏皇室女性的处境。

龙华寺，宿卫羽林虎贲等所立也。在建春门外阳渠南。
寺南有租场。

龙华寺由护卫皇宫的羽林、虎贲出资建造。其位于建春门外阳渠的南面，再向南有一租场。

在孝文帝改制之前，"羽林"和"虎贲"是两支由宗室、贵族子弟组成的禁卫部队。这两支部队中的最下级成员也是有品秩的军官。孝文帝改制之后，从全国各地征来的精锐士卒组成新的"羽林"和"虎贲"，合称宿卫队。原先出身高贵、全员军官的部队更改了称谓，依然存在于改制后的禁卫军编制中。

*

阳渠北有建阳里，里内有土台，高三丈，上作二精舍。

○赵逸云："此台是中朝旗亭也。"上有二层楼，悬鼓击之以罢市。

在阳渠北面是建阳里，里内有一座土台，高三丈，上面修建了两座精舍。

隐士赵逸说："这座土台是西晋时期的市楼，用来指挥集市的聚散，上面修有两层楼，悬挂着一面鼓，鼓声响起就代表集市结束。"旗亭常用来管理市区商业，说明此处旧时商业发展繁荣。

＊

有钟一口，撞之，闻五十里。太后以钟声远闻，遂移在
宫内，置凝闲堂前，讲内典，沙门打为时节。孝昌初，萧衍
子豫章王综来降，闻此钟声，以为奇异，造《听钟歌》三首
传于世。

寺内有一口钟，敲击时，在方圆五十里都能听到钟声。胡太
后因听闻钟声铿锵辽远，就命人将钟移到宫内，安放在凝闲堂
前，听闻讲经之时，由宫中僧人敲之以报时。孝昌元年（525），
萧衍的儿子豫章王萧综前来归降，听闻钟声，顿感惊诧，当即赋
《听钟歌》三首（《听钟鸣》、《悲落叶》等）。

《梁书》节录了《听钟鸣》：

听钟鸣，当知在帝城。参差定难数，历乱百愁生。去声
悬窈窕，来响急徘徊。谁怜传漏子，辛苦建章台。

听钟鸣，听听非一所。怀瑾握瑜空掷去，攀松折桂谁相
许？昔朋旧爱各东西，譬如落叶不更齐。漂漂孤雁何所栖，
依依别鹤夜半啼。

听钟鸣，听此何穷极？二十有余年，淹留在京域。窥明
镜，罢容色，云悲海思徒掩抑。

……

从全诗大意来看，萧综不似因听到钟声感到诧异才起兴作
诗。全诗字里行间无不透露出萧综对故国、故人的思念，以及对

自己命运多舛的喟叹感伤。或许在萧综看来，纵使自己远投北魏，加官晋爵，终究不过是异国政权的客人罢了。

*

○综字世谦，伪齐昏主宝卷遗腹子也。宝卷临政淫乱，吴人苦之。雍州刺史萧衍立南康王宝融为主，举兵向秣陵，事既克捷，遂杀宝融而自立。宝卷有美人吴景晖，时孕综经月，衍因幸景晖，及综生，认为己子，小名缘觉，封豫章王。综形貌举止甚似昏主，其母告之，令自方便。综遂归我圣阙，更改名曰讚，字德文，始为宝卷追服三年丧。明帝拜综太尉公，封丹阳王。

萧综（502—531），字世谦，东海郡兰陵县（今山东省临沂市）人，是伪齐东昏侯萧宝卷的遗腹子。萧宝卷执政时，荒淫无度，吴地的百姓深受其苦。雍州刺史萧衍拥立南康王萧宝融为主，起兵攻打秣陵，谋划得胜之后，萧衍立即杀掉萧宝融自立为王。萧宝卷有一个美妾名叫吴景晖（即吴淑媛），当时已有一个多月的身孕。因为萧衍曾临幸过吴景晖，等到萧综出生时，就误将他认作自己的儿子，封为豫章王，还取了个小名唤作缘觉。随着年岁渐长，萧综愈发像自己的生父，吴景晖便将他的身世全盘托出。随后萧综归降北魏，并改名为讚，字德文，这才开始为萧宝卷追服三年丧。孝明帝任命萧综为太尉公，并赐封号丹阳王。

从史书记载来看，身份的不确定性带给了萧综诸多痛苦。据《南史》和《梁书》，萧综少年时经常会做一个奇怪的梦：一位壮

士提着脑袋直直地盯着他，一言不发。萧综和母亲说起此事，听
完儿子对梦中人的描述，吴景晖觉得很像萧宝卷，这时她也已经
失宠，就将身世隐情告诉了儿子，令其见机行事。一开始萧综并
没有信母亲的一面之词，他坚持用"滴血认亲"的方式求证，偷
偷掘开萧宝卷的坟墓，将自己的血滴在尸骨上，血液果然渗入遗
骨中。还不愿相信的萧综又杀了自己的儿子，按照之前的步骤验
证了一遍，结果还是一样。在认定自己是萧宝卷之子后，萧综
白天像个没事人，夜深人静时却总号啕大哭，最后决定按照生母
的建议，遵循自己的内心方便行事。此前，梁武帝一直对萧综深
信不疑，安排他在南朝的北方防线都督军事。北魏六镇之乱期间
（525），南朝趁机发动了一次规模较大的北伐，萧综就是这次行
动的最高指挥官。在与北魏军队对峙时，萧综向北魏一方送去书
信，表达了自己的投诚意愿。北魏立即派使者与之接洽，确认了
他的真心。于是萧综就在这天晚上出奔到北魏军中，而后有所准
备的北魏军马上对方寸大乱的南朝军队发动了突袭，完全击溃了
南朝的北伐计划。对萧综而言，无论是否有意，这次军事胜利都
成了他最好的投名状。

　　由于萧综身份的特殊性，南北两国国史对其都有记载，但所
记内容多有差异：不仅对于萧综书写的详略安排不同，对于萧综
投魏的主观动机、入魏朝后的生活经历以及萧综之死的记载都大
相径庭。

　　南朝史官笔下的萧综，弃梁入魏主观上是为了投亲，因在魏
国并不得志，打算重返梁朝，《梁书》甚至认为他最终欲参与萧
宝夤的反魏之变，才遭魏人杀害。北朝史家笔下的萧综则是另一
种形象：他因为自己的身份而痛恨梁朝，选择向魏国投诚，在魏

期间备受荣宠，他本人与萧宝夤反魏事件无关，最后是在北魏内乱中遭放逐，因病去世。双方正史叙述的差异主要集中于横亘在南北政权之间一些重要而敏感的问题上，诸如投诚还是投亲、有没有重回故国的企谋、是否参与了在魏国的谋反等。双方史官都从维护自己国家的利益和尊严出发，以或夸大或回护的方式，书写出萧综矛盾的一生。司马光在编写《资治通鉴》时，选择南北史兼采，对萧综的经历有较为详明的叙述。①

*

○永安年中，尚庄帝姊寿阳公主字莒犁。公主容色美丽，综甚敬之。与公语，常自称"下官"。授齐州刺史，加开府。及京师倾覆，综弃州北走。时尔朱世隆专权，遣取公主至洛阳，世隆逼之，公主骂曰："胡狗，敢辱天王女乎！我宁受剑而死，不为逆胡所污。"世隆怒之，遂缢杀之。

永安年间（528—530），萧综迎娶孝庄帝的姐姐寿阳公主元莒犁为妻。公主容颜娇美，萧综对她敬重有加。无论萧综生父是萧宝卷还是萧衍，萧综都为梁朝皇室所出。但他放弃了在南朝尊贵的身份地位客居北朝，平日与公主交谈以"下官"自称。这也是萧综对自己身份发生改变的一种认知体现。

不久后，萧综被授予齐州刺史，加开府官衔。洛阳城兵荒马乱之时，萧综抛下齐州向北逃去。当时尔朱世隆擅权专政，派人将公主捉回洛阳，并想对她用强。公主大骂道："胡狗，竟妄想

---

① 参见杨明编选著：《六朝风采远追寻》，商务印书馆 2017 年版，第 406—410 页。

玷污天子的女儿！我宁愿伏剑而死，也不会向造反的胡人屈服。"尔朱世隆大发雷霆，将公主绞死。

孝庄帝的父亲是元勰，就是之前所提到的"忠而见杀"的北魏栋梁。尔朱荣立其子元子攸为帝，或许有对元勰遗德尚在的考量。其家风和声望从史书见载的孝庄帝和寿阳公主的形象即可见一斑。

寿阳公主遇害一事，见诸史册的部分仅有《魏书·萧赞传》中的寥寥一句"公主守操被害"。此处杨衒之的描写补充了大量细节，也丰富了历史事件的画面感。结合古人对死亡和灵魂等传统观念来看，才更能感受到寿阳公主在受逼迫时毅然喊出"我宁受剑而死"之语的悲壮和可贵。

"受剑而死"或称"伏剑而死"，是忠烈之士为维护国家、个人尊严而选择自我牺牲的一种赴死形式。《史记·循吏传》评李离之死："李离过杀而伏剑，晋文以正国法。"春秋时期，晋人李离因自己断错案件，不顾晋文公阻拦，坚决选择"伏剑而死"以捍卫律法。《后汉书·温序传》载东汉建武二年（26）温序受命巡视至襄武时，被割据军阀隗嚣部下苟宇挟持劝降，温序以"受国重任，分当效死，义不贪生苟背恩德"严词拒绝，怒斥"虏何敢迫胁汉将"，在即将被乱兵围杀之际，苟宇出言制止，称"此义士死节，可赐以剑"，温序接过剑后引剑自刎。绞死尸首完整，尔朱世隆最终采取绞死的手段或是为公主的贞烈所感而心生敬重，又或是不遂其尽忠的心愿罢了。

杨衒之将公主痛骂尔朱氏的场景描写得尽致淋漓，在他的笔下，寿阳公主以"天王之女"自居，并蔑称同为鲜卑一族的尔朱氏为"胡狗"，有强烈的自恃正统的倾向。

萧综又为何弃州呢？按《魏书·萧赞传》的说法，当时齐州爆发了赵洛周起义，萧综被驱逐，而赵洛周投靠了尔朱世隆政权，所以发生了"遣取公主"之事。被迫弃州出逃之后，萧综在永安三年（531）剃度出家，但他的寺庙生活没有持续很久，在公主死去同年，他也因病去世。一年后，他被节闵帝以"郡王礼"安排与公主合葬于嵩山。又过了七年，他的尸身被梁人盗去，以梁武帝皇子的身份陪葬于修陵（此事《魏书》有载而《梁书》未载）。萧综在南朝诸事遂顺，惟有心结始终难解；到了北朝得以短暂地直面身世却又饱受战事摧残，历经几番离乱，最终又归葬南朝。被萧综视作谎言、弃若敝屣的身份因萧衍的善意和护佑，使他得以尽享荣华；而他靠自己的抗争挣得的独属于自己的命运，却又充满坎坷，何其可叹！

"龙华寺"篇给我们留下南朝比较安稳的印象，实际也确实如此。梁武帝是一位虔心崇佛的君主，对待投南者们的态度非常温和宽厚，政策也很是优渥——这也是北魏后期投南者增加的重要原因之一。但令人唏嘘的是，梁武帝最后却亡命于侯景发动的叛乱之中——侯景正是当年南投大军中的一员。

璎珞寺

在建阳里内，除有璎珞寺外，还有慈善寺、晖和寺、通觉寺、晖玄寺、宗圣寺、魏昌寺、熙平寺、崇真寺、因果寺。洛阳内城的住户多身份显赫，外城住户则相对普通，因此在内城建造寺庙的门槛与成本就格外高，而在一个里坊（大致为边长400—500米的正方形区域）内出现十所寺庙，放眼整个洛阳也是极其罕见的。里内供养者两千余户，对于负担寺院日常开支不成问题，但如果在佛事活动中追求豪奢，不加节制，则免不了给里内住户带来沉重的经济压力。

此篇杨衒之除简要介绍璎珞寺外，还着重描绘了隐士董京的住所。

＊

瓔珞寺在建春门外御道北，所谓建阳里也。

　○即中朝时白社地，董威辇所居处。

　　瓔珞寺在建春门外御道的北侧，即建阳里中。这里曾是西晋时期的白社，董威辇的住所。

　　杨衒之开篇随笔一提不远处的董京住所，却不再做其他介绍，看似无意，或许另有深意。董京，字威辇，是西晋时洛阳著名的隐士，《晋书》有其小传。董京常宿在市东的白社中，以乞讨为生，别人赠予的帛布拒不接纳，只穿自己用破布头拼成的衣服。他在城内披发而行，自在地吟诗歌咏。白社作为他的居所，在后世被视为隐士的象征。

　　隐士多为有才学而不愿出仕的人，他们普遍轻视权势与财富，选择过朴素清静的生活。至于隐士所看重之事，则因人而异。这里的董京似乎追求"遁世以存真"，亦可理解为"不会因为社会而改变自我心性"。他的行为也可以看作是对"人与社会的关系"这一哲学命题的思考与实践，是一种对社会规训的反抗行为。在儒家思想传统所主导的社会中，董京之举无疑是特立独行。杨衒之并未明确表露对董京行为的态度，而此处靠行乞为生的董京与下文受百姓供养的僧人形成了一种略带有讽刺意味的对比。

＊

　　里内有瓔珞、慈善、晖和、通觉、晖玄、宗圣、魏昌、熙平、崇真、因果等十寺。里内士庶二千余户，信崇三宝。

众僧刹养，百姓所供也。

　　建阳里内有璎珞、慈善、晖和、通觉、晖玄、宗圣、魏昌、熙平、崇真、因果十座寺庙。里内居住的百姓有两千多户，都信奉佛教。僧人们的吃穿用度，都由里内百姓供给。这一方面表明佛事耗费之多，另一方面也隐隐透露出朝廷财政收入在很大程度上被供养"三宝"而挤占。北魏末年，随着兵役和徭役的加重，百姓不堪重负，脱离户籍依归佛寺者比比皆是，导致国家的劳动力和税赋大量流失，使原本岌岌可危的北魏政权雪上加霜。

　　北魏洛阳时期，作为两种不同的修行群体，僧人和隐士都在创造特殊的社会价值。然而，僧人本身掌握着佛典的解释权，他们作为佛法传播的主体，既创造需要，又满足需要。相比于隐士群体而言，僧人更能满足当时社会与个人的现实和信仰需求，更容易被大众所接受。

宗圣寺

在行像活动中加入马戏表演并不是长秋寺的专利，从"宗圣寺"篇，我们就能看出盛大的行像活动在当时十分普遍。不知是因为宗圣寺伎乐表演不甚浩大（尽管佛像引人注目），还是之前刻意有些针对刘腾，这篇对行像时娱乐活动的描述较"长秋寺"篇而言要温和得多。

*

　　宗圣寺，有像一躯，举高三丈八尺，端严殊特，相好毕
备，士庶瞻仰，目不暂瞬。此像一出，市井皆空，炎光辉赫，
独绝世表。妙伎杂乐，亚于刘腾。城东士女多来此寺观看也。

　　宗圣寺内有一尊佛像，通高三丈八尺，造像极其端庄严谨，
集诸佛像优点于一体。士人、庶民前来瞻仰膜拜佛像时，无不严
肃恭敬，看得出神。这尊佛像一旦被抬出，城中百姓们都会前来
观看，导致街道、集市空无一人。行像过程声势浩大，佛像闪耀
光辉，世间独绝。其中热闹的杂技、音乐、歌舞表演令人应接不
暇，此番场景仅次于刘腾所立长秋寺的佛像游行。住在城东的善
男信女多会聚于宗圣寺观看表演。

　　一般来说，丈六像即与佛身等高的雕像或画像（佛世之时，
凡人之身长约八尺，佛陀倍之，故为丈六）。丈六佛像的造立在
印度颇为盛行，中国在东晋后均有铸丈六像的记载。通常立像全
长丈六，坐像八尺，超出此标准者即称大佛像。三丈八尺按照
《隋书·律历志》所载北魏的度量衡来换算，当为如今的八至十
米左右。永宁寺的主佛像也仅有一丈八尺，故三丈八尺并行于道
路的佛像着实令人惊叹。

拓展阅读

佛陀"相好"与魏晋时的人物形象

　　《洛阳伽蓝记》中描述佛像常会提到"庄严""相好"之类的

词，都是佛经中对佛陀形貌特征的描述，佛经记载佛陀因累世善行而修具了三十二相和八十种随形好。

佛像造作依照的"相好"来自古印度相术的基本观念。传说释迦牟尼出生时曾请婆罗门祖师看相，这便是佛陀三十二相的由来。《佛说长阿含经》卷一云：

> 太子初生，父王药头令相师为太子相命。请相师受命细观太子。之后禀告药头："王所生子，有三十二相，当趣二处，必然无疑。在家当为转轮圣王；若其出家，当成正觉，十号具足。"[①]

这三十二相、八十种随形好都是婆罗门祖师在见到释迦牟尼后所得出的，因此后世佛陀造像皆以此为依据，并且在当时道俗的共识中，只有相好的佛像才具备灵验性。据《佛说大乘造像功德经》："佛言：……造佛像者，当知此则为三十二相之因，能令其人速得成佛。"[②] 于是"相好"成为时人塑佛像时的追求。

季羡林先生曾说，帝王在史书中往往被描述为天生容貌异于常人，但在魏晋南北朝时期，对帝王相貌的描述则明显区别于秦汉时期的官方表述。比如在《晋书·武帝纪》《陈书·高祖纪》《陈书·宣帝纪》《魏书·太祖纪》《北齐书·神武帝纪》《周书·文帝纪》等篇章中，常出现"垂手下膝""顾自见耳""发长委地"等夸饰性的词句。这便是受佛法传入影响，将佛陀三十二相与八十种随形好中极为奇特之相加诸帝王相貌的刻画中。由此

---

① 《大正新修大藏经》第一册，第四页下至第五页中。
② （唐）提云般若译：《佛说大乘造像功德经》卷上，载《大正藏》第 16 册，第 791 页上。

亦可见佛教与我国传统文化的交融。[1]

比如大家都很熟悉的刘备，《三国志》称其"垂手下膝，顾自见其耳"，这正是三十二相其一的"正立手摩膝相"。此相又被称为"垂手过膝相""手过膝相""平住手过膝相"，顾名思义，这种样貌即指佛陀立正时，两手垂下，长可越膝。在佛经中这种相一般由离我慢、好惠施、不贪着所感得，表示降伏一切恶魔，哀愍众生为其摩顶之德。又如北齐神武帝高欢，《北齐书》特意强调其"齿白如玉"。三十二相中有"四十齿相"，又作"具四十齿相"，指佛有四十个牙齿（常人只有三十六齿），都长得十分齐等，平满如白雪。再如北周文帝宇文泰，他的相貌也同刘备一般"垂手过膝"，此外还有"美须髯，发长委地"。这就是"美好发眉相"，指眉毛生得好，发亦生得好，八十种随形好中也有"诸佛首发修长，绀青，稠密不白"。这种相在佛经中一般是善护三业（身业、口业、意业）功德所成。

此外，魏晋南北朝时的文学作品也受到了三十二相的影响。比如干宝在《搜神记》中用"姿容可爱"描述年轻女子的样貌，在六朝以前，中原地区几乎没有文学作品用"可爱"来形容女子，而"可爱"在佛经中则是常见词，三十二相中还有"梵音可爱"相。又如六朝常用"绀黛"形容女子的眉毛，这在前代典籍中也不曾出现过，而"绀"恰好也是佛陀"相好"中的重要颜色之一，如上文提及的佛陀头发颜色即为"绀青"。[2]

---

[1] 参见季羡林：《三国两晋南北朝正史与印度传说》，载氏著《印度古代语言论集》，中国社会科学出版社1982年版，第385—391页。

[2] 徐世民：《佛陀"相好"与六朝文学作品中的女性形象审美》，《惠州学院学报》2022年第1期。

崇真寺

在"崇真寺"篇中,杨衒之选择记录僧人慧凝经走地狱一遭又重返人间的轶事,从文中所记载的阎罗王对入地狱僧人的判决中,我们得知阎罗王提倡僧人诵经、坐禅而非讲经释义;僧人不得借佛教之名敛财;僧人不得干涉朝政,应当一心静修;僧人应当有自己的风骨所在,不得做有损佛面的事情。或许杨衒之是希望以荒诞的方式向我们徐徐铺陈南北朝时期北方佛教特点的形成原因——正如汤用彤先生所言"南方重玄学义理,北方重宗教行为"。

＊

崇真寺比丘慧凝，死经七日还活，经阎罗王检阅，以错
名放免。

崇真寺的僧人慧凝，在去世七天后又复活了，自称是因为阎
罗王检阅时发现召错了人，就放他重返阳间。

"死而复生"的传说从古至今数见不鲜，六朝志怪小说，诸
如《搜神记》《博物志》等记载着大量类似主题的故事。《搜神记》
中贾文合、李娥就与慧凝的经历极为相似，此二人也是因为冥官
误判而得以遭还人间。

贾偶，字文合，东汉南阳（今河南南阳）人。病死后他的魂
魄来到阴间，判官查阅生死簿才发现原来是将他误认作别郡的文
合，于是又将贾文合送回阳间。还魂时正值日薄西山，贾文合就
打算凑合一下，在城外树下过夜。这时一个年轻的女子向他走
来，贾文合通过聊天得知原来她是三河人氏，父亲为弋阳县令，
也是昨天被判官误召，今天才得以重返阳间。女子见贾文合的容
貌举止不俗，认为他是贤人，于是决定留下来过夜，天亮后两人
分别。贾文合清醒后，总觉得一切就像一场梦，于是来到弋阳县
拜见县令，询问县令的女儿是否真的死而复活，并详细描述了她
的衣着打扮、言谈举止和二人夜话的内容。县令向女儿求证得到
肯定答复后，十分震惊，连连赞叹，还将女儿许配给贾文合。

汉献帝建安四年（199）农历二月，武陵郡充县妇女李娥因
病去世，享年 60 岁。隔壁邻居蔡仲因听说李娥家境富裕，认为
她的棺材里会有金银财宝，于是偷偷挖开她的坟墓想盗取随葬的

金银珠宝。他用斧子直直劈向棺材，没劈几下就听到李娥在棺材中说："蔡仲，你可要保护好我的头！"此时距离李娥下葬已有十四天，蔡仲惊慌失措，连忙逃跑，却不幸被县吏察觉，当即便被逮捕。李娥儿子听闻母亲复生，就将李娥接回了家。武陵太守听说有人死而复生，立刻召李娥询问详情。李娥自述她是被司命误召下地府，因此时间一到就被送了回来。

这类故事还有很多，虽然故事主角的死因多种多样，但多数都是因为误判而在七天或者十四天后复生。"七"是一个很神奇的数字。"复"卦卦辞曰："七日来复，利有攸往。"一般被理解为，天下阳气被剥尽后，经过七日即可复原。"七"也因此暗含了复生的含义，民间的一些祭祖活动也多会选择在七月进行，例如中元节就设在七月十五日；亲人过世后家属会格外重视"头七""二七"等。"七日复生"还曾被视为一种祥瑞。比如《搜神记》卷十三《陈焦》载："吴孙休永安四年，安吴民陈焦死七日复生，穿冢出。此与汉宣帝同事。乌程侯皓承废故之家，得位之祥也。"永安四年（261），安吴县一位叫陈焦的居民在去世七天后复活，自己亲手挖开了坟，从地下钻了出来。这件事后来被视为孙皓最终得以继承东吴帝位的瑞应。慧凝七日复活一事正好发生在胡太后返政时期，不知杨衒之在记述这则故事的时候，是否心存对北魏政权回归元氏的期许。

*

○慧凝具说过去之时，有五比丘同阅，一比丘云是宝明寺智
　圣，以坐禅、苦行得升天堂。复有一比丘是般若寺道品，以
　诵四十卷涅槃，亦升天堂。有一比丘云是融觉寺昙谟最，讲

《涅槃》《华严》，领众千人。阎罗王云："讲经者心怀彼我，以骄凌物，比丘中第一粗行。今唯试坐禅、诵经，不问讲经。"其昙谟最曰："贫道立身已来，唯好讲经，实不暗诵。"阎罗王敕付司，即有青衣十人送昙谟最向西北门，屋舍皆黑，似非好处。有一比丘云是禅林寺道弘，自云教化四辈檀越，造一切经，人中金像十躯。阎罗王曰："沙门之体，必须摄心守道，志在禅诵。不干世事，不作有为。虽造作经像，正欲得他人财物，既得财物，贪心即起，既怀贪心，便是三毒不除，具足烦恼。"亦付司，仍与昙谟最同入黑门。有一比丘云是灵觉寺宝真，自云出家之前，尝作陇西太守，造灵觉寺成，即弃官入道。虽不禅诵，礼拜不阙。阎罗王曰："卿作太守之日，曲理枉法，劫夺民财，假作此寺，非卿之力，何劳说此！"亦付司，青衣送入黑门。

　　慧凝将死后经历之事一一讲述，说另有五位僧人一同接受检阅。一位是宝明寺的智圣，因为生前坚持坐禅、苦行，死后得以升入天堂。一位是般若寺的道品，因为念诵四十卷《涅槃经》，也得以升入天堂。另一位是融觉寺的昙谟最，他曾为上千人讲解《涅槃经》《华严经》。阎罗王说："讲经这种行为会使你在心中区分彼我（"彼"是听讲者，"我"是讲经者），而倚仗'我'凌驾于'彼'之上，傲慢欺人，这是僧人中最粗鄙的行为。现在只考察你坐禅、诵经的修行，不论讲经。"昙谟最说："我自立身行道以来，只爱好讲经，实在不精通诵经。"阎罗王听后就派十个青衣差役，将昙谟最送入西北门，进了一间黑屋子，看起来不像是什么好地方。接下来一位是禅林寺的道弘，称自己教化过四世施主，并刻写一切经藏，塑造等身佛像十尊。阎罗王说："出家人修行，一定要收敛心神，恪守道法，志在坐禅、诵经，不去干预世间事务，不应有造作的行为。你虽刻写佛经、铸造佛像，目的却是要谋取他人财物，得到身外之物后，贪念也就随之而来；如果心怀贪念，便是三毒不除，一切烦恼都会随之浮现。"于是吩咐差役也将他送入黑门。最后一位僧人是灵觉寺的宝真，自称出家之前曾担任陇西太守，建造了灵觉寺。寺造成后，就舍官向佛，遁入空门。虽然不好禅诵，但礼拜不曾少过。阎罗王问道："你担任太守的时日里，做尽违律法之事，还抢夺百姓的财产，凭借这些才得以建造佛寺，并非己力所成，又何须劳烦讲述这些！"于是阎罗王也将宝真交付于青衣差役送入黑门。

我们不妨先引入社会视角来看这则故事。坐禅、苦行、诵经都是纯粹个人行为，几乎没什么社会影响；而讲经、贩售经像以牟利、用公款营建佛寺等行为则与谶纬符图之说类似，很可能会被利用。讲经意味着行使宗教解释权来影响他人，这很大程度会与政治相影响。例如大乘起义（515—517）就利用《大般涅槃经》中"不受五戒为护正法乃名大乘"之说作为起义的理论依据。诸如此类性质的事件历史上数见不鲜，给社会秩序和中央集权统治带来一定的消极影响。北魏起义频发，佛教又空前盛行，佛经经义的解释权如果被随意操纵，定然会对皇权稳固产生极大的威胁，因此统治阶级必须对此谨慎对待。

至于造灵觉寺的陇西太守，其人首先就有贪赃枉法的问题，这本也是世俗意义上的犯罪。他在地狱受到阎罗王定罪也是在告诉世人：切勿利用官职之便行贪污钱财之事，即使将这些钱财用于捐赠功德也不会被佛教认可。或许如此宣传可以使时人出于对死后世界的敬畏，而在一定程度上减少贪污行为，同时也可以抑制无节制地敛财建造佛寺、佛像的行为。

佛教发展到南北朝时期，地域差异已经十分明显。北朝整体上更注重诵经、修行，南朝则更注重教义、释理。然而，这种特点并不是一以贯之的。自孝文帝至宣武帝时期，帝王都十分重视译经、听论、讲经，并时常与高僧大德于内殿探讨佛典义理，使得一时间北朝重义理阐释、崇尚讲经论道的风气大盛，佛教寺院的内部空间布局也随之发生变化。杨衒之借此篇中的阎罗王之口，表现了时人对坐禅、苦行、诵经的肯定，以及对讲经（以骄凌物）、贩售经像（心怀贪念）、用公款营建佛寺这些有较强社会影响行为的强烈抨击。故事中的阎罗王，作为中国古代传统民间信仰中的重要神灵、古代神话中的十殿阎王之一，本是阴曹地府中第五殿的殿主冥王，在该故事中却行使着对佛教行为的仲裁权，明确指出僧人应当"摄心守道、志在禅诵、不干世事、不作有为"。

葛兆光在《中国思想史》中曾援引这个故事，认为很能表现中国早期佛教思路与行为。他表示："在中国，所有的宗教行为都会被纳入中国思想世界所已经确立的、社会优先于个人的道德与传统规范中。"[1]

*

○太后闻之，遣黄门侍郎徐纥依慧凝所说即访宝明等寺。城东有宝明寺，城内有般若寺，城西有融觉、禅林、灵觉等

---

[1] 葛兆光：《中国思想史（第一卷）》，复旦大学出版社，2019年第二版，第353页。

三寺，问智圣、道品、昙谟最、道弘、宝真等，皆实有之。

议曰："人死有罪福。"即请坐禅僧一百人常在殿内供养之。

诏："不听持经像沿路乞索，若私有财物，造经像者任意。"

慧凝亦入白鹿山，居隐修道。自此以后，京邑比丘皆事禅诵，不复以讲经为意。

当胡太后听闻慧凝的经历后，就派黄门侍郎徐纥依照慧凝的描述一一探访宝明寺等其他几座寺庙。分别有城东的宝明寺，城内的般若寺，城西的融觉、禅林、灵觉三寺。徐纥问询关于智圣、道品、昙谟最、道弘、宝真的情况，都得到了印证。宫内的朝议得出结论："人死后会有依罪受责、因福受佑的情况。"于是朝廷就请一百位坐禅和尚在内殿长期供养这些死者，并发布诏令："禁止僧人手持佛经、佛像沿路乞讨，如果是用私有财产刻写佛经或是铸造佛像，则不受限制。"随后慧凝也遁入白鹿山隐居，潜心修行佛法。自此以后，京城中僧人都专注于坐禅和诵经，不再追求讲解佛法经义了。

这则轶事通过对死后世界惩恶扬善现象的揭示，起到了定义现实世界善与恶的作用。故事以朝廷的一道诏令和慧凝的归隐结束，朝廷依然是世俗与宗教方共同认可的朝廷，禁令也只是针对部分可能造成不良社会影响的僧俗弟子，崇佛的整体风气并没有改变，但崇佛的方式发生了变化。

汤用彤先生在《汉魏两晋南北朝佛教史》中引此篇，指出杨衒之所记述的这个故事或虽伪传，但是在很大程度上可反映当时普通僧人对佛法修行的态度：

后魏佛法本重修行。自姚秦颠覆以来，北方义学衰落。一般沙门自悉皆禅诵，不以讲经为意，遂至坐禅者或常不明经义，徒事修持。[1]

*

出建春南门外一里余，至东石桥。

○南北而行，晋太康元年造。桥南有魏朝时马市，刑嵇康之所也。

出建春门向南走约一里，就到了东石桥。

石桥为南北走向，建于晋太康元年（280）。桥南有曹魏时的马市，也是当年嵇康行刑的地方。

*

桥北大道西有建阳里，大道东有绥民里。里内有河间刘宣明宅。

○神龟年中，以直谏忤旨，斩于都市讫，目不瞑，尸行百步，时人谈以枉死。宣明少有名誉，精通经史，危行及于诛死。

桥北大道西面有建阳里，东面是绥民里，里内有河间刘宣明的宅邸。

神龟（518—520）年间，刘宣明因为刚直谏言，忤逆圣旨，在集市上被斩首示众。刘宣明死不闭目，尸体竟然还行走了百

---

[1] 汤用彤：《汉魏两晋南北朝佛教史》，北京大学出版社1997年版，第561页。

步。时人见此情形都议论纷纷，认为他死有冤屈。刘宣明年少时就闻名显达，对经史类的学问很是精通，行为正直，不避祸端，以至于最后杀身成仁。

杨衒之笔下，刘宣明怀有抱负，是行为端正、博通文史的谏诤之士。刘宣明其人于史无传，《魏书·肃宗本纪》有只言片语，称"瀛洲民刘宣明谋反，事觉伏诛"。《北史·杨昱传》则称"瀛洲民刘宣明谋反，事觉逃窜"，元乂诬告"昱藏宣明"。在官修史书的记载中，刘宣明被卷入与元乂有关的政治斗争，因谋反获罪，与杨衒之的记述相去甚远。

魏昌尼寺

　　魏昌尼寺由宦官李次寿所立，位于北魏牛马市场所在地，即嵇康行刑之处。嵇康之事杨衒之在"崇真寺"篇已有记载，石桥之事在"明悬尼寺"篇亦有记载，此篇再提。

*

魏昌尼寺，阉官瀛州刺史李次寿所立也。在里东南角。

○ 即中朝牛马市处也，刑嵇康之所。

魏昌尼寺是由文成帝时的宦官李次寿出资建造，他在宣武帝时出任瀛州刺史。魏昌尼寺在建阳里的东南角，也就是晋中朝牛马市所在地，当年嵇康行刑的场所。

*

东临石桥。

○ 此桥南北行，晋太康元年中朝时市南桥也。澄之等盖见此桥
铭，因而以桥为太康初造也。

魏昌尼寺东面挨着崇真寺边的东石桥。这座桥南北架通，就是晋朝太康元年（280）的市南桥。刘澄之等人大概是因为看见这座桥上所刻的铭文，误以为这是太康初年修建的阳渠石桥。

景兴尼寺

此篇杨衒之细述了前文多次出现的隐士赵逸之事。在《洛阳伽蓝记》中，共有五处具体写到隐士赵逸，包括卷一《昭仪尼寺》篇，卷二《明悬尼寺》篇、《景兴尼寺》篇、《秦太上君寺》篇以及卷四《宝光寺》篇。在杨衒之的描述中，赵逸无疑是一个跨越时空的神人，生平也是玄而又玄。然而这样一个洞悉古今之人，除《魏书》外几乎无迹可寻。或许，赵逸是杨衒之在《洛阳伽蓝记》一书中的化身，带着我们恣意穿越，娓娓道来。

石桥南道有景兴尼寺，亦阉官等所共立也。有金像辇，
去地三尺，上施宝盖，四面垂金铃、七宝珠，飞天伎乐，望
之云表。作工甚精，难可扬榷。像出之日，常诏羽林一百人
举此像，丝竹杂伎，皆由旨给。

石桥南道是景兴尼寺，也是由宦官们共同出资所建。寺内有
金佛像和金制的车辇，高达三尺，佛像上设有华丽的伞盖，四面
垂挂着金铃和七宝珠，还有飞天的塑像，看上去宛如立在云端之
上。做工尤其精巧，难以用语言概述。佛像出寺巡游之时，通常
由朝廷诏令百名羽林士兵抬举，丝竹乐器以及杂耍歌舞表演等也
都由宫中下旨一并置办。

建阳里东有绥民里，里内有洛阳县，临渠水。县门外有
洛阳令杨机清德碑。

建阳里的东面是绥民里，里内有洛阳县衙，临近阳渠。县府
门外立有为赞颂洛阳县令杨机而作的《清德碑》一座。

绥民里东有崇义里。里内有京兆人杜子休宅。

◦ 地形显敞，门临御道。时有隐士赵逸，云是晋武时人，晋
朝旧事，多所记录。正光初来至京师，见子休宅，叹息曰：

"此宅中朝时太康寺也。"时人未信，遂问寺之由绪。逸云：
"龙骧将军王濬平吴之后，始立此寺。本有三层浮图，用砖
为之。"指子休园中日："此是故处。"子休掘而验之，果得
砖数十万，并有石铭云："晋太康六年岁次乙巳九月甲戌朔
八日辛巳，仪同三司襄阳侯王濬敬造。"时园中果菜丰蔚，林
木扶疏，乃服逸言，号为圣人。子休遂舍宅为灵应寺。所得
之砖，还为三层浮图。

绥民里东面有崇义里，里内有京兆人杜子休的府宅。

这里地形宽敞而开阔，大门正对着御道。当时有隐士赵逸，
据说是晋武帝（司马炎）时人士，对于晋朝的往事，他多有记
载。正光初年（520），赵逸来到洛阳，看着杜子休的宅邸，嗟叹
道："这里就是晋时太康寺所在之处啊！"大家并不相信，就让
赵逸说说这座寺的来历。赵逸解释道："龙骧将军王濬平定吴国
之后，就开始建造此寺。寺内原有三层佛塔，用砖垒砌而成。"
赵逸又指着杜子休的园子说："这里就是佛塔的旧址。"杜子休挖
掘求证，果真挖出数十万块砖头，其上刻有铭文"晋太康六年
（285）岁次乙巳九月甲戌朔八日辛巳，仪同三司襄阳侯王濬敬
造"。庭园中种满了水果、蔬菜，树木茂盛，不可能从中看出塔
基址的痕迹，人们这才开始相信赵逸的话，称他为圣人。随后杜
子休将自己的住宅献出，改建成灵应寺，又用所挖出的砖块重铸
了一座三层佛塔。

王濬是西晋时征吴名将，尤其善于水上作战，曾于咸宁六年
（280）攻入都城建康，接受吴主孙皓的投降。下文所述杜预也是
征吴名将，同时也是劝谏司马氏出兵的谏臣。西晋征吴似可与北

魏征南梁作比，此处杨衒之或有将北魏视作可以最终一统南北的政权之意，然而在撰书之时北魏已分裂为东魏和西魏，随即更迭为北齐、北周。对自我认同为北魏臣属的杨衒之而言，这样的结局固然是始料未及的。

据杜子休园中挖出的砖块上的铭文记载，太康寺是王濬在太康六年（285）九月八日建成。但据今人陈垣《二十史朔闰表》推断：太康六年为乙巳年，九月应是朔丙辰，八日应是癸亥；若按照铭文所记的"九月甲戌朔八日辛巳"来逆推，则应该是太康八年。而王濬实际上死于太康六年十二月，这样看来砖铭所刻内容与史实相矛盾。[1] 不知是赵逸的记忆出现了偏差，还是杨衒之记载失误。若真是赵逸之误，倒使其近乎被神化的形象瞬间变得真实可感起来。

*

○好事者遂寻之，问晋朝京师何如今日。逸曰："晋时民少于今日，王侯第宅与今日相似。"又云："自永嘉已来二百余年，建国称王者十有六君，吾皆游其都邑，目见其事。国灭之后，观其史书，皆非实录，莫不推过于人，引善自向。符生虽好勇嗜酒，亦仁而不杀。观其治典，未为凶暴。及详其史，天下之恶皆归焉。符坚自是贤主，贼君取位，妄书君恶。凡诸史官，皆是类也。人皆贵远贱近，以为信然。当今之人，亦生愚死智，惑已甚矣。"人问其故，逸曰："生时中

---

① 杨勇校笺引陈垣《二十史朔闰表》考订：九月甲戌朔实为太康八年，而王濬死于太康六年十二月，或杨书贻误，或王濬卒年有误。参见杨勇：《洛阳伽蓝记校笺》，中华书局2006年版，第84页。

庸之人耳，及其死也，碑文墓志莫不穷天地之大德，尽生民之能事，为君共尧舜连衡，为臣与伊皋等迹。牧民之官，浮虎慕其清尘；执法之吏，埋轮谢其梗直。所谓生为盗跖，死为夷齐，佞言伤正，华辞损实。"当时构文之士，惭逸此言。

有好事者追问赵逸晋时京城与如今的洛阳相比有哪些变化。赵逸回答道："晋时人比如今少，王侯的宅邸与今天所差无几。"又补充道："自从永嘉以来已过去了两百多年，建立国家政权、称王的有十六个君主，我都曾游历过他们的都城，亲眼见证过他们的事迹。但当国家灭亡后，翻看他们国家所修撰的正史，都非真实的记载，无不将过失推于他人、夸赞自己的善行。苻生虽然好勇斗狠，嗜酒如命，但也讲求仁爱，不随意杀人。纵观他治理国家的法典，并非暴虐之君。但载录他事迹的史书，却将天下所有过错都归咎于他一人。苻坚自然算得上是贤明的君主，但因为是靠谋反得位，来路不正，所以史书就胡乱地抹黑他。其实大部分见诸史官的记录，都存在类似的情况。人们大多崇信时隔久远的传说，却轻贱近世之人的品行，把编造出的假话当成真事深信不疑。再说当今的人在活着的时候蠢笨，死后反而被记录成智慧贤德之人，只怕受此类史书记载的迷惑已经太深了。"人们接着询问为什么会造成这样的局面，赵逸解释道："活着的时候是平庸的人，死后碑文墓志却极力夸赞，那些文字将他们描述的像是穷尽了天地间的大德，做尽了有利人民的大好事。论及国君，可以和尧、舜相比；如果身为臣子，可以和伊尹、皋陶相当；如果出任地方长官，刘昆都要仰慕他高洁的风范；担任执法的官员，张纲也会羞愧于他刚直的品德。活着时如盗跖一般残暴的盗魁，死后仍可以与伯夷、叔齐相提并论。巧言谄媚中伤正直，华辞丽藻损坏真实。"当时以作文著称的士子，听到赵逸这番言论都感到十分羞愧。

被赵逸用来举例的苻生是前秦第二位皇帝，在《晋书》《魏书》等史籍中他就是一位典型的暴君。据载，苻生僭皇帝位后，整日游手好闲，常常酗酒，不论政事。他本就性情暴虐，成为皇帝后更是杀戮无常，一发怒就要杀人。百官中有人恭维他圣明，治国有方，因此天下太平，苻生认为这是在谄媚，于是将他杀害；有人谏言陛下刑罚稍微过当，苻生却说他是诽谤，也将他斩首。在苻生周围，被任意杀害和施以重刑导致残疾的人不计其数，就连他父亲留下的八位辅政大臣都被全部杀净。苻生宠幸的妻妾只要有些许违背他的旨意，就会丢了性命，尸体还会被丢进渭水中。

然而事实真的如此吗？后世也有一些史学家和赵逸一样，认为史书中苻生的残暴不仁是刻意渲染的。刘知几在《史通》中就说："昔秦人不死，验苻生之厚诬。"如果秦人还活着，就会知道苻生根本未施暴政，被严重诬陷了。苻生形象遭到扭曲肯定与苻坚有一定的联系——毕竟历史往往都由胜利者书写，而苻生斩杀的那些大臣也并非全然无辜，有很多都是私下联络东晋的间谍。在北魏人撰写的《十六国春秋》中，一些细节显示苻生甚至可以算作"仁义"。例如在击退姚襄的军队后，苻生寻到了姚襄父亲姚弋仲的棺椁，然后"以王礼葬之于天水冀县"。一个对对手的父亲都能以礼相待的人，很难想象他会滥杀近侍朝臣。

苻生究竟是一个怎样的人？在"文献不足征"的当下是一个无法回答的问题。赵逸的此番言论也并非为了给苻生翻案，他想表达的，不过是提醒人们切莫"贵远贱近"，偏听偏信，毕竟"周公恐惧流言日，王莽谦恭未篡时。向使当初身便死，一生真伪复谁知"。而赵逸的这番言论给他的身份又蒙上了一层迷雾——杨衒之又何尝不是在借这位"远"人之口表达自己"近"的观点呢？

*

○步兵校尉李澄问曰："太尉府前砖浮图，形制甚古，犹未崩毁，未知早晚造？"逸云："晋义熙十二年，刘裕伐姚泓，军人所作。"

步兵校尉李澄问："太尉府前面的砖砌宝塔，形状制式都十分古朴，至今仍没有坍塌，不知这是什么时候修建的呢？"赵逸回答说："这是晋义熙十二年（416），刘裕攻打姚泓时，由军人建造的。"

*

○汝南王闻而异之，拜为义父。因而问何所服饵，以致长年。逸云："吾不闲养生，自然长寿。郭璞尝为吾筮云，寿年五百岁，今始逾半。"帝给步挽车一乘，游于市里。所经之处，多记旧迹。三年以后遁去，莫知所在。

汝南王元悦听说赵逸的传闻后感到十分惊讶，于是拜他为义父。元悦问赵逸吃什么食物才能如此长寿。赵逸回答说："我不追求养生之道，自然长寿。郭璞曾经为我卜卦，说我可以活到五百岁，现在才不过一半而已。"皇帝赏赐赵逸一辆步挽车，供其在市中游玩观光。他每经过一个地方，就会讲述过去的事迹。三年后，赵逸悄然离去，无人知晓他去了何处。

郭璞（276—324），是两晋时期最著名的方术士之一，尤精阴阳历算、训诂占卜。据说他的卜筮无不灵验，《晋书》对此也多有记载。既然赵逸的寿命长短是由这样一位权威的方术士占卜所得，在当时的说服力和可信度可想而知。

*

> 崇义里东有七里桥，以石为之。
> ○中朝杜预之荆州，出顿之所也。

崇义里的东面有七里桥，用石头建造而成。西晋时期，杜预去往荆州的途中曾驻扎于此。

*

> 七里桥东一里，郭门开三道，时人号为三门。
> ○离别者多云："相送三门外。"京师士子，送去迎归，常在
> 此处。

七里桥向东一里处，城门外开了三条道路，当时人将此门称为"三门"。离别时常说的"相送三门外"即指此处，京城士子常在这里送别和迎接亲友。

庄严寺

*

> 庄严寺，在东阳门外一里御道北，所谓东安里也。北为
> 租场。里内有驸马都尉司马悦、济州刺史刁宣、幽州刺史李
> 真奴、豫州刺史公孙骧等四宅。

庄严寺在东阳门一里开外的御道北侧，即东安里内，寺北为租场。东安里内还有驸马都尉司马悦、济州刺史刁宣、幽州刺史李真奴以及豫州刺史公孙骧这四人的宅邸。

司马悦，生于文成帝和平三年（462），字庆宗，北魏琅琊贞王司马楚之孙，司马金龙之子，门荫入仕。世宗初年（约500），司马悦任镇远将军、豫州（今河南汝南）刺史，善于断案。当时有汝南人董毛奴被杀，嫌犯张堤屈打成招。案件上报后，司马悦心存怀疑，追查到现场遗留刀鞘后，视案情拘捕刀鞘主人董及祖，董及祖对犯罪事实供认不讳。司马悦在与镇南将军元英攻克义阳时，被任命为郢州刺史，在夺回处于南梁控制下的豫州后又被任命为豫州刺史，封渔阳子。宣武帝永平元年（508），豫州叛乱，司马悦身死任上，头颅被送去南梁。后来两国交换俘虏，才将他的头颅换回北魏安葬。朝廷诏赠平东将军、青州刺史，谥号为庄。

刁宣在其兄刁整的传记中被称为中山王元熙的姐夫，同族兄长刁双的传记亦称元熙、元略的姐姐饶安公主是刁宣的妻子。但两传中均未记载刁宣的履职。依《洛阳伽蓝记》，刁宣曾任济州刺史，属上州刺史，官阶为正三品。《魏书·贾粲传》记载了胡太后派遣武卫将军刁宣杀死济州刺史一事，疑在此时以刁宣代贾粲为济州刺史。《魏书·刁双传》中称刁宣之妻、元略之姊饶安

公主曾为元略"频诉灵太后",以此推断,刁宣或为胡太后政治集团中较有影响力者。建义初年,太山太守羊侃据郡投南,大都督刁宣与行台崔孝芬率兵前去平定,此二人一路杀入南梁,击破元颢后军都督侯暄。据此看来,刁宣其人在孝庄帝一朝亦居要职。《梁书》提及梁朝大将陈庆之护送元颢攻入洛阳时曾受刁宣阻截,后刁宣兵败被俘。

李真奴即李诉,真奴是其小名,字元盛,范阳(今河北易县)人。其父李崇是北燕降将,曾任幽州刺史。据《魏书·李诉传》,在文成帝时期,李诉荣宠备至,官至领中秘书,赐爵扶风郡公。献文帝时期,李诉出任相州刺史,由于为政清廉,受到百姓称赞,又因政绩卓越,受到献文帝赏赐。献文帝去世后不久,李诉在太和元年(477)被告发外叛而死。《魏书·李诉传》末有一段史官的感叹:

> 史臣曰:魏氏之有天下,百余年中,任刑为治,蹉跌之间,便至夷灭。窦瑾、李诉器识既美,时日良干。瑾以片言疑似,诉以夙故猜嫌,而婴合门之戮,悲夫!宗之不全,自贻伊戚矣。

李诉终官侍中、镇南大将军、开府仪同三司、徐州刺史,而徐州属北魏统治南境。

公孙骧于史无考。

杨衒之在《庄严寺》篇提及的,有战场杀敌的骁勇武将,也有为政清廉的地方刺史,还有于史无考之辈。他们在当朝可能位极人臣,煊赫一时,却又在周而复始的历史长河中销声匿迹。

秦太上君寺

秦太上君寺是胡太后为其母祈冥福所建。寺中有五层佛塔一座，寺院建制可与永宁寺相提并论。此篇杨衒之介绍了晖文里居住的四位朝廷重臣，并且借太傅李延寔赴任青州刺史一事，着力描绘了青齐一代的民风。

秦太上君寺，胡太后所立也。

○ 当时太后，正号崇训，母仪天下，号父为"秦太上公"，母
为"秦太上君"。为母追福，因以名焉。

秦太上君寺由胡太后主持建造。

当时胡太后的尊号是崇训，为彰显自己母仪天下的风范，追
封自己的父亲为秦太上公，母亲为秦太上君。太后为给母亲追祈
冥福，就将这座寺庙命名为秦太上君寺。

胡太后的生母出身安定皇甫氏，也是当时的一个世家大族，
兴盛于两汉时期。皇甫氏有两位兄弟皇甫集与皇甫度，都没有什
么特殊的才能，却借着侄女的权势在朝堂身居高位。皇甫度还与
元义有些交际。元义被贬官后，担心自己会被诛杀，就给皇甫度
送了很多金银珠宝以求庇佑。皇甫度和妻子接受了他的贿赂，对
其多有包庇。

在东阳门外二里御道北，所谓晖文里。

○ 里内有太保崔光、太傅李延寔、冀州刺史李韶、秘书监郑道
昭等四宅。并丰堂崛起，高门洞开。赵逸云："晖文里是晋
马道里，延寔宅是蜀主刘禅宅，延寔宅东有修和宅，是吴主
孙皓宅，李韶宅是晋司空张华宅。"

秦太上君寺在东阳门外二里处，御道北侧，即晖文里中。

晖文里内有太保崔光、太傅李延寔、冀州刺史李韶、秘书监郑道昭四人的宅邸。这些宅邸华丽的厅堂耸起，高门洞开。赵逸说："晖文里就是晋时马道里，李延寔的住宅其实就是蜀后主刘禅的故宅，其东面是崔修和的住宅，那儿曾是吴主孙皓的故宅。李韶宅原是西晋司空张华的宅邸。"

崔光可谓是当时的"杂学大师"，也是清河崔氏的重要代表人物之一。他能活用儒、道、释各家理论提出谏言，但也不会以强硬的方式要求执政者改变决策。也许是因为其人博学多识又温润柔和，孝文帝、宣武帝、胡太后、孝明帝都很信任他，就连政变的元乂也对他很是尊敬。崔光在乱世得以善终，他在遗言中告诫儿子们：家族蒙受先帝恩宠才得此殊荣，要为北魏效忠。

李延寔是孝庄帝的舅舅，其父是孝文帝时的辅政重臣李冲，他本人是宣武帝的亲信之一，但没什么特殊的政绩。因为和孝庄帝的亲缘关系而被尔朱兆诛杀。

李韶是李延寔的堂兄，也是孝文帝迁都的支持者。他曾直言"洛阳是安放九鼎的旧地，七百年的长远根基，地方居于土地正中，朝贡的路途确实平均，帝王建国，没有比这里更合适的"。孝明帝元诩初年，李韶入朝担任殿中尚书，代理雍州刺史，后担任中军大将军、吏部尚书，加散骑常侍。据《魏书》记载，李韶在吏部因"不能平心守正，通容而已"遭到贬责，之后外任冀州刺史，任内清廉俭朴、爱护百姓，得到很多赞誉。李韶曾经领兵平叛，担任过兖州、秦州、冀州、定州等地方刺史，最后身死定州刺史任上。冀州出身的一千多士兵路过其坟墓时，专门停留数日为其培土。

郑道昭曾随孝文帝一同出征，深受孝文帝信任。他是位书法家，也是位诗人。郑道昭极力主张复兴儒学教化，曾三次上表朝廷"频请学令"，请求宣武帝重视发展儒学教育，并得到了肯定的答复。

孝文帝时有四个代表性的汉族世家：清河崔氏、范阳卢氏、荥阳郑氏、太原王氏。其主支家长的女儿往往会被送进宫中成为妃子。孝文帝甚至强制要求鲜卑贵族必须娶汉族世家女子为正妻。后世的"五姓七望"即在此基础上发展而来。除上述四家外，还包括陇西李氏、赵郡李氏、博陵崔氏。以杨衒之所载晖文里内居住的官僚为例：崔光出身于清河崔氏，李延寔和李韶均为陇西李氏，郑道昭则属于荥阳郑氏，崔修和与下文所述的崔孝忠都出身于博陵崔氏。

豪门望族身居高位的现象如此之普遍，北魏的选官制度可见一斑。孝文帝的改革促进九品中正制得以进一步施行，同时门阀士族的地位得到进一步巩固。魏晋士族的门阀等级是经年累月堆积起来的权势与声望的总和，依靠朝野上下遍布的门生故吏网络与门阀之间交缠繁杂的联姻关系来巩固地位。这种门阀等级具有充分的稳定性，掌权者无法轻易掌控旧世家，也绝不可能在短时间内打造出一个新门阀。孝文帝改革把族姓等级提上台面，划分甲乙丙丁，将分级标准的制定收归中央，并且从制度上明确了高级族姓的特权：低等级姓族不会被授予高级官职，各级官职中较好的岗位也只从高等级姓族中选人；旷世大才必有声名，可待其出名后再加以任用；普通官职谁都可以胜任，不必特别选拔，不如将这些官职给予大族以获得其长久的支持。实际上这是一次把门阀等级从地方逐步收归中央的尝试。门第取士阻隔了寒门学子的上升空间，但充分保障了各方大族的利益；汉族门阀的利益被融合进北魏王朝整体的利益中，原鲜卑贵族们的利益也没有受到大的损害，是让既得利益者们能够实现共赢的规则。但由于最高权力无法被有效监督，这项规定在执行时经常被掌权者打破。宣武帝时便有让宦官加入一般官职序列中的例子；胡太后除了优待自家人外，也有发展宦官与外戚势力的需要；等到元乂擅权时，官员任免则更加随意，洛阳城中的生杀予夺全凭他任性专断。

北魏洛阳时代的官制中，与门阀制度相伴而生的还有官制的清浊之分。在清浊观念影响下，郡县等地方官被认为不属清品，所以当时人都以京师任官为荣。官制的清浊之分对地方官员的质量有严重的消极影响。

*

中有五层浮图一所，修刹入云，高门向街，佛事庄饰，等于永宁。诵室禅堂，周流重叠。花林芳草，遍满阶墀。常有大德名僧讲一切经。受业沙门亦有千数。

秦太上君寺中有一座五层佛塔，塔刹高耸入云，高大的寺门面朝街道。寺内佛像庄严，可与永宁寺相提并论。用做讲诵佛经和坐禅的佛堂交错排布，不计其数。各类花草树木填满了每一处缝隙，连台阶都被遮遍。经常有高僧大德在寺中讲经说法，在此听讲修习的僧人有千人之多。

*

太傅李延寔者，庄帝舅也。永安年中除青州刺史，临去奉辞，帝谓寔曰："怀砖之俗，世号难治；舅宜好用心，副朝廷所委。"寔答曰："臣年迫桑榆，气同朝露，人间稍远，日近松丘。臣已久乞闲退，陛下渭阳兴念，宠及老臣，使夜行罪人，裁锦万里，谨奉明敕，不敢失坠。"时黄门侍郎杨宽在帝侧，不晓怀砖之义，私问舍人温子昇。子昇曰："吾闻至尊兄彭城王作青州刺史，问其俗，宾客从至青州者云：齐土之民，风俗浅薄，虚论高谈，专在荣利。太守初欲入境，皆怀砖叩首，以美其意；及其代下还家，以砖击之。言其向背速于反掌。是以京师谣语曰：'狱中无系囚，舍内无青州。假令家道恶，腹中不怀愁。'怀砖'之义起在于此也。"

太傅李延寔是孝庄帝的舅舅。永安二年（529），他被调任为青州刺史，临出发前向孝庄帝拜别。孝庄帝对李延寔说："青州一带素有'怀砖'的旧俗，世代皆称难以治理，这种问题由来已久。舅舅应多加费心，不要辜负朝廷对您的嘱托。"李延寔对答道："老臣已近桑榆之年，生命就像早晨的露水，人世渐渐远离于我，我也一天天接近坟墓。我已请求告老还乡许久，陛下感念舅甥之情，眷顾老臣，仍让我这个年事已高的人身居要职，我一定谨慎地奉行您圣明的敕令，不敢有丝毫懈怠。"随侍在侧的黄门侍郎杨宽不解"怀砖"的意涵，于是私下询问中书舍人温子昇。温子昇说："听说陛下的哥哥彭城王元劭做青州刺史时，向随他来到青州的宾客打探当地风俗。宾客称齐地的民众肤浅刻薄，喜欢高谈阔论，一心扑在追求功名利禄上。太守入境赴任之初，百姓都怀揣砖块对太守叩首示好；等到太守离任返乡时，却又向他投掷砖块，转变立场就像翻覆手掌一样迅速。所以京城的歌谣说：'好官能使狱中空，良吏能使青州无，如此这般来，家业永昌隆，心中不怀忧。'怀砖的意涵就是由此而来。"

这段记录中齐人的形象非常负面。那么洛阳人对青齐士子道德普遍败坏、民风粗鄙的印象又是从何而来呢？这其中有历史和现实两方面原因。实际上不单单是北魏一朝，青齐人士的声名狼藉可谓由来久矣。

《史记》记载，田肯才劝谏高祖：

> 夫齐，东有琅邪、即墨之饶，南有泰山之固，西有浊河之限，北有勃海之利，地方二千里，持戟百万，悬隔千里之外，齐得十二焉。

齐地于时人的心目中形势险要，虽然临海，但地形相对独立闭塞。"齐语"是构成齐地文化的要素之一，其作为方言亦有极高的辨识度，但这种特殊性也为齐地人民与外沟通的障碍。卫宏在《诏定古文尚书序》中曾记述了晁错至济南学《尚书》一事："齐人语多与颍川异，错所不知者凡十二三，略以其意属读而已。"可见齐语与其他方言存在着较大的差异，导致了文化交流难以正常进行。

齐地的音乐也被当时的儒家学者视为迥异于雅乐的"郑声"。《礼记》称："齐音敖辟乔志……淫于色而害于德，是以祭祀弗用也。"儒者说齐音"敖辟乔志"且"淫于色而害于德"，是站在以周乐为正统的立场上，因此全面否定以俗乐为主流的齐国音乐。正史的书写、礼法的抨击、世人的传播等因素杂糅在一起，奠定了时人对齐地民风浅薄粗鄙的刻板印象，并将这种印象世代相传。

　　彭城王元邵上任青州刺史是在孝昌三年（527），这一年在齐州发生了刘均、房颀叛乱。依《魏书·肃宗纪》记载，"齐州广川民刘均执清河太守邵怀，聚众反"。所谓怀砖一事，便可能是由此改编而来。

　　齐地的混乱是北魏地方政治局势的一个缩影。在北魏统一北方期间，齐地的地方士族经历了一次极为混乱的大洗牌：齐地曾归后燕政权管辖，而后燕政权的中心在河北地区；后燕政权垮台后，大量河北士族随慕容德迁向青齐地区成立南燕政权。十多年后南燕灭亡，这些河北士族又与青齐本地士族一起被迫脱离南燕政权，在北魏、北燕、刘宋这几个大政权之间谋求生路，分属不同群体的流民与士族与当地人产生诸多"土客矛盾"。北魏太武帝征服青齐地区后，下令将当地的士族迁往平城，并向青齐地区派遣拓跋氏族内的"城民"以加强地方控制。这些城民多是未经汉化的鲜卑族人，与本地人之间产生了更为严重的矛盾。

　　此外，北魏初派去齐州的刺史是"在州贪暴，大为人患"的济阴王元诞，这无疑也给齐地民众留下了糟糕的第一印象。北魏作为军事王朝连年课取重税，更激化了中央和地方的矛盾。在经过几代人的动乱之后，青齐地区民风凋敝，旧有秩序荡然无存。到了税赋加重、经费不足以至兵员外调、民心不安的北魏末年，这些矛盾便成了引爆武装冲突的导火索。太傅李延寔前往齐州赴任的时间点，正是武装冲突刚刚平息、亟须中央政权花费心力重建地方忠诚的紧要关头。

　　李延寔是孝文帝心腹之臣李冲之子，又是孝庄帝的大舅，其子李彧在后来刺杀尔朱荣的计划中出力甚多，李延寔应深受孝庄帝信任。此时孝庄帝正与尔朱荣势力貌合神离，作为试图翻身的傀儡皇帝，他必须为夺权积蓄力量。孝庄帝任命李延寔为青州刺史、都督，又派李延寔的妻弟卢道约作为青州长史辅佐在侧。次年八月，孝庄帝成功刺杀尔朱荣；五个月后，尔朱兆攻入洛阳，派人前往青州，在馆舍中杀死了李延寔。

*

> 颍川荀济，风流名士，高鉴妙识，独出当世。清河崔叔仁称齐士大夫，曰："齐人外矫仁义，内怀鄙吝；轻同羽毛，利等锥刀。好驰虚誉，阿附成名，威势所在，侧肩竞入，求其荣利，甜然浓泗。譬于四方，慕势最甚。"号齐士子为"慕势诸郎"。

颍川人荀济堪称风流名士，他的洞察力和见识在当世卓荦不群。清河崔叔仁夸赞齐地的士大夫，荀济说："齐人表面看似仁义，实则内心狭隘粗鄙，视仁义轻如羽毛，争夺财富名利时就像锥刀一般。他们追求虚荣，攀附权贵换取虚名。权威和势力所在之处，即使侧着肩也要挤进去，只要能求得财富和名利，让他们舔鼻涕，他们也会说美味。与其他各地的人相比，齐人爱慕权势之风最甚。"因此齐地士人有"慕势诸郎"这个称谓。

《汉书·地理志》有云：

> 初太公治齐，修道术，尊贤智，赏有功，故至今其土多好经术，矜功名，舒缓阔达而多智。其失夸奢朋党，言与行谬，虚作不情，急之则离散，缓之则放纵。

姜尚在齐地任用人才不注重门第只看重才能，论功行赏，这种宽松的政治氛围无疑会鼓励士人尽可能多得展现才能、争取功勋。然而到了以门第取士的北魏时期，多数士人入仕的积极性遭到了严重的挫败，态度普遍消极，对比之下，就更突出了齐人"利等锥刀、好驰虚誉"的性格特点。

*

> 临淄官徒有在京邑，闻怀砖慕势，咸共耻之，唯崔孝忠一人不以为意。问其故，孝忠曰："营丘风俗，太公余化，稷下儒林，礼义所出。今虽凌迟，足为天下模楷。荀济人非许、郭，不识东家，虽复荞言自口，未宜荣辱也。"

在京城做官的临淄人，都以怀砖慕势为耻，只有崔孝忠一人不把这放在心上。询问他缘故，崔孝忠解释称："营丘这一片的风俗是姜太公遗留下的教化，稷下学宫聚集的都是有学问的儒士，是礼仪、义理之滥觞。如今虽然有所衰败，但仍然值得天下人效仿学习。荀济毕竟不是许劭、郭泰，无法客观公正客观地品鉴人物，即便有什么不好的言论从他的口中说出，也不该因此就觉得耻辱。"

荀济，字子通，颖川（今属河南）人，南朝梁诗文作家。荀济世居江左，与梁武帝萧衍是布衣之交。萧衍即位后，认为荀济"人虽有才，乱俗好反"，并没有任用他。后来荀济以"宠信佛法，塔寺奢费"为由，上疏讥讽佛法。萧衍大怒，打算将其斩首，荀济知道后密投东魏。

许、郭是东汉末年士林的精神领袖，因德行高尚，学识渊博以及品评、鉴识人物公正在京师颇具影响力。崔孝忠为贬低荀济只表现出他们有识人之明的一面。许劭是东汉末年的评论家，定期举办"月旦评"（对当代人物、诗文、字画等进行褒贬的活动，常在每月初一发表，故称"月旦评"），品评当时士人，受到时人瞩目。其中最著名的还要数他对曹操的评价"乱世之奸雄"。郭泰与许劭是同时期人，出生微寒，博览群书，多次拒绝官府辟召，隐逸不仕，四处游学，亦爱好品评人物，其门生弟子数以千计。

清河崔叔仁称赞青齐士人遭南朝名士荀济反驳，而后博陵崔孝忠又援引稷下学宫为例，对荀济的言论发出质疑。三人的话语交锋中，姜太公与齐桓公所留下的政治文化遗产，自然落到了北魏政权所辖的区域中。

孝文帝改革使洛阳城中的民族差异逐渐消融，进一步汉化、儒化的历史进程成为主流基调，士人们的愿景空前统一——尽管当时也存在诸多反对者，但北方政权的凝聚力一时间提升到了五胡十六国以来的至高点。随着孝文帝逝世，对南朝的战事没能取得突破性的进展，外来佛教在宣武帝的支持下进一步传播，士人们也很快转向了崇佛崇奢的风气之中。

正始寺

正始寺为众多朝廷官员集资而建，位于敬义里。此篇写到洛阳城中的一处私人园林——张伦之宅，并借由对此宅的赞美附录了姜质《庭山赋》一首，北魏士人文采、文风由此可见一斑。此篇中我们可以看到洛阳时人尊崇自然、乐情山水、向往未知的生动侧影。

*

正始寺，百官等所立也。

○正始中立，因以为名。

在东阳门外御道南，所谓敬义里也。

○里内有典虞曹。

檐宇精净，美于景林，众僧房前，高林对牖，青松绿
柽，连枝交映。多有枳树，而不中食。有石碑一枚，背上有
"侍中崔光施钱四十万""陈留侯李崇施钱二十万"，自余百
官各有差，少者不减五千已下。后人刊之。

　　正始寺由朝中百官集体出资而建。因建于正始（504—508）
年间而得名。其位于东阳门外御道南侧的敬义里。里内还有典虞
都尉的官署。

　　寺内屋舍精巧幽静，比景林寺更加优美。僧房前佳木林立，
青松绿柳交织相连，从窗外看去宛如被装裱好的精美画作。院中
有很多枳树，可惜果实不能食用。另外还有一方石碑，碑阴刻有
"侍中崔光施钱四十万""陈留侯李崇施钱二十万"等字样，其余
百官布施的钱财各不相同，捐赠最少的都不低于五千。后人将这
些信息刻于碑上以作记录。

　　四十万是什么概念？为何官员们如此富有？来说说北魏的钱
币制度吧。

　　北魏官方铸币要从495年才正式开始——由孝文帝下令铸造
太和五铢钱。在此之前北魏民间也流通着各类价值不一的前朝铜
币，但官方的收入支出都以布帛与谷物计算。虽然孝文帝铸币填

补了北魏官方货币的空白，但他推行的货币政策有着诸多弊病。比如给货币规定了过高的价值尺度（汉五铢最贵时大约550文可折算一匹绢，孝文帝规定200文即可折算一匹绢，而太和五铢的平均铸造质量其实比前者更低）。又如缺乏维护货币铸造标准的法定手段，不禁止甚至鼓励民间私铸货币，结果民间铸币时往往偷工减料。《文献通考·钱币考一》有载："在市铜价，八十一文得铜一斤。私造薄钱，斤余二百。"利润率高达惊人的150%，且没有被律法制裁的风险，长此以往就出现了严重的货币超发与劣币驱逐良币现象，直接导致官方货币贬值。京城地区由于就在天子脚下，这种官方货币尚可保持一定程度的购买力，然而到了地方州县便发生大幅贬值甚至出现使用受拒的现象，因此太和五铢只在洛阳一带流通。

在孝文帝正式执政之前，北魏官员多没有固定的俸禄，一切吃穿用度除了朝廷赏赐外，基本都要靠自己解决，这在后来发展为严重的贪污腐败问题。朝廷一开始会不定期为官员发放赏赐，这种赏赐在经年发展中形成了惯例，且基准数额较高。调低赏赐基准会直接影响到官员的物质保障，对统治者而言，会折损官方颜面。即使在孝文帝开始给官员发放俸禄之后，甚至是在六镇之乱国库空虚之后，北魏朝廷发放给高级官员们的赏赐也维持在较高水准（并不完全以金钱的方式支付，可能用谷物、绢匹、牲畜等替代），因此京中的高级官员即使不贪污也能十分富裕。崔光可算在朝廷宠臣范畴之中，受到赏赐的频率与数额都远胜寻常官员。李崇在当时则有贪财之名，《魏书》称他"性好财货，贩肆聚敛，家资巨万，营求不息"。

*

敬义里南有昭德里。里内有尚书仆射游肇、御史中尉李
彪、七兵尚书崔休、幽州刺史常景、司农张伦等五宅。

○彪、景出自儒生，居室俭素，唯伦最为豪侈。斋宇光丽，服
玩精奇，车马出入，逾于邦君。园林山池之美，诸王莫及。
伦造景阳山，有若自然。其中重岩复岭，嵚崟相属。深蹊洞
壑，逦迤连接。高林巨树，足使日月蔽亏；悬葛垂萝，能令
风烟出入。崎岖石路，似壅而通；峥嵘涧道，盘纡复直。是
以山情野兴之士，游以忘归。

在敬义里南边是昭德里。里内有尚书仆射游肇、御史中尉李
彪、七兵尚书崔休、幽州刺史常景、司农张伦五人的宅邸。

李彪、常景都是儒生出身，居室简单素朴，只有张伦的府邸
建造得最为豪华奢侈。房间富丽堂皇，府中收藏着各种精致奇绝
的服饰、古玩，车马出入的规制甚至超过了诸侯。园林中假山、
池塘的秀丽程度，连诸王宅邸都远不能及。张伦建造的景阳山就
像自然生成的一样真实：高高低低的山峰连绵不绝，层峦叠嶂；
幽深的小路曲折绵延，通向沟壑洞穴；古老高大的树木足以遮蔽
太阳和月亮；葛藤高悬，绿萝垂挂，浸润在烟雾缭绕中；崎岖的
石子路看似被阻隔，实则阡陌相通；山间的溪涧道高低起落，盘
曲往复又回归平直。因此爱好郊游、寄情山水的文人雅士常沉醉
于此，流连忘返。

居于昭德里中的五人各有特色。游肇以直谏称名，不畏权
贵。他的名字是孝文帝赏赐的，权臣高肇不满他和自己重名，就

让游肇改名遭到严辞拒绝。元义弄权时要公审元怿，游肇亦公开加以阻拦，使公审之事不了了之。史称其为官甚有声迹。李彪曾参与修撰北魏国史，积极向孝文帝上书，提出了一些有价值的政令修改意见。因为其人不擅为人处世而遭到排挤，几度免官，仕途非常坎坷。崔休是清河崔氏的代表人物，擅长通过姻亲、人事任用等方式构建利益集团，在朝中颇有威信，在地方为官也以德政著称。常景虽有官职，但其注意力主要集中在文辞经史上。他本身擅长写作，既负责起草诏书，也参与编纂国家档案，另外也常接手碑文、志记等工作。此外他还是个藏书家，遇到自己中意的书籍时，或高价求购，或誊抄备份。

张伦十余岁便入宫为官，后任护军长史、员外常侍等职。熙平年间（516—518），柔然派使团来魏，朝廷商议决定按照汉朝对待匈奴使者的方式礼遇柔然。张伦上表谏言，表明此举只会招致轻视，助长傲慢，不利于北魏发展，也有违高祖和世宗的旨意，因此坚决反对两国建立友好关系。孝明帝并未听取张伦的建议。不久后张伦被贬至肆州任刺史。庄帝即位后拔擢张伦为太常少卿，张伦没有接受任命，最终转任大司农卿，卒于任上。

＊

○天水人姜质，志性疏诞，麻衣葛巾，有逸民之操。见偏爱之，如不能已，遂造《庭山赋》，行传于世。其辞曰：

"今偏重者，爱昔先民之由朴由纯，然则纯朴之体，与造化而梁津。濠上之客，柱下之史，悟无为以明心，托自然以图志。辄以山水为富，不以章甫为贵，任性浮沉，若淡兮无味。今司农张氏，实踵其人，巨接于物表，夭矫洞达其真，青松未胜其洁，白玉不比其珍。心托空而栖有，情入古以如新。既不专流荡，又不偏华上，卜居动静之间，不以山水为忘，庭起半丘半壑，听以目达心想。进不入声荣，退不为隐放。尔乃决石通泉，拔岭岩前，斜与危云等并，旁与曲栋相连。下天津之高雾，纳沧海之远烟，纤列之状一如古，崩剥之势似千年。若乃绝岭悬坡，蹭蹬蹉跎，泉水纤徐如浪峭，山石高下复危多。五寻百拔，十步千过，则知巫山弗及，未审蓬莱如何。其中烟花露草，或倾或倒，霜干风枝，半耸半垂，玉叶金茎，散满阶墀。然目之绮，烈鼻之馨，既共阳春等茂，复与白雪齐清。或言神明之骨，阴阳之精，天地未觉生此，异人焉识其名？羽徒纷泊，色杂苍黄，绿头紫颊，好翠连芳，白鹤生于异县，丹足出自他乡。皆远来以臻此，藉水木以翱翔。不忆春于沙漠，遂忘秋于高阳。非斯人之感至，何候鸟之迷方？岂下俗之所务，实神怪之异趣。能造者其必诗，敢往者无不赋。或就饶风之地，或入多云之处。□菊岭与梅岑，随春秋之所悟。远为神仙所赏，近为朝士所知，求解脱于服佩，预参次于山垂。子英游鱼于玉质，王乔系鹄于松枝。方丈不足以妙□，咏歌此处态多奇。嗣宗闻之动魄，叔夜听此惊魂。恨不能钻地一出，醉此山门。别有王孙公子，逶迤容仪，思山念水，命驾相随，逢岑爱曲，值石陵攲。庭为仁智之田，故能种此石山。森罗兮草木，长育兮风烟。孤松既能却老，半石亦可留年。若不坐卧兮于其侧，春夏兮共游陟，白骨兮徒自朽，方寸兮何所忆？"

天水人姜质，生性狂放不羁，身着麻衣，头披葛巾，颇有隐者风范。看到张伦修造的景阳山，他喜不自胜，作《庭山赋》一首，在世间广为流传。赋文的大意如下：

现如今应当更看重先民们的淳朴。这种淳朴是与自然相通的桥梁和法门。在濠水上谈论鱼之乐的庄子，在周朝担任柱下史的老子，正是因为参悟了"无为"之道，才得以明晰自己的心智，将自己的志向寄托于广袤的自然之中。他们以山水为真正的富足，不认为在官场显达有多宝贵。面对世事沉浮，仕途起落，都能淡然处之，不困于心。今天的司农张伦完全继承了这些品质。他气度宽宏，包纳一切，洞悉万物，率性而为。青松不及他品行的高洁，白玉也不及他性情的珍稀。他将心寄托于无而又有所凭依，情立足于古而能阐发新意。既不一味放浪形骸，又不偏爱荣华奢靡，在世间万物的运动与止息之间择良处而居，从不忘怀山水，于是在庭院中修起半丘半壑，以眼观自然来通达内心。入朝为官不求闻名显达，退隐山林则不过分放浪。于是决定开凿石山，掘通泉水，在岩石前立起山岭。这山岭高处倾斜着与游云平齐，四面与幽深的屋舍比邻；这山岭从高天引下浓雾，使其沿山徐徐滚落；这山岭容纳水面升起的云烟，将之囊括于风景之中。细密排布的岩纹仿佛自古而来，崩落倾塌的气势似已历经千年。至于高绝的山岭与陡峭的崖壁，山势险峻难以攀登；泉水曲折奔流，像浪头回旋，山中石头高高低低。险象环生。五寻（约四十尺）的路程，要攀登近百次，十步之间，就要跨越上千的屏障，就连巫山的险峻都远不及此，不知蓬莱山与之相比会是如何。雾霭中的鲜花和沾着露珠的芳草；挂着白霜的枝干和随风舞动的枝条，半立半垂；翠绿欲滴的嫩叶和虬枝盘曲的茎蔓铺满了石阶。绚烂的色彩映入眼帘，芬芳的气息扑鼻而来，既如阳春般生机勃发，又似白雪般澄澈圣洁。也许这里是集神明的骸骨、天地阴阳之精华滋长而成，连天地也未能预料到它的出现，即使是懂得方术的奇人异士，也不能叫出它们的名字。鸟类纷纷栖息于此，有青色，有黄色，还有绿头紫颏的鸟儿，它们喜欢成片翠绿的芳草。白鹤生于别县，丹足出自他乡，都是从远方迁徙而来，在这里的水木中遨游栖息。不想念沙漠的春天，也忘却了有着高阳的秋天。若不是这人（张伦）至真至诚，候鸟怎会在此迷失方向不愿回乡呢？这绝不是凡夫俗子所能追求的，只有神仙或是妖怪才会有如此超凡脱俗的趣味。能来这儿造访的人们，面对此情此景，一定会忍不住吟诗作赋。或登临于山风回绕之地，或驻足在云雾缭绕之所。还有人会攀上□菊岭、梅岭，随着季节的转变而寄景抒怀。远方有神仙们为之赞赏，近处有朝臣交口称颂。为摆脱平日公务的束缚，大家都想放任自己于山林之中。仙人子英把他骑的鲤鱼寄放于玉水之中，仙人王乔将他骑的仙鹤系在松枝旁侧。方丈仙山也不足以用来比喻此山的精妙，吟咏歌颂无不在赞叹此处的奇绝。即使是阮籍和嵇康在听闻此处之后也一定会大为震惊，遗憾不能钻地而出，久久地沉醉于此山门前。另有公子王孙，因为贪恋这里的山水，抛掉仪仗随从，立即驾车前往；每逢山岭都要欣赏其盘曲，看到异石都会驻足赏玩。庭园是仁智之田，所以才能生长出这样的石山。草木繁蔚，杂陈其中，风烟在这里孕育生长。与孤松为伴可益寿，与山川为友能延年。如果不能坐卧其侧，在不同的时节漫步其间，登高赏玩，等到垂老的时候只能徒自叹息，心中还能剩下什么是值得追忆的呢？

张伦园林中的假山虽然也叫景阳山，但占地面积在一里之内，与曹魏皇家御制的景阳山无法相比。《庭山赋》是姜质为歌咏张伦的私家园林而作，详尽描绘出庭山之上山泉、古松、花鸟、草木、仙异之人混融一体的图景。全赋咏物占绝大篇幅，借对张伦淡泊名利、进退有度的赞颂，着重阐发了老庄清静无为、追求自然的哲理。文末彰显出的"及时行乐"观念，在北魏当时的社会环境下，会很容易引起共鸣。从《魏书·张伦传》收录的奏表内容和张伦拒绝庄帝任命太常卿，甘愿做司农卿的举动，我们得以窥见张伦对自我立场的坚守和对名利的淡泊。也更能理解为何姜质对张伦其人及其并不大的园子评价为何如此之高。

　　《庭山赋》共计 686 字，杨衒之通录全文。在《在洛阳伽蓝记》一书中，收录全文的，仅此与常景的《汭颂》二篇。但这两篇无论是从作者地位还是从内容、文笔来看，都是不能相提并论的。

　　姜质其人于史无传，魏书中只在写成淹之子成霄时略有提及，称成霄与河东姜质等人来往时常有诗赋产出，外行人多加赞誉，内行人却都讥笑。这篇赋在句式上以骈四俪六为主，参以五言、八言、九言及"兮"字调，语言风格呈现出驳杂不圆熟的特点。在题材内容上，把咏理、抒情、咏物、写人统贯一体，或奇险新异，或过分夸饰，似乎总要耸人听闻。辞赋，尤其是骈赋，要求上下句两两相对，但文中多对仗不工整的情况，如"庭起"两句、"决石"两句等。[1] 在《魏书·成淹传》中，魏收就对姜质浮夸的文辞进行了公然讥讽：

---

[1] 参见孟光全：《论〈洛阳伽蓝记·庭山赋〉的另一种趣味》，《内江师范学院学报》2005 年第 20 卷增刊，第 61—62 页。

> 天水人姜质好为文咏，但词采不伦，率多鄙俗。与河东姜质等朋游相好，诗赋间起，知音之士，所共嗤笑。闾巷浅识，颂讽成群，乃至大行于世。观所载《姜赋》，诚多鄙俗，实为成宵之友。唯史所载河东与天水有别。

颜之推在《颜氏家训》卷四《文章篇》有言："近在并州，有一士族，好为可笑诗赋……公共嘲弄，虚相赞说。"这也是在指责姜质文风华而不实。

然而北魏时期，私家园林和由私家园林转变而来的寺庙园林一时间深受欢迎。张伦的庭山和大多北魏洛阳寺庙一样，是闹市中的半亩桃花源。拨开正史华丽规整的外衣，像姜质这种混迹于底层的民间文士，他们的文字和声音也是另一种洛阳风景。

平等寺

平等寺为广平武穆王怀舍宅而建。此篇借助金佛像三次流泪的神异事件，引出长广王禅位于广陵王之事。从历史发展来看，这只是一出傀儡皇帝之间交换身份的闹剧，对国家命运的走向几乎毫无影响；但对当事人而言，这可能是实现雄心壮志的另一个起点——即使他们已经意识到了前路漫漫、希望渺茫。

平等寺，广平武穆王怀舍宅所立也。在青阳门外二里御
道北，所谓孝敬里也。堂宇宏美，林木萧森，平台复道，独
显当世。

平等寺由广平武穆王元怀捐献自己的宅邸改建而成。其位于
青阳门外二里处的御道北侧，身处孝敬里中。庙宇殿堂宏伟华
丽，园内树木高大茂密，平台林立，阁道飞架，在当时算得上绝
无仅有。

寺门外有金像一躯，高二丈八尺，相好端严，常有神
验，国之吉凶，先炳祥异。

　○孝昌三年十二月中，此像面有悲容，两目垂泪，遍体皆湿，
时人号曰佛汗。京师士女空市里往而观之。有一比丘，以净
绵拭其泪，须臾之间，绵湿都尽。更换以它绵，俄然复湿。
如此三日乃止。明年四月，尔朱荣入洛阳，诛戮百官，死亡
涂地。永安二年三月，此像复汗，京邑士庶复往观之。五
月，北海王入洛，庄帝北巡。七月，北海王大败，所将江淮
子弟五千，尽被俘虏，无一得还。永安三年七月，此像悲泣
如初。每经神验，朝野惶惧，禁人不听观之。至十二月，尔
朱兆入洛阳，擒庄帝。帝崩于晋阳。在京宫殿空虚，百日无
主，唯尚书令司州牧乐平王尔朱世隆镇京师。商旅四通，盗
贼不作。

寺门外有一尊金佛像，高有二丈八尺，相貌端正庄严，时常展现神迹，预示国家运势的吉凶。

孝昌三年（527）十二月中，佛像面露悲容，双目流泪，遍体浸湿，时人称之为佛汗。京城里的人全都前去观佛，以至集市、里巷空无一人。有僧人用干净的绵布擦拭佛像的泪水，三天才将泪水擦干。第二年（528）四月，尔朱荣就领兵攻入洛阳，大肆诛杀百官，尸横遍野。永安二年（529）三月，佛像再次流汗，京城里的百姓又前去观看。五月，北海王率军进入洛阳，孝庄帝被迫北逃。七月，北海王大败，旗下五千江淮子弟全部被俘。永安三年（530）七月，这尊佛像又如之前一样悲悯落泪。因每次都有神奇的应验，朝野上下都为之惶恐，于是皇帝下令禁止大家围观。当年十二月，尔朱兆攻入洛阳，生擒孝庄帝。531年，孝庄帝身死晋阳，京城宫殿形同虚设，一连百日都没有国君，只有尚书司州牧乐平王尔朱世隆镇守京都。这段时日，商旅往来畅通，盗贼也不见踪影。

关于佛像流汗一事，《魏书·灵征志》亦有记载，称"永安、普泰、永熙中，京师平等寺定光金像每佛汗，国有事变，时咸畏异之"，与本篇所记时间有些出入。清代学者赵翼曾说："佛教在六朝时最为人所信向，各史所载，虽似近于怪妄，然其教一入中国，即能使天下靡然从风，是必实有耸人观听者，非徒恃谈空说寂也。"正如其言，佛教能在一时间内赢得广大的信众，与异人异术、神奇灵验不无关系。早年佛图澄与鸠摩罗什也是利用这种方式推广佛法，分别受到石勒（后赵君主）、姚兴（后秦国主）的敬重，并按照国师级别的礼遇对待，掀起了举国上下的崇佛之风。

*

○建明二年，长广王从晋阳赴京师，至郭外，世隆以长广本枝
疏远，政行无闻，逼禅与广陵王恭。恭是庄帝从父兄也。正
光中为黄门侍郎，见元乂秉权，政归近习，遂佯哑不语，不
预世事。永安中遁于上洛山中，州刺史泉企执而送之。庄帝
疑恭奸诈，夜遣人盗掠衣物，复拔刀剑欲杀之，恭张口以手
指舌，竟乃不言。庄帝信其真患，放令归第。恭常住龙华
寺，至是，世隆等废长广而立焉。

建明二年（532），长广王元晔从晋阳赶往京都。到了城外，
尔朱世隆以长广王距魏帝的本宗子孙较为疏远，政绩德行也没有
出彩之处为由，逼迫他禅位给广陵王元恭。元恭是孝庄帝的从父
兄，曾于正光（520—525）年间任黄门侍郎，因目睹元乂掌权，
就装作哑巴不再讲话，也不再参与任何国务政事。永安（528—
530）年间，他藏身上洛山，被州刺史泉企押送回京。孝庄帝怀
疑他是假装哑巴，就在夜里派人抢夺他的衣物，并拔刀相向，元
恭于此危难之际仍张嘴用手指舌，一言不出。孝庄帝这才相信他
是真的哑了，同意放他回家。此后元恭常居于龙华寺中，直到尔
朱世隆废长广王，拥立他为国君。

*

○禅文曰：

皇帝咨广陵王恭，自我皇魏之有天下也，累圣开辅，重基衍

业，奄有万邦，光宅四海，故道溢百王，德渐无外。而孝明晏驾，人神乏主。故柱国大将军大丞相太原王荣，地实封陕，任惟外相，乃心王室，大惧崩沦，故推立长乐王攸以续绝业。庶九鼎之命日隆，七百之祚唯永。然群飞未宁，横流且及，皆狼顾鸱张，岳立棋峙。丞相一麾，大定海内。而子攸不顾宗社，仇忌勋德，招聚轻侠，左右壬人，遂虐甚剖心，痛齐钳齿。岂直金版告怨，大鸟感德而已！于是天下之望，俄然已移。窃以宸极不可久旷，神器岂容无主？故权从众议，暂驭兆民。今六军南迈，已次河浦，瞻望帝京，赧然兴愧。自唯寡薄，本枝疏远，岂宜仰异天情，俯乖民望？唯王德表生民，声高万古，往以运属殷忧，时遭多难，卷怀积载，括囊有年。今天眷明德，民怀奥主，历数允集，歌讼同臻。乃徐发枢机，副兹伫属。便敬奉玺绶，归于别邸。王其寅践成业，允执其中，虽休勿休，日慎一日，敬之哉！

　　长广王年纪与孝庄帝相仿，却与孝文帝同辈，让如此疏远的宗室继承皇位并不符合惯例。相比之下，广陵王元恭是孝文帝的侄子、献文帝的孙子，与孝庄帝辈份相仿，将继承权交到他手中更符合时人的认知。

　　整份禅让书引经据典，多用周朝之事以喻北魏，竭力褒扬尔朱荣、贬低孝庄帝。即使言辞冠冕堂皇，依然可以明显看出这次禅让是大权臣尔朱世隆的意志体现。尔朱世隆久居京城，熟悉运作规则，他认为先扶持一个北魏宗室，再从这位傀儡手中获取皇权，更加有利于实现权力的平稳过渡。天下大乱久矣，能够平稳地完成政权交接对抚慰人心尤为重要。后来的东魏、西魏、北周、北齐也同样使用了这种过渡手段。

文中"人神乏主"的意涵耐人寻味——此处神与人均被视作君主的统治对象。《尚书·吕刑》称颛顼"绝地天通",商王为"群巫之首",可知中国自古就有皇权在神权之上的传统理念。到了北魏,"佛"常常也被视作神的一种,"人神共主"的说法也意味着君权的统治范畴已经覆盖了宗教领域。与此同时,虽然"神"的地位被拉到了君主之下,但传统的"天命""历数"(自然规律的象征)这一信仰体系依然占据重要地位,人类社会依然有整体共识,认为自己应该服从自然规律,对天抱有敬畏之心。

*

○恭让曰:"天命至重,历数匪轻,自非德协三才,功济四海,无以入选帝图,允当师锡。臣既寡昧,识无先远,景命虽降,不敢仰承。乞收成旨,以允愚衷。"又曰:"王既德应图箓,金属攸归,便可允执其中,入光大麓。不劳挥逊,致爽人神。"恭凡让者三,于是即皇帝位,改号曰普泰。

元恭推让说:"天命最为重要,历数也不容小觑,倘若不是德行合乎天道、地道和人道,功业照拂四海,就不足以进入帝王的谱录,不配受到众人的推崇。至于我,既缺乏德行,也没有高远的见识,如今天命虽然降临于我,我不敢敬仰承受,还请您收回成命,成全我的心意。"接着又说:"广陵王既然德行可应图箓,就是天命所归,可以妥当地执掌大权,是适合继承帝位的不二人选。还请不必谦让,以至于违背百姓和神明的意旨。"元恭多次推让后即位,将年号改为普泰(531—532)。

*

○ 黄门侍郎邢子才为赦文，叙述庄帝枉杀太原王之状，广陵王
　日："永安手翦强臣，非为失德；直以天未厌乱，故逢成济
　之祸。"谓左右："将诏来，朕自作之。"直言门下："朕以寡
　德，运属乐推，思与亿兆同兹大庆。肆眚之科，一依恒式。"
　广陵杜口八载，至是始言，海内士庶，咸称圣君。

　　黄门侍郎邢子才拟定了赦免罪行的文书，赦文叙述了孝庄帝
枉杀太原王的情况。广陵王说："永安（孝庄帝）亲手剪除了擅
权的大臣，不是失德，只是因为时数未到，天下所经历的劫乱不
够，所以才发生了弑君之祸。"于是对近侍说："拿诏书来，朕亲
自书写。"元恭对门下省直言："我本德薄，承蒙大家拥戴，因此
想与天下万民共同庆祝盛典。至于罪犯，一律赦免，恢复自由。"
广陵王闭口不言八年之久，直到此刻才开口说话，举国上下都将
他视作圣君。

　　由于北魏大部分皇帝不只使用一个年号，所以鲜有以年号代
称皇帝的情况。广陵王元恭是孝庄帝的堂兄，按照长幼尊卑，地
位略在孝庄帝之上，如今又身居皇位，更不必致君臣礼，因此此
处用年号代称并无不敬之意。前文有提元恭当初因为元乂专权而
被迫装哑，孝庄帝对其多番试探，元恭或因此对孝庄帝的态度较
为复杂。

*

○ 于是封长广为东海王。世隆加仪同三司、尚书令、乐平王，

余官如故。赠太原王相国晋王，加九锡，立庙于芒岭首阳。上旧有周公庙，世隆欲以太原王功比周公，故立此庙。庙成，为火所灾。有一柱焚之不尽，后三日雷雨，震电霹雳，击为数段，柱下石及庙瓦皆碎于山下。复命百官议太原王配飨。司直刘季明议云不合。世隆问其故，季明曰："若配世宗，于宣武无功；若配孝明，亲害其母；若配庄帝，为臣不终，为庄帝所戮。以此论之，无所配也。"世隆怒曰："卿亦合死！"季明曰："下官既为议臣，依礼而言，不合圣心，俯瑀唯命。"议者咸叹季明不避强御，莫不叹伏焉。世隆既有忿言，季明终得无患。

元恭册封长广王为东海王，尔朱世隆加仪同三司、尚书令，封为乐平王，其他官职依旧。追赠太原王尔朱荣为相国晋王，赐九锡（车马、衣服、乐则等），并在芒岭首阳山上为他立庙。首阳山上原有一座周公庙，尔朱世隆特意选择此地为尔朱荣立庙，试图召告天下其功绩与周公相等齐。没想到庙建成后，遭大火烧毁，仅剩下一根柱子。三天后雷电又把这根柱子劈成数段，柱子下面的基石和庙上的残瓦都被击碎滚落山下。事后，尔朱世隆又一次命令百官重新商议太原王配飨之事。司直刘季明提出异议，表示此举不合乎礼制。尔朱世隆质问其中缘故，刘季明说："如果配飨世宗，他没有功绩；如果配飨孝明帝，他亲手杀害了孝明帝的母亲；如果配飨孝庄帝，作为臣子，他没能做到善始善终，最终被孝庄帝所杀。就此而论，太原王确实是无所配飨的。"尔朱世隆发怒道："你也该死！"刘季明说："下官既然身为议臣，应当谨遵礼法说话，如果所言不合乎于帝王的旨意，要打要杀任凭处置。"在场论事的大臣都赞叹刘季明不畏强权压迫。尽管尔朱世隆对刘季明说了十分愤怒的话，最终也没有发难于他。

*

○初世隆北叛，庄帝遣安东将军史仵龙、平北将军杨文义各领兵三千守太行岭，侍中源子恭镇河内。及尔朱兆马首南向，仵龙、文义等率众先降，子恭见仵龙、文义等降，亦望风溃散。兆遂乘胜逐北，直入京师，兵及阙下，矢流王室。至是论功，仵龙、文义各封一千户。广陵王曰："作仵龙、文义于王有勋，于国无功。"竟不许。时人称帝刚直。彭城王尔朱仲远，世隆之兄也，镇滑台，表用其下都督乙瑗为西兖州刺史，先用后表。广陵答曰："已能近补，何劳远闻！"世隆侍宴，帝每言："太原王贪天之功以为己力，罪亦合死。"世隆等愕然。自是已后，不敢复入朝。辄专擅国权，凶慝滋甚。坐持台省，家总万机，事无大小，先至隆第，然后施行。天子拱己南面，无所干预。

当初，尔朱世隆在北方叛变，孝庄帝派遣安东将军史仵龙、平北将军杨文义各率领三千兵马驻守太行岭，派遣侍中源子恭镇守河内郡。等到尔朱兆率兵向南时，史仵龙、杨文义率军先行投降。源子恭的军队见状也都闻风溃散。尔朱兆随即乘胜追击，一路攻入洛阳，军队直逼城阙之下，将箭矢射入皇宫内。此时论功行赏，史仵龙、杨文义本应各封一千户。广陵王却说："史仵龙、杨文义对乐平王尔朱世隆有功，对我大魏国却没有功劳！"于是拒绝行赏。当时人们都称赞皇帝刚强正直。彭城王尔朱仲远是尔朱世隆的长兄，镇守滑台，先斩后奏起用他的下属都督乙瑗担任西兖州刺史。广陵王答复道："已经有能耐就近补用，又何须再多此一举向上禀告！"尔朱世隆在宴享时陪在元恭身边，皇帝多次说："太原王将上天的功绩当成自己的实力，罪也该死。"尔朱世隆等听后十分惊愕。自此以后，尔朱世隆不敢再入朝，但他把持着中央的重要职务，在家掌管各种国家机要，事情无论大小都须先递呈到尔朱世隆的府邸，然后再发令施行。天子大权旁落，不能对政事有所干预。

*

　　永熙元年，平阳王入篡大业，始造五层塔一所。
　　○平阳王，武穆王少子。

　　永熙元年（532），武穆王的第三子平阳王元修篡夺帝位，修建了一座五层宝塔。
　　普泰二年（532），权臣高欢发动叛变，废广陵王元恭，拥立平阳王元修为帝，即孝武帝。

*

　　诏中书侍郎魏收等为寺碑文至三年二月五日土木毕功，帝率百僚作万僧会。其日寺门外有石像，无故自动，低头复举，竟日乃止。帝躬来礼拜，怪其诡异。中书舍人卢景宣曰："石立社移，上古有此，陛下何怪也？"帝乃还宫。七月中，帝为侍中斛斯椿所使，奔于长安。至十月终，而京师迁邺焉。

元修诏令中书侍郎魏收等为寺庙撰写碑文。永熙三年（534）二月五日土木建造完毕，元修率领百官共赴万僧会。这天，寺门外的石像竟无故自己动了起来——反复将头低下再抬起，直到晚上才停止。孝武帝亲自前来礼拜，对石像的怪异感到迷惑不解。中书舍人卢景宣解释道："磐石自立，社神迁移，上古就有这种现象，陛下您又何必觉得怪异呢？"听罢，皇帝就回宫了。三年（534）七月，孝武帝被侍中斛斯椿所胁迫，逃窜到长安投奔宇文泰。十月底，京都迁到邺城。

典籍中确实记载过大块石头自己立起来的现象，一般认为这种现象是灾异或者福瑞的征兆。例如《搜神记》中记载，汉昭帝元凤三年正月，泰山芜莱山南传来一阵喧闹声，人们赶去一看，原来是一块大石突然耸立在地面上，高一丈五，大有四十八围，埋入地下八尺，有三块石头作基脚支撑，数千只白色鸦雀聚集在石边。当时的人们将此现象视为汉宣帝中兴的吉兆，

社移涉及传统的社神信仰。"社稷"一说古已有之，"社"指社神，即土地神，也可以指土地本身；"稷"指稷神、谷物神、谷物等。传说社神会栖身于树上，这种被社神栖身的树被称作社树，祭祀社神便要去往社树之处。社移即社树突然消失，这种现象通常被认为是社神搬家所致。

永熙三年（534），孝武帝元修与权臣高欢矛盾激化。为摆脱控制，元修听取朝臣进言，逃往关中投奔宇文泰，为了笼络人心，还欲将其妹冯诩长公主嫁予他。西迁至西安后，孝武帝的大权很快被宇文泰架空，又沦落为傀儡皇帝，不久后就被宇文泰废去帝位并杀害了。

北魏的几位宗室成员在王朝全盘倒塌前，各自做出了一番努力。天下人对元氏一脉血统的承认，成为了北魏宗室子弟们还能登上政治舞台的唯一理由，北魏中央朝廷所倚仗的军事力量经历了迁都后重文轻武的政策打压、元乂乱权的人事混乱以及河阴之变、六镇之乱等大小战乱的持续消耗后，已经不能支撑起宗室子弟们再次完成统一天下的大计。

景宁寺

"景宁寺"篇中,杨衒之再一次通过列举数起"南北之争",透露出自己身为北朝人而固有的政治、文化自信。

此外,杨衒之借交代归觉寺的由来,记叙了殖货里屠户刘胡兄弟二人遭猪乞命一事,间接反映了佛教好生恶杀的观念。

*

景宁寺，太保司徒公杨椿所立也。在青阳门外三里御道
南，所谓景宁里也。

　○高祖迁都洛邑，椿创居此里，遂分宅为寺，因以名之。制饰
　甚美，绮柱珠帘。椿弟顺，冀州刺史，顺弟津，司空，并立
　性宽雅，贵义轻财，四世同居，一门三从。朝贵义居，未之
　有也。普泰中，为尔朱世隆所诛，后舍宅为建中寺。

　　景宁寺由太保司徒公杨椿所建，位于青阳门外三里处、御道
南侧的景宁里中。

　　孝文帝迁都到洛阳后，杨椿就在景宁里修建宅邸，又分出一
部分面积改建为寺庙，遂采用"景宁"作为寺名。景宁寺的建制
和装饰尤其精美，柱子上雕刻着精致的花纹，悬挂着珠帘。杨椿
的弟弟杨顺官至冀州刺史，杨顺的弟弟杨津官至司空。三人皆性
情宽厚文雅，看重义气，淡泊钱财。四世同堂而居，兄弟不分
家，就连他的从父、从祖父都住在同一个宅门下。家人彼此间
都能和睦相处，当时的显贵家族没有像杨家这般因孝义而累世聚
居的。

　　杨椿一家于《魏书》《北史》有传。大哥杨播箭术极为精
湛，曾跟随孝文帝征战南阳，性格颇为刚毅，他的弟弟杨椿、
杨津性格更为谦逊温和。杨椿为人宽厚谦逊，因为做事严谨曾
为皇帝管理医药，后升职为内给事，与哥哥杨播一起成为皇帝
近侍。杨椿还颇具军事才能，曾随军出谋划策，平定了氐人起
义、陈瞻起义等。杨津从小就"敬慎诚实"，凡事都严格遵循礼

仪。他十一岁的时候就蒙荫任职侍御中散，可以在殿内侍奉。有一次冯太后上朝，杨津立于一旁，突然剧烈咳嗽，几欲干呕。为了不在太后面前失礼，他就偷偷吐在了自己的袖子里。下朝后太后向他询问此事，杨津也没有隐瞒，悉数以告，获得了冯太后的赏识。

杨氏家族家风淳朴忠厚，与别人交谈也都自称名字。一家之内男男女女有上百人，还能聚在一起用餐，彼此间没有嫌隙。兄弟间也都以礼相待，所谓长兄如父，弟弟们侍奉兄长都如同侍奉父亲。兄弟都在厅堂交流，并不会进入对方的卧房；如果获得了美食，兄弟没有聚齐就没有人动筷。杨家的晚辈也多颇具才能，胸有大志，当时的人都很钦佩杨氏子弟。

然而杨氏兄弟几人的结局都不算好。杨播被政敌诬陷强占百姓田地，被除名削爵后便闭门不出，很快于家中病逝。杨播的儿子杨侃曾参与孝庄帝诛杀尔朱荣的计划，杨家与尔朱氏便结下了梁子。尔朱荣被杀后，尔朱氏族人大举入侵，很快攻入洛阳，普泰元年（531）六月，已经退休归乡的杨椿被尔朱天光杀死，时人都为之感到冤痛。不知为何杨衒之此处记为"尔朱世隆"。杨津奉命率军抵抗，可惜双方实力悬殊，最终寡不敌众，于普泰元年七月身死洛阳。

*

出青阳门外三里，御道北有孝义里。里西北角有苏秦冢。冢旁有宝明寺。

○众僧常见秦出入此冢，车马羽仪，若今宰相也。

在青阳门三里开外、御道北面的是孝义里。孝义里的西北角是苏秦墓，墓旁有宝明寺。据说僧人们经常能看见苏秦进出这座墓穴，随行的车马仪仗与当今宰相的规格不相上下。

*

孝义里东，即是洛阳小市。北有车骑将军张景仁宅。

○ 景仁，会稽山阴人也。景明年初，从萧宝夤归化，拜羽林监，赐宅城南归正里，民间号为"吴人坊"，南来投化者多居其内。近伊、洛二水，任其习御。里三千余家，自立巷市。所卖口味，多是水族，时人谓为鱼鳖市也。景仁住此以为耻，遂徙居孝义里焉。

孝义里的东面就是洛阳小市。市场北面有车骑将军张景仁的宅邸。

张景仁是会稽郡山阴人。景明初年（500），跟随萧宝夤归顺于北魏政权，被任命为羽林监，并在城南归正里获赏一处住宅。百姓们通常将那里称为"吴人坊"，南方来的投北者大多居住在这里。归正里靠近伊水、洛水，两河中的水产、水利资源任凭当地人管理利用。三千多户人家自发在里内建立起市集，贩卖的品类多是水产，因此这里又被当时人称作"鱼鳖市"。张景仁对居住在这儿感到羞耻，于是迁居孝义里。或许是认为与商贩为伍不符合自己的身份地位，又或是住在此地的投北者社会地位普遍不高，张景仁才以居住于"吴人坊"而感到羞耻。这也透露出当时投北者的实际社会地位以及世人的普遍价值倾向。

○时朝廷方欲招怀荒服，待吴儿甚厚，襃裳渡于江者，皆居不
次之位。景仁无汗马之劳，高官通显。永安二年，萧衍遣主
书陈庆之送北海入洛阳僭帝位。庆之为侍中。景仁在南之日
与庆之有旧，遂设酒引邀庆之过宅。司农卿萧彪、尚书右丞
张嵩并在其座，彪亦是南人。唯有中大夫杨元慎、给事中大
夫王昫是中原士族。庆之因醉谓萧、张等曰："魏朝甚盛，
犹曰五胡，正朔相承，当在江左。秦朝玉玺，今在梁朝。"
元慎正色曰："江左假息，僻居一隅。地多湿垫，攒育虫蚁，
疆土瘴痍，蛙黾共穴，人鸟同群。短发之君，无杼首之貌；
文身之民，禀蕞陋之质。浮于三江，棹于五湖，礼乐所不
沾，宪章弗能革。虽复秦余汉罪，杂以华音，复闽楚难言，
不可改变。虽立君臣，上慢下暴。是以刘劭杀父于前，休龙
淫母于后，见逆人伦，禽兽不异。加以山阴请婿卖夫，朋淫
于家，不顾讥笑。卿沐其遗风，未沾礼化，所谓阳翟之民不
知瘿之为丑。我魏膺箓受图，定鼎嵩洛，五山为镇，四海为
家。移风易俗之典，与五帝而并迹；礼乐宪章之盛，凌百王
而独高。岂卿鱼鳖之徒，慕义来朝，饮我池水，啄我稻粱，
何为不逊，以至于此？"庆之等见元慎清词雅句，纵横奔发，
杜口流汗，含声不言。

当时朝廷希望拉拢来自偏远地方的人，因此对吴人很是优
待。不辞辛劳涉江而来的吴人比比皆是，他们都享有不错的官职
待遇。张景仁并没有建立战功，却也任职高位，闻名显达。

陈庆之少随萧衍在梁朝屡立奇功，曾北伐大破元天穆三十万大军，又在涡阳之战中率领精锐连克魏军十三城，荥阳之战中率骑三千背城逆战一举扭转败局，打出"千兵万马避白袍"的威名。萧衍曾称赞陈庆之道："本非将种，又非豪家，觖望风云，以至于此。可深思奇略，善克令终。开朱门而待宾，扬声名于竹帛，岂非大丈夫哉！"《梁书》和《南史》中亦不乏对陈庆之英明神武的记载。但在杨衒之笔下，陈庆之的形象略有不同。

永安二年（529），萧衍派主书陈庆之护送北海王元颢进入洛阳越位称帝。陈庆之时任侍中。张景仁在江南时，与陈庆之是旧交，于是置办酒席邀请陈庆之来家中做客。司农卿萧彪、尚书右丞张嵩都列坐其次，这两位也是江南人。在座的只有中大夫杨元慎、给事中大夫王眴是中原士族。

陈庆之趁着醉意对萧、张等人说道："魏朝虽现在兴盛，但仍旧是异族'五胡'之一，至于历朝历代相承而来的正统应在江左。秦朝的传国玉玺如今还藏在梁朝。"杨元慎严肃地回应道："江左政权苟且偷生，安居于偏僻之所，那里地势低洼，空气潮湿，聚集着的不过是虫蚁之辈。国土上还弥漫着瘴气，蛙蚌共生，人鸟同穴。短发的君主都没有长寿的面相，有文身的百姓品性都粗鄙浅陋。那里的人终日行居于三江五湖之上，不接触礼乐教化，也不受法典约束与制裁。即使这些人有的出身自秦汉时迁去的流民罪人，因此语言中夹杂着华音，但他们使用的闽、楚方言晦涩难懂，恐怕是不可能改变了。尽管他们建立了君臣制度，但朝廷行政怠慢，地方政府执政暴虐，所以前有刘劭杀父，后有休龙淫母的乱事发生，这些人违反人伦道德，与禽兽没什么不同。除此之外还有山阴公主强求他人做夫婿，背叛自己的丈夫，公然在家中行淫乱之事，完全不顾忌外人的耻笑。你长期受那样的风化熏陶，没有受到礼教的影响，就如同阳翟人（多大脖子病）不以脖子粗大为丑一样。我们魏国顺应天降河图与符命，在嵩山下、洛水边建立政权，以五岳作镇，疆域广及四海，是移风易俗的典范，建立的功业可与五帝相等齐。魏礼乐法令的兴盛，远超历代君王统治的朝代。你们这些以鱼鳖为食之人，因倾慕我朝的礼义前来投奔，喝着我朝池中之水，吃着我朝的稻米黄粱，怎么还能出言不逊，无礼到这种地步？"陈庆之等见杨元慎在训斥时依然言语文雅，气度不凡，遂均缄默不语，羞愧流汗，再说不出一句话来。

这场筵席上的南北舌战，陈庆之酒醉冒犯在前，杨元慎激烈回怼在后。争辩中，杨元慎引经据典、骈散结合、文采飞扬，却也失之偏颇。他将南朝的缺点刻意放大、丑化，尽显彼朝国人的粗鄙和窘态，很是刻薄，至于优点概不承认。这种做法无疑是以歧视回击歧视，以讥讽回击讥讽。

对北魏国民而言，正统和血统问题或许是他们永远的敏感之处。据《魏书·世祖本纪》记载，从道武帝拓跋珪建国以来，北魏政府在很长一段时间内都没有传国玉玺，也没有刻制玉玺。传闻直至太武帝拓跋焘太平真君七年（446），才偶然在佛像中得到了两枚玉玺。然而象征拥有政权合法性的秦皇传国玉玺自东晋穆帝以来就一直在南朝宋齐梁间传递，这使得南朝在天命上抢占优势。北魏孝文帝在太和十七年（493）力排众议，决然迁都，以周、汉、魏晋以来的古都洛阳作为北魏的新国都，坚定了北魏自视为华夏正统继承者的信心。

当然，我们不能因为杨元慎的此番言论，就认为北朝人对南朝一贯嗤之以鼻，也不能认为北朝人普遍如杨元慎所言那般自矜功伐。其实南北朝士人之间多是敌对又尊重的关系模式。上文"朝廷方欲招怀荒服，待吴儿甚厚，褰裳渡于江者，皆居不次之位"，以及下文"（萧）衍用其为司州刺史，钦重北人，特异于常"等描写已透露此特点。《资治通鉴》称"魏置诸国使邸，齐使第一，高丽次之"，当时北魏朝廷应很看重南人，南朝亦十分器重北人。南北朝廷宗室、士人投奔对方政权并谋得高位的实例不胜枚举（如萧彪、张嵩、刘昶、萧宝夤等）。这种关系模式也促进了南北朝全方位的交流、促进和学习，从而加速了中国南北方民族融合的进程。

*

○于后数日，庆之遇病，心上急痛，访人解治。元慎自云能解，庆之遂凭元慎。元慎即口含水噀庆之曰："吴人之鬼，住居建康。小作冠帽，短制衣裳。自呼阿侬，语则阿傍。菰稗为饭，茗饮作浆。呷啜蓴羹，唼嗍蟹黄。手把豆蔻，口嚼槟榔。乍至中土，思忆本乡。急手速去，还尔丹阳。若其寒门之鬼，□头犹修。网鱼漉鳖，在河之洲。咀嚼菱藕，捃拾鸡头。蛙羹蚌臛，以为膳羞。布袍芒履，倒骑水牛。沅湘江汉，鼓棹遨游。随波溯浪，唵嗢沉浮。白纻起舞，扬波发讴。急手速去，还尔扬州。"庆之伏枕曰："杨君见辱深矣。"自此后，吴儿更不敢解语。

几天后，陈庆之患病，胸口疼痛难忍，四处找人医治。杨元慎声称自己能治愈这个病，陈庆之只好听任其安排。杨元慎口中含水喷向陈庆之，随后念念有词："吴人的鬼，住在建康。戴着小小的帽子，穿着短短的衣裳。称自己为阿侬，称别人为阿傍。用菰米、稗子做饭，用茶作浆。喝的是莼羹，吃的是蟹黄。手里握着荳蔻，口中嚼着槟榔。才来到中原，又思念故乡。快快回去，回到你的丹阳。倘若是寒门小鬼，头身修长，去河中小洲，用网捕捉鱼鳖；去咬嚼菱藕，拾取鸡头米，把蛙蚌做成羹，当成膳食珍馐；去披着布袍，穿着草鞋，倒骑水牛；去江河中摇桨，像鱼一样随波遨游；去穿上白葛布衣起舞，扬起水波齐声歌唱。快些回去，回到你的扬州。"陈庆之趴在枕上无奈地抱怨："您这也太侮辱人了。"自此以后，吴人更不敢出言不逊了。

*

○北海寻伏诛，其庆之还奔萧衍，用其为司州刺史，钦重北
　人，特异于常。朱异怪，复问之。曰："自晋宋以来，号洛
　阳为荒土，此中谓长江以北尽是夷狄。昨至洛阳，始知衣
　冠士族并在中原。礼仪富盛，人物殷阜，目所不识，口不能
　传。所谓帝京翼翼，四方之则，如登泰山者卑培塿，涉江海
　者小湘、沅。北人安可不重？"庆之因此羽仪服式悉如魏法，
　江表士庶，竞相模楷，褒衣博带，被及秣陵。

不久后，北海王元颢被诛杀。陈庆之重返萧衍政权，萧衍任命他为司州刺史。此后陈庆之尤其敬重北人，朱异对此感到十分不解，向他询问缘故。陈庆之回答说："自东晋、刘宋以来，都

将洛阳视为蛮荒之土，将长江以北的政权视为落后的夷狄。不久前我到了洛阳，才知道衣冠士族在中原比比皆是，那里礼仪周全，人才众多，物产丰盈，还有很多我从未见过的事物，用言语无法表达。魏都繁华热闹，秩序井然，四方来朝，都争相效仿。攀登过泰山后，看其他的山脉都会觉得低平；遨游过长江、大海，再看湘江、沅江就会觉得渺小。怎么可以不敬重北方人呢？"因此，陈庆之出行的羽盖、仪仗形制和衣着样式都完全按照北魏的规制来，江南的士族、庶民都争相效仿，宽衣大带的服饰特征一直影响到秣陵（今江苏南京）。

*

○元慎，弘农人，晋冀州刺史峤六世孙。曾祖泰，从宋武入关，为上洛太守七年，背伪来朝，明元帝赐爵临晋侯，广武郡、陈郡太守，赠凉州刺史，谥烈侯。祖抚，明经，为中博士。父辞，自得丘壑，不事王侯。叔父许，河南令，蜀郡太守。世以学行著闻，名高州里。元慎清尚卓逸，少有高操，任心自放，不为时羁。乐山爱水好游林泽。博识文渊，清言入神，造次应对，莫有称者。读《老》《庄》，善言玄理。性嗜酒，饮至一石，神不乱常。慷慨叹不得与阮籍同时生。不愿仕宦，为中散，常辞疾退闲，未常修敬诸贵，亦不庆吊亲知。贵为交友，故时人弗识也。或有人慕其高义，投刺在门，元慎称疾高卧。加以意思深长，善于解梦。孝昌年，广阳王元渊初除仪同三司，总众十万讨葛荣，夜梦着衮衣，倚槐树而立，以为吉征。问于元慎。曰："三公之祥。"渊甚悦之。元慎退还，告人曰："广阳死矣。'槐'字是木傍鬼，死后当得三公。"广阳果为葛荣所杀，追赠司徒公。终如其言。
建义初，阳城太守薛令伯闻太原王诛百官，立庄帝，弃郡东
走，忽梦射得雁，以问元慎。元慎曰："卿执羔，大夫执雁。
君当得大夫之职。"俄然令伯超除为谏议大夫。京兆许超梦盗
羊入狱，问于元慎。元慎曰："君当得城阳令。"其后有功，
封城阳侯。元慎解梦，义出万途，随意会情，皆有神验。虽
令与侯小乖，按令今百里，即是古诸侯，以此论之，亦为妙
著。时人譬之周宣。及尔朱兆入洛阳，即弃官与华阴隐士王
腾周游上洛山。

　　杨元慎是弘农人，为晋冀州刺史杨峤的六世孙。曾祖杨泰曾
跟随宋武帝入关，任上洛太守七年。杨泰背弃宋伪政权而归顺大
魏，明元帝赐给他临晋侯的爵位，任命他担任广武郡和陈郡的太
守以及凉州刺史，死后封谥为烈侯。祖父杨抚考取明经科，任中
博士。父亲杨辞归隐山林自得其乐，不愿入朝为官。叔父杨许
曾担任河南令、蜀郡太守，以学识渊博闻名一时，在乡里声望
颇高。

　　杨元慎清高孤傲，举止不凡，年轻时就有崇高的操守，追求
自由，不受世俗的束缚，热爱山水，喜欢游历山林湖泽。他学识
广博，言论有的放矢、入木三分，其灵活机变无人能及。杨元慎
通读《老子》《庄子》，擅长谈论玄理之学；嗜好喝酒，酒过一石
仍然神智不乱；还常常感慨叹息，遗憾自己不得与阮籍生于同时
代。杨元慎不愿跻身于官场，所以只是官居中散大夫，还经常借
口生病请假，四处闲游，不向朝贵谄媚献殷，也不与亲戚有人情
往来。他对于交友十分慎重，所以在当时并不为人们所熟知。有

人钦慕他高尚的气节，将自己的名帖投放于他的门下，杨元慎则称病不予理睬。

杨元慎思虑周密，能高瞻远瞩，善于解梦。孝昌年间（525—527），广阳王元渊得授仪同三司，统兵十万北伐葛荣。某天夜里，他梦到自己身穿衮服，倚靠在一棵槐树旁，以为这个梦是吉兆，于是找杨元慎解梦。杨元慎说："这是位列三公的祥兆。"元渊听了很是高兴。杨元慎告退后，对人们说："广阳王要死了，因为槐字是木旁鬼，死后才能当上三公。"广阳王果真在战役中被葛荣所杀，追赠司徒公，杨元慎的话得到了印证。建义初年（528），阳城太守薛令伯听说尔朱荣诛杀百官，拥立孝庄帝，于是弃郡向东逃走。他在途中梦到自己射得了一只大雁，遂向杨元慎问询。杨元慎解释道："卿执羔，大夫执雁，您当获得大夫的职位。"不久薛令伯就被任命为谏议大夫。类似的例子还有京兆人许超梦见自己因偷羊入狱，杨元慎说："这预示着您要出任城阳令了。"不久后许超立下功绩，果然被封城阳侯。杨元慎会从多种途径来解释梦的意涵，看似随心所欲地将梦中事与做梦之人的生活联系在一起，却都会发生奇妙的应验。虽然"令"与"侯"在称谓上有一些不同，但现在的"令"管辖百里地方，实则相当于古时的诸侯，以此来看，许超之梦也算得上是妙解。当时人把杨元慎比做三国时的周宣。等到尔朱兆攻入洛阳后，他就弃官与华阳隐士王腾周一同隐居于上洛山之中了。

魏晋南北朝时期，儒学式微，佛教空前盛行，老、庄思想蓬勃发展，玄学义理应运而生，各种思潮错综交汇，充分影响着各阶层尤其是士人的意识形态。加之时局动荡，政权更迭频仍，隐逸之举蔚然成风。在杨衒之的书写中，不乏对隐士高洁豁达、淳朴任性品质的积极赞美，他们蔑视权贵，在乱世中或高调或默默坚守着自己的一套处世原则，用不羁和反叛冲击着各个时期的主流价值系统，是社会价值导向的中流砥柱。这也是北魏上下尊隐崇隐现象的缩影。

*

> 孝义里东市北殖货里。里有太常民刘胡兄弟四人，以屠为业。永安年中，胡杀猪，猪忽唱乞命，声及四邻。邻人谓胡兄弟相殴斗而来观之，乃猪也。胡即舍宅为归觉寺，合家人入道焉。普泰元年，此寺金像生毛，眉发悉皆具足。尚书左丞魏季景谓人曰："张天锡有此事，其国遂灭，此亦不祥之征。"至明年而广陵被废死。

孝义里东市北面有殖货里，里内住着刘胡兄弟四人，都以屠宰为业。他们受太常寺管辖，为各类祭祀活动提供猪肉。永安年间（528—530）的某天，刘胡正要宰猪，没想到猪忽然发出求饶的嚎叫声，声音之大甚至惊动了街坊四邻。邻里以为是刘胡兄弟间在打斗，前来围观，却发现是猪在叫。刘胡事后就捐出自己的住宅改建为归觉寺，全家人都皈依了佛门。普泰元年（531），寺里的金佛像竟长出毛发来，眉毛、头发一样不少。尚书左丞魏季景对人们说："前凉张天锡自立为王时也有发生过这种异象，不久后他的国家就灭亡了，看来这次也是不祥的预兆。"次年广陵王元恭就被高欢废除帝位，很快就被杀害。

陈师道《正统论》中提到，正统之说有三：天、地、人。① "天者，命也。" 天命和历数不是人力可以干预和改变的。《魏书》中不乏北魏帝王出生时伴有符瑞的记载，这也是广陵王元恭最初以"天命至重"为辞不接受禅让的原因。"地者，中国也。" 天地所合、先王所治和礼乐刑政所出的地方也是君子所思慕、投奔的地方。在古人看来，以中原为中心向四周延伸开来的黄河中下游地区是天下中心所在，都城应当建在中原，孝文帝的迁都可以说完成了北魏"地"的正统化。"人者，德功也。"此指礼仪文化的正统，因此南北朝士人都力证自己是华夏历史文化礼仪道德的传承者。

在第二卷中，杨衒之的笔端开始转向北魏与南朝政权的正统之争，为我们展现了一场场激烈的论辩场景。在此基础上，杨衒之记录了大量佛教灵异现象以及神鬼怪谈，在透露出对佛教神秘力量的敬畏的同时，似乎要从北魏的破灭中寻找某种超越人智的理由。如果人神齐心，北魏又承袭正统，于法于理于情都应当一统天下，为何最后竟然到了灭国的地步？全书无一处直抒杨衒之对北魏最终结局的痛惜，却处处透露出无奈又沉重的隐痛。

---

① 陈师道《正统论》曰："正之说有三，而其用一。三者：天、地、人也。天者，命也。天与贤则贤，天与子则子，非人所能为也，故君子敬焉。地者，中国也，天地之所合也，先王之所治也，礼乐刑政之所出也，故君子慕焉。人者，德功也。德者，化也；功者，事也，故君子尚焉。一者，义也。可进则进，可黜则黜，而统有归矣，吾于《诗》与《春秋》见之也。"参见（宋）陈师道：《后山居士文集》，上海古籍出版社 1984 年版，第 439—440 页。另外，关于"正统论"的讨论，参见饶宗颐：《中国史学上之正统论》，远东出版社 1996 年版，第 4 页；王朝海：《北魏政权正统之争研究》，《北方民族大学学报》2012 年第 2 期，第50—55 页。

卷三

城南

景明寺

　　景明寺是一处皇家寺院，它的建造者是宣武帝元恪，景明是他执政的第一个年号，故而得名。杨衒之多爱用"称首""冠于永宁寺"等词汇对寺庙整体风格与规模加以格套式的夸赞，实则并没有投入大量笔力去细致描写寺庙景观，因此部分寺庙显得比较虚无缥缈，甚至让读者不禁怀疑——真的会有如此之多的寺庙能与北魏皇家最高规格的永宁寺相提并论吗？但在"景明寺"篇中，杨衒之难得地对寺中景观大书特书，让人好奇究竟是何等风景令他如此高看？

景明寺，宣武皇帝所立也。

○景明年中立，因以为名。

在宣阳门外一里御道东。

景明寺位于宣阳门外一里，御道东侧，由宣武皇帝元恪所建，因建成于景明年间而得名。

太和二十三年（499）四月，宣武帝元恪即位。执政期间，元恪毅然拒绝鲜卑遗老重返故里的建议，着手扩建洛阳城，继续巩固孝文帝汉化成果。此外，他还继续向南朝发动一系列战争，攻取了汉中之地，并向北攻打柔然，北魏国势盛极一时。

与孝文帝颇为相似，宣武帝也是一位虔诚的佛教徒。在位期间（500—515），他曾于洛阳龙门建宾阳洞，塑过去、现在、未来佛之形象；还定期在宫中亲自开坛讲经，经常召集僧众在宫中探究佛理。据《魏书·世宗纪》记载："（宣武帝）雅爱经史。尤长释氏之义，多每至讲论，连夜忘疲。"元恪在宗教事务的治理上倾注了诸多精力，僧人群体的特权因政令的支持得到进一步加强。早在太和十七年（493），孝文帝诏立《僧制》四十七条，促进了北魏宗教管理制度的进一步完善。元恪在永平元年（508）秋天，颁布诏令："缁素既殊，法律亦异。故道教彰于互显，禁劝各有所宜。自今已后，众僧犯杀人已上罪者，仍依俗断，余犯悉付昭玄，以内律僧制治之。"这意味着僧人若不犯杀人以上的罪行，世俗司法部门无权直接审判，须移交至宗教管理机构（当时由监福曹改为昭玄寺），按照另行的法律条例进行处置。

*

其寺东西南北，方五百步。前望嵩山、少室，却负帝
城，青林垂影，绿水为文。形胜之地，爽垲独美。山悬堂
观，光盛一千余间。复殿重房，交疏对溜，青台紫阁，浮道
相通。虽外有四时，而内无寒暑。房檐之外，皆是山池。竹
松兰芷，垂列阶墀，含风团露，流香吐馥。

景明寺占地长宽各有五百步，面朝嵩山东西两座高
峰——太室和少室，背靠着帝都洛阳城。此处地势优越，气候爽
朗干燥，青翠的树木垂下浓荫，澄净的流水泛起波光，实在是个
绝美的地方。傍山而建的堂观光彩夺目，屋舍有一千余间，佛殿
与僧房鳞次栉比，雕刻着精美花纹的门窗一扇挨着一扇，飞翘起
的屋檐层叠交错，青石砌成的高台与富丽堂皇的楼阁交相辉映，
其间有阁道勾连相通。山中不分四季寒暑，屋舍之外皆是成片的
山林池沼，青松翠竹守卫着廊道，台阶缝隙处，兰草、白芷冒出
可爱的脑袋，山风挤开团簇着的花草，吹落悬挂在叶尖的露珠，
晕开似有如无的芳香。

*

至正光年中，太后始造七层浮图一所，去地百仞。

○是以邢子才碑文云"俯闻激电，旁属奔星"，是也。

直至正光年间（520—525），胡太后才在这里修造了一座七
层宝塔。宝塔有百仞之高，邢子才在碑文中写道"俯闻激电，旁

属奔星"，的确如此。

*

妆饰华丽，侔于永宁。金盘宝铎，焕烂霞表。

宝塔装饰华丽，可与永宁寺塔相提并论。塔上有金盘，檐端悬挂着宝铎，与云霞相互映照，焕发着光彩。

*

寺有三池，萑蒲菱藕，水物生焉。或黄甲紫鳞，出没于繁藻；或青凫白雁，浮沉于绿水。碾硙舂簸，皆用水功，伽蓝之妙，最得称首。

景明寺中有三个池塘，池中生长着芦苇、蒲草、菱角、莲藕等水生植物。时而有各种鳖类、鱼类在水草间穿梭浮游，时而有野鸭、大雁在池边捕食、嬉戏。

景明寺最为人称道的还是那些建在池边的农具。魏晋时期出现了水磨，这标志着水利工程和粮食加工技术进入更高水平。但在西晋时期，洛阳城内的大型粮食加工机器荒废破败，这项技术的发展也一度停滞。幸运的是，北魏宣武帝时期，雍州刺史崔亮大力教导百姓如何使用水碾，至正光元年（520）前后，在洛阳城谷水之上安装的水碾磨足有数十区，为粮食加工提供了极大的便利。

景明寺使用成套的农产品加工工具：碾（水碾）、硙（水磨）、舂（水碓）、簸（水罗），脱壳、磨面、罗面等主要工序都可以借助水力自主高效完成。洛阳城中能如此利用地势，实现大规模粮食加工的寺庙，以景明寺称首。

*

> 时世好崇福，四月七日，京师诸像皆来此寺。尚书祠部曹录像凡有一千余躯。至八日，以次入宣阳门，向闾阖宫前受皇帝散花。于时金花映日，宝盖浮云，幡幢若林，香烟似雾，梵乐法音，聒动天地。百戏腾骧，所在骈比。名僧德众，负锡为群，信徒法侣，持花成薮。车骑填咽，繁衍相倾。时有西域胡沙门见此，唱言佛国。

　　时人追求礼佛祈福，在四月七日这天，京城里的佛像都聚集到景明寺内。根据尚书祠部曹的记录，佛像总数多达一千多躯。四月八日佛诞日当天，这些佛像会按顺序送入宣阳门，到闾阖宫前接受皇帝散花礼敬。届时佛像的莲座映照日光，华丽的伞盖高耸入云，各式幡旗经幢林立，焚香的烟气如雾气般缭绕，颂唱佛经的乐音响彻天地。各类杂技、曲艺表演同台竞技，好不热闹。高僧大德手持锡杖结伴前往，信徒僧侣持花束聚集而来，车马多到堵塞道路，甚至会彼此倾轧。当时有西域的沙门看到此番情景，不禁赞叹说自己来到了佛国。

　　由于崇佛风气空前高涨，北魏的户籍制度中还包括了僧籍、寺庙。因为僧人可以免除徭役、兵役，还可以享受减税政策和独立的田地分授标准，对穷苦百姓而言，出家确实是相当有诱惑力的选择。为了防止无度出家，也为了保障基本的劳动生产和国防需求，北魏逐步建立起一套较为成熟的僧籍管理制度。除限制每个地区每年的剃度人数，禁止私自剃度外，又在寺庙设立、佛教造像、宗教人员素质考核等方面制定出台了一系列举措使之规范化，开创了国家正式管理宗教的先河。但就结果来看，僧徒数量仍在急剧增加，信众群体不断增多，寺庙规模也在随之壮大。

*

> 至永熙年中，始诏国子祭酒邢子才为寺碑文。
>
> ○子才，河间人也。志性通敏，风情雅润，下帷覃思，温故知新。文宗学府，蹦班、马而孤上；英规胜范，凌许郭而独高。是以衣冠之士，辐凑其门，怀道之宾，去来满室。升其堂者，若登孔氏之门；沾其赏者，犹听东吴之句。藉甚当时，声驰遐迩。

永熙年间（532—534），皇帝才下诏命国子祭酒邢子才为景明寺撰写碑文。

邢子才是河间人，志存高远，生性聪敏，文采雅正，性格温润，常闭门苦读，勤于深思，温故知新。他的学识渊博就连班固和司马迁都比不上；他作为典范独树一帜，胜过许劭、郭泰。因此着衣戴冠的士子都聚集到他的门下，与其志同道合的宾客可以坐满他的房间。对这些人来说，能拜访邢子才的府邸，就好像登临孔子家门一样荣幸；能受到他的夸赞，就如同听到江东才子的赞赏般令人满足。邢子才在当时可谓有口皆碑，远近闻名。

*

> 正光中，解褐为世宗挽郎、奉朝请。寻进中书侍郎、黄门侍

郎。子才洽闻博见，无所不通，军国制度，罔不访及。自王室
不靖，虎门业废，后迁国子祭酒，谟训上庠。子才罚惰赏勤，
专心劝诱，青领之生，竞怀雅术。洙、泗之风，兹焉复盛。永
熙年末，以母老辞，帝不许之。子才恪请恳至，涕泪俱下，帝
乃许之。诏以光禄大夫归养私庭，所在之处，给事力五人，岁
一入朝，以备顾问。王侯祖道，若汉朝之送二疏。

正光年间（520—525），邢子才入仕，任世宗（宣武帝元恪）
挽郎、奉朝请，不久擢升为中书侍郎、黄门侍郎。邢子才见识广
博，包括统领军队、治国制度，几乎无所不通。自从王室宗亲骚
乱不断，国子学也随之荒废，邢子才被拔擢为国子祭酒，训诲孔
孟之道。邢子才责罚懒惰，赞赏勤学，专心引导学生向学，国子
学的学生都争相归向雅正之道，儒学的礼乐教化在这里再次兴盛
起来。永熙（532—534）末年，因母亲年事已高，邢子才请求辞
官，孝武帝没有应允。尔后邢子才再次请求辞官，态度坚决，言
辞恳切，声泪俱下，孝武帝这才下诏，令他以光禄大夫的身份回
家侍奉老母，每到一处都由地方官府安排五名随从服侍，每年都
要入朝一次以备皇帝咨询。邢子才离朝时，诸王都在沿途为他送
行，就如汉宣帝朝送别"二疏"时的场景一般。

＊

暨皇居徙邺，民讼殷繁，前革后沿，自相与夺，法吏疑狱，簿
领成山，乃敕子才与散骑常侍温子昇撰《麟趾新制》十五篇。
省府以之决疑，州郡用为治本。武定中，除骠骑大将军西兖州
刺史，为政清静，吏民安之。后征为中书令。时戎马在郊，朝

廷多事，国礼朝仪，咸自子才出。所制诗赋诏策章表碑颂赞记

五百篇，皆传于世。邻国钦其模楷，朝野以为美谈也。

都城迁邺后，民间诉讼案愈加繁多。有的条例沿袭旧律，有的则是改革后颁行的新条例，往往前后自相矛盾，狱吏无法断案，案卷堆积成山。于是朝廷下诏令邢子才与散骑常侍温子昇共同编订《麟趾新制》十五篇。朝廷用《麟趾新制》来处理存疑的案件，地方州郡也将其视为治理的依凭。武定年间（543—550），邢子才被任命为骠骑大将军、西兖州刺史。其为政期间推行无为而治，吏民们在他的治理下各得其所，安居乐业。后来朝廷又征召其任中书令。当时朝廷正遭内忧外患，国家的礼法、朝廷的仪轨制定都出于邢子才之手。他撰作的诗、赋、诏策、章表、碑颂、赞记等有五百余篇，都在世上广为流传。邻国人也对他心生敬佩，将他视为学习的典范，朝野上下都传颂着他的佳话。

《麟趾新制》是一部刑法修正案，后世称之为麟趾格（"格"指一种法律表现形式，与"律""令""式"词义相近）。它的制定与颁布是整个国家的大事，在实践中也免不了要调整与改善。杨衒之在此处专门提到《麟趾新制》由邢子才和温子昇共同编订，但据《魏书》记载，该法典是东魏孝静帝元善见与群臣在麟趾阁议定的，《魏书·温子昇传》也并未提及温子昇参与编订新制一事。此外，《北齐书·邢子才传》也未将该法典的相关功绩归于邢子才名下。

大统寺

本篇虽以"大统寺"为题，可文中与寺庙直接相关的信息可谓寥寥——既没有提及建寺者是何人、建造于何时，也未提及"大统"得名由来，反而讲述了发生在三公令史高显洛宅邸的灵异现象，以及高显洛用苏秦之金建招福寺一事。篇末，杨衒之对"造功德"的揣测饶有意味。

*

大统寺在景明寺西，即所谓利民里。寺南有三公令史高显洛宅。

○ 每夜见赤光行于堂前，如此者非一。向光明所掘地丈余，得黄金百斤，铭云："苏秦家金，得者为吾造功德。"显洛遂造招福寺。人谓此地是苏秦旧宅。当时元乂秉政，闻其得金，就略索之，以二十斤与之。

衔之按：苏秦时未有佛法，功德者不必是寺，应是碑铭之类，颂其声绩也。

　　大统寺在景明寺西侧的利民里中。其南面就是三公令史高显洛的宅邸。

　　一到夜里，这座宅子的堂前就会红光大作，这种奇异的现象发生过不止一次。从发光的地方向下挖一丈多深，竟发现了黄金百斤，金块上还刻着铭文，写道"苏秦家的黄金，得到的人请为我造功德"。于是高显洛就修建了一座寺庙用来招福，人们都说此地就是苏秦的旧宅所在。当时元乂大权在握，听闻挖到黄金，就向高显洛索取，高显洛便分给他二十斤黄金。

　　高显洛其人于史无考（《太平寰宇记》作"尚书高显业"，《太平广记》作"高显洛"），招福寺也不见于《洛阳伽蓝记》，恐怕这座寺庙建的未必能与八十斤黄金相称。联系卷二的"景宁寺"篇，在孝义里的西北角还曾有僧人目睹苏秦仪仗从墓中出入，此处若理解成苏秦的魂灵打算花钱为自己修一座寺庙也未尝不可。有趣的是，这位已逝的贤相出资的时机似乎选得不太适

192

宜，若早几年在胡太后掌权时显灵，想必虔心向佛的太后不会像元义般贪得无厌，或许还会另加资助也未可知。

杨衒之评论说：苏秦生活的年代还不曾有佛法传播，应当不需要造寺庙以求功德，此处所指应是立碑撰铭之类，希望借此歌颂自己的名望与功绩。

"功德"在《大乘义章》和《天台仁王经疏》等佛典中的具体说法不尽相同，归纳起来，多指行念佛、诵经、布施等善事后得到相应的福报。但"功德"一词并非佛教用语所独有，早在《礼记·王制》中就有"有功德于民者"一说；《左传·襄公二十四年》载："太上有立德，其次有立功。"北魏时人见到"功德"的最直接反映却是立寺，这种意涵的转变往往也间接表明着思想、文化的变迁。在此背景下再看杨衒之发表的感叹，略有深意。

秦太上公寺

　　秦太上公寺与卷二所载的秦太上君寺相呼应，同样是胡太后为已逝的父母祈求冥福所建，这无疑践行了儒家传统文化中重"孝"的道德观，也迎合了当时佛教兴福积德的修行要求。

　　另外，此篇还向我们讲述了一个与众不同的洛神故事。借杨衒之之笔，我们得以在这个佛教大繁荣的时空下，窥见活跃于洛阳民众精神世界的本土民间信仰。

*

> 东有秦太上公二寺，在景明寺南一里。西寺，太后所
> 立；东寺，皇姨所建。并为父追福，因以名之，时人号为双
> 女寺。
>
> 并门邻洛水，林木扶疏，布叶垂阴。各有五层浮图一
> 所，高五十丈，素彩画工，比于景明。至于六斋，常有中黄
> 门一人，监护僧舍，衬施供具，诸寺莫及焉。

胡太后的祖父胡渊本是十六国时期夏武烈帝赫连勃勃的近侍（给事黄门侍郎），魏太武帝攻破统万城后，胡渊以投降之功被封为武始侯，后来又被任命为河州刺史。河州是北魏军事防御的重镇之一，主要用来抵抗西边吐谷浑的进攻。胡渊应该有一定的军事才能，才会被委以如此重任。胡渊共有两子一女，二儿子就是胡太后的父亲胡国珍，女儿就是"胡统寺"篇中提及的"太后从姑"僧芝。

按照传统，胡国珍继承了父亲的爵位，并依惯例降一级，成为武始伯。他的妹妹僧芝十七岁时出家，二十多岁时因通晓佛法而名声鹊起，很快被文明太后接进宫讲法。胡太后年幼时就被托付给这位姑母照顾。

这一时期的北魏皇帝宣武帝正面临一个难题——他没有儿子。其实北魏政权的前身拓跋部即面临着严重的继承人问题。其部落首领的后妃多来自特定的部族，她们可以凭借强大的娘家势力使继承人之争血腥升级。因此，道武帝在建立北魏政权后就一直在寻找解决这一问题的办法。他首先想到的就是控制外戚。

自道武帝起，诞下长子的后妃在其子正式宣布立储后即被赐死，所谓"子贵母死"。由于这项规定太过泯灭人性，因此在道武帝之后各代并未制定具体的实行条例。直到文明太后掌权，子贵母死才被正式制度化。冯太后为了壮大背后的冯氏家族，很快就定下储君人选，旋即杀死其母，将储君养在身边亲自教导。如此一来，北魏的最高统治者在幼儿时就已被这位野心勃勃的太后一手掌控。很快，这项制度就暴露出了问题：后妃为了保命，不愿为皇室生育后代。因此在孝文帝迁都洛阳后，北魏皇室几乎找不出合适的继承人。

为了解决继承人的问题，宣武帝的皇后于氏很快上书请求皇帝广纳嫔妃。胡太后应该就是趁着这次选妃得以进入皇宫，然而她并能如愿见到皇帝。权臣高肇的侄女高英此时正得宠，先后诞下一子一女，可惜皇子早夭。很快于皇后也生下一名皇子，但她本人却离奇暴毙，死时还不到二十岁。当时的大臣都猜测她是被高氏叔侄合谋毒杀的。于皇后的儿子元显也很快病死，年仅三岁。《北史》说问诊的御医听从了高肇的指示，没有认真救治小皇子，才导致了悲剧的发生。不管高氏家族身上是否背负了两条人命，他们确实成为了最大的赢家。高英在元昌死后的第四个月就成为了新的皇后，此时宣武帝膝下仍无一男儿。为了维护家族的权势，也为了稳固自己的后位，高英必须成为宣武帝长子的生母，因此她对后宫嫔妃极为忌惮，很多妃子到死都没能见到宣武帝一面。

令高英没想到的是，胡氏在这个节骨眼儿上冒了出来。凭借姑母的人脉，她成功躲过了高皇后的盯梢，获得宣武帝的宠幸，并怀上了孩子。这对宣武帝来说可是最好的消息，在确认胡氏有孕后，他立刻出台了一项新规定：禁止国人宰杀一切怀孕的雌性生物，并将胡氏严密保护了起来。孝明帝的出生也极为隐秘——史官都无法确认其出生的具体地点，且很快就被转移到别宫，交由宫女抚养，高皇后和胡氏都没法见到这唯一的皇子。也正是在这样的背景下，胡氏才得以在生下皇子后保住性命，成为后来的胡太后。她也是自道武帝之后，唯一一位依靠血缘夺权成功的后妃。

这位来之不易的皇子既带给了胡氏权利，也让胡氏家族的地位陡然提升。孝明帝于六岁时即位，大权自然落在生母胡氏手中，高英被逼虔削发为尼，软禁在金墉城中。自从外孙登基、女儿掌权，胡国珍的地位一路攀升，待遇比一众元姓宗室有过之而无不及，不仅可以随意出入宫廷，还能参与国事决策。然而胡国珍在史书中的形象却并非跋扈弄权的外戚。

据《魏书》记载，胡国珍是非常虔诚的佛教徒，在八十岁高龄仍坚持步行四五里，亲自去观摩自己出资铸造的佛像，第二天又长时间站立观像，当天晚上就一病不起。胡太后也恪尽孝道，亲自端药喂饭照顾父亲。在此期间，这位秦太上公还叮嘱胡太后母子治理天下要以万民为重，不要过分忌惮大臣的脸色，又嘱托胡太后不要苛待自己同父异母的弟弟，尽管这个弟弟游手好闲、任性妄为。四天后胡国珍就病逝了。

胡太后按照父亲的遗愿，将父亲安葬回老家安定郡临泾县（今甘肃庆阳），并将生母的灵柩一并运回，让父母得以合葬于一穴。胡太后和妹妹（元义之妻）分别于洛阳修建寺庙纪念父母，因此秦太上公寺共有两座，西寺由胡太后所建，东寺由胡太后妹妹所建，均位于大统寺东，景明寺南约一里的地方。当时人们又称之为双女寺。

东、西二寺寺门并立，与洛水毗邻，寺内种植着树木，枝叶繁茂垂荫。两寺各建有五层宝塔一座，高五十丈，其中色彩之明亮、画功之精细，不逊于景明寺。每逢六日斋时，宫中通常会派遣一位中黄门前来监督，僧房内布施的衣物及供奉的物品是其他寺庙远比不上的。

＊

> 寺东有灵台一所，基址虽颓，犹高五丈余，即是汉光武所立者。灵台东有辟雍，是魏武所立者。至我正光中造明堂于辟雍之西南，上圆下方，八窗四闼。汝南王复造砖浮图于灵台之上。

佛寺东面有一座灵台，地基虽已荒废，仍有五丈多高，是汉光武帝刘秀所建。灵台东面是辟雍，为魏武帝曹操所建。正光年间（520—525），在辟雍的西南方建了一座明堂，其形制上圆下方，四门八窗。汝南王元悦又在灵台上造了一座砖砌宝塔。

灵台是天文观测台，辟雍曾是当年的太学所在地，明堂是天子用来宣明政教、选士以及祭祀、朝会、庆赏的地方，均属于礼制建筑。何种仪式在何种建筑中举行皆有明确的礼制界定。北魏虽为鲜卑族入主中原，但从拓跋珪称帝后，历代君王都在为赋予王朝正统性而不断努力。迁都洛阳后，孝文帝同样也希望北魏君臣都能够遵循汉人礼制，从而深入打进以儒学为中心的中原文化体系内部，稳固国体，使得北魏国祚绵长不绝。此处杨衒之特意提到灵台为汉光武帝所立，辟雍为魏武帝所立，而最能象征国家权力所在的明堂则由北魏孝明帝建造，陈述之中，彰显出北魏政权既一脉相承，又最为关键的历史地位。

不久后，汝南王元悦在灵台上又造了一座宝塔。这种建筑不仅超出了北魏王朝初立时的规划，甚至有些超出历朝历代传统礼制建筑的形式。可见当时佛教不仅挤占了洛阳城的地理空间，也在中央朝廷的政治仪礼、礼制中占据着一席之地。

*

○孝昌初，妖贼四侵，州郡失据，朝廷设募征格于堂之北，从戎者拜旷掞将军、偏将军、裨将军。当时甲胄之士，号"明堂队"。时有虎贲骆子渊者，自云洛阳人。昔孝昌年，戍在彭城，其同营人樊元宝得假还京，子渊附书一封，令达其家。云："宅在灵台南，近洛河，卿但是至彼，家人自出相看。"元宝如其言，至灵台南，了无人家可问。徙倚欲去，忽见一老翁来，问："从何而来，彷徨于此？"元宝具向道之，老翁云："是吾儿也。"取书，引元宝入。遂见馆阁崇宽，屋宇佳丽。既坐，命婢取酒。须臾，见婢抱一死小儿而过，元宝初甚怪之，俄而酒至，色甚红，香美异常。兼设珍羞，海陆备具。饮讫辞还。老翁送元宝出，云："后会难期。"以为凄恨，别甚殷勤。

孝昌初年（525），四方敌寇侵扰，州郡相继失守。朝廷在明堂的北面设募征格，愿意参军的人都被封为旷野将军、偏将军、裨将军，其军队被称为"明堂队"。虎贲军中有个叫骆子渊的，自称是洛阳人，孝昌年间（525—527）在彭城守卫。与他同一军营的樊元宝休假返回洛阳，骆子渊请樊元宝替他捎一封家书，并嘱咐道："我家在灵台南面，靠近洛河，只要你到了那里，我家中之人自会出来相迎。"于是樊元宝按照骆子渊所说来到灵台之南，却发现完全没有人家可以问讯。樊元宝来回踱步了一会儿正准备离去，忽然看见一个老翁朝自己走来，询问他从哪里来，为什么在这里徘徊不前。樊元宝详尽地交代了原由。老翁说："你所说的那个人正是我的儿子。"于是接过信招呼樊元宝进屋，只见房屋宽敞，内饰华美。就坐后老翁命婢女前去拿酒，在等待的时候樊元宝看见婢女抱着一个死去的小孩儿走过，令他十分诧异，但遂即呈上的美酒颜色尤其红艳，味道异常鲜美，桌上摆满了珍馐美食，山珍海味一应俱全，樊元宝便立刻将诡异的婢女抛诸脑后，吃饱喝足后就辞别离去。老翁送樊元宝出门时感叹道："怕是很难再见了。"两人为此很是伤感，诚挚告别。

*

○老翁还入，元宝不复见其门巷。但见高岸对水，渌波东倾，唯见一童子可年十五，新溺死，鼻中出血，方知所饮酒，是其血也。及还彭城，子渊已失矣。元宝与子渊同戍三年，不知是洛水之神也。

老翁走回屋中后，樊元宝就再看不见屋门和通向屋舍的小路，只见得汹涌的河水冲击着河岸，一路向东流去。岸边躺着一个童子，看着年纪约在十五岁上下，刚刚溺水身亡，还有血不断从他的鼻中流出。樊元宝这才醒悟过来，刚刚所饮之酒正是这个孩童的鲜血！等樊元宝再次回到彭城时，骆子渊已经销声匿迹。

樊元宝与骆子渊共同戍守三年，都不知原来他就是洛神。

由于对人与自然的认知受限，先民们往往习惯以神怪之说解释世界。河流既能带来物产，又能带来灾祸，因此非常容易在原始信仰中成为被神格化的对象。在传统的信仰世界中，如果得不到祭祀，河神就会降下灾祸；如果河神发怒降下灾祸，就必须用祭祀来平息。

至于洛神的传说由来甚久，且民间流传版本丰富——以宓妃（伏羲之女或妃）溺亡于洛水化为洛神为原型，无论是先秦时期的《楚辞·离骚》，还是汉时的《上林赋》，再到三国时期的《洛神赋》，洛神虽在各时代身份有别，形象总体并无大差。北魏对魏晋文化也多有继承，但杨衒之笔下的洛神却与彼洛神完全没有联系。

这个"洛水之神"有这样一个家庭：年轻一代的骆子渊外出从军作战，老一辈留守家中，有一个婢女作为侍从。这样的生活状态与人类社会并无二致，洛神也要和普通人一样去从军打仗。他也并不像传说中的应龙与黄帝那样，会出神力为某个当权者服务，而是当了三年普通军人，平平无奇到自己作为神的身份一直未被人察觉。这种诠释较之于"将自然江河湖泊神格化"的本土信仰前进了一大步。在这个故事里，神的人格化程度变得非常高，不仅可以与人类进行平等、友善的交流，甚至连生活方式都与人类近乎相同，还会以人类身份参与社会活动。直到故事发展到最后，读者才和主角樊元宝一起发现：这些神原来是要饮人血的。原本美好神秘的故事被笼罩上一层恐怖的面纱。

据史料记载，胡太后正是被尔朱荣投入黄河溺死。如果依"秦太上公寺"篇故事发展，洛水之神恐怕也见证了她的死。

拓展阅读

洛阳城的灵台、辟雍、明堂、太学 [①]

　　辟雍、明堂是汉魏时期重要的礼制建筑。据考古工作者实地勘察：灵台位于平昌门外御道西；明堂位于平昌门外御道东；辟雍在明堂东北、开阳门外御道东；太学在辟雍东北。考古挖掘认定，在汉魏洛阳，明堂、辟雍、太学确是各自独立的建制。

　　汉魏时期，我国天文学的发展居于世界前列，汉代科学家张衡曾两度主持朝廷的天象观测工作。汉魏洛阳灵台是与张衡有直接关系的天象观测机构。1974 年冬至 1975 年春，中国社会科学院考古研究所洛阳工作队在汉魏洛阳城南郊发掘出了一处汉晋时期的灵台遗址，它是我国目前发现的最早的天文观测台遗迹，距今已有一千九百多年的历史。目前已确定了它的准确位置，再现了灵台的具体建筑形式。灵台遗址在今河南偃师县佃庄公社朱圪垱大队岗上村与大郊寨之间，是汉魏洛阳城的南郊。灵台范围约为四万四千平方米（220×200 米）。其主体建筑位于长方形院落的中心，基体为一边长约 50 米的方形夯土台基，台基四面各修出两层平台，平台上建造房舍。下层平台房舍开间小，或为回廊，上层平台房舍开间大，应该是殿堂。殿堂壁面各以其方位相应地涂以青、红、白、黑诸彩。西侧殿堂后面还辟有可称作密室

---

①　参见中国社会科学院考古研究所洛阳工作队：《汉魏洛阳城南郊的灵台遗址》，《考古》1978 年第 1 期；段鹏琦、杜玉生、肖淮雁、钱国祥：《洛阳汉魏故城勘察工作的收获》，《中国考古学会第五次年会论文集：1985》，文物出版社 1988 年版，第 93—97 页。

的暗间。台基顶部残损，原高目前不可确知，可能如文献所记为六丈，上方应是安置观测仪器的地方。由此我们可以想象，这一距今近两千年的天文观测机构，在当年应是何等庄严宏伟。在遗址的发掘过程中，曾见到少量北魏时期黝黑厚大的花头板瓦和砖雕佛像一方，说明杨衒之的记载准确可信。

从现存的辟雍遗址来看，其中心为殿堂，殿堂前即晋辟雍碑出土处，四面筑阙，阙外环水。

通过对太学遗址的钻探和发掘，考古工作者们现已查明魏晋以降太学的占地范围：南北长 220 余米，东西宽 160 余米，四面各设一门，围墙内整齐排列着一座座长方形房舍。太学遗址的发现，不仅使当时国学的地理方位得以确定，还为推断东汉太学的地址和规模提供了重要的科学依据。

报德寺

报德寺是北魏朝早在平城时代就建成的寺庙。迁都洛阳后，怀着对佛教虔诚的信仰和为祖母冯太后追福的信念，孝文帝再次建造了报德寺，以作延续。

此外，"报德寺"篇中还介绍了一些汉魏遗碑，这些碑刻的价值历久弥新，是珍贵的史料。然而在历史的浩劫中，它们或走向消亡，或埋没于尘土之下——就像整个北魏王朝一样。

*

报德寺，高祖孝文皇帝所立也。

○为冯太后追福。

报德寺是高祖孝文皇帝为给祖母冯太后祈求冥福而建造的。

据《魏书·高祖纪》记载："（太和）四年春正月⋯⋯丁巳，罢畜鹰鹞之所，以其地为报德佛寺。"可知早在太和四年（480年，孝文帝亲政前一年），孝文帝就下诏罢膺师曹，在其旧址上建报德寺。《魏书·文成文明皇后冯氏传》称："高祖诏曰：'朕以虚寡，幼纂宝历，仰恃慈明，缉宁四海，欲报之德，正觉是凭，诸鸷鸟伤生之类，宜放之山林。其以此地为太皇太后经始灵塔。'"建寺起塔的目的就是报答祖母冯太后的养育之恩。

冯太后虽为女流，却有着很强的执政能力和政治远见。孝文帝三岁被立为太子时，生母李贵人被冯太后赐死，孝文帝由冯太后亲自抚养，故史称"迄（冯）后之崩，孝文不知所生"。冯太后对孝文帝的培养不可谓不尽心尽力：不但督促他熟读儒家经史，还亲笔书写了三百多章《劝戒歌》，要求孝文帝恪遵孝道、善为人君。孝文帝少有大志，学习能力极强，对长辈谨敬有加。据史传所载，四岁时，其父献文帝患毒疮，孝文帝亲自吮脓；五岁受禅时，孝文帝悲泣不能自胜，献文问他为什么哭泣，他回答说："代亲之感，内切于心。"

雄韬武略的孝文帝便在祖母冯太后的一手抚育下长大。但和胡太后与孝明帝的结局不同，冯太后和孝文帝的关系似乎始终维持着一种稳定、平和的状态。这种稳定不仅体现在祖孙二人的感情上，也体现在一脉相承的执政方针上。可以说，孝文帝的诸多重要决策都是对冯太后留下的政治遗产的进一步推进，例如均田制、迁都洛阳、推行汉化改革等政策。

太和五年（481），孝文帝满十五岁，冯太后宣布结束称制，还政于孝文帝。直至太和十三年（489）冯太后逝世，这段时间属祖孙共理朝政时期，朝政上下一团和气，综合国力稳步发展。

*

在开阳门外三里。

开阳门御道东有汉国子学堂，堂前有三种字石经二十五碑，表里刻之，写《春秋》《尚书》二部，作篆、科斗、隶三种字，汉右中郎将蔡邕笔之遗迹也。犹有十八碑，余皆残毁。

报德寺位于开阳门外三里的地方。开阳门外御道东侧有东汉所建立的国子学堂。学堂前有用篆书、科斗、隶书三种字体刻写而成的石经，共二十五方碑，碑阳、碑阴处都刻有文字，内容为《春秋》《尚书》。其中有东汉右中郎将蔡邕的遗墨。目前还有十八座碑存留，其余的都已经毁坏残损。

*

复有石碑四十八枚，亦表里隶书，写《周易》《尚书》《公羊》《礼记》四部。又赞学碑一所，并在堂前。魏文帝作《典论》六碑，至太和十七年，尤有四存。高祖题为劝学里。里有大觉、三宝、宁远三寺。

○武定四年，大将军迁石经于邺。

另外还有石碑四十八座，碑阴、碑阳处都用隶书刻写，内容为《周易》《尚书》《公羊》《礼记》四部经典。还有一座有赞学碑也立于国子学堂前。刻有魏文帝（曹丕）所撰《典论》的六座石碑，到太和十七年（493）时尚存四块。高祖将此处题名为劝学里，里内还有大觉、三宝、宁远三座佛寺。

武定四年（546），大将军高澄把石经迁到了邺城。

＊

周回有园，珍果出焉。有大谷梨，重十斤，从树着地，尽化为水。世人云："报德之黎，承光之柰。"承光寺亦多果木，柰味甚美，冠于京师。

报德寺四周有园林环绕，其间盛产诸多奇珍异果。有大谷梨，果实硕大，若从树上坠落便会爆出丰富的汁水，人们都说："报德寺有黎，承光寺有柰。"承光寺也种植了很多果树，其中柰的味道十分鲜美，在洛阳城可谓独绝。

《北史·杨愔传》有载："学庭前有柰树，实落地，群儿咸争之，愔颓然独坐。"当柰成熟落地后，孩童们都来抢食，可见柰在当时是一种很受欢迎且较为常见的水果。杨衒之的赞美，也让我们深刻认识到洛阳寺庙环境之优良，物产之丰富。

魏三体石经：

魏三体石经，也叫正始石经，三国曹魏正始二年（241）刊立，刻有《尚书》《春秋》和《左传》三部儒家经典，是迄今所见唯一同时使用多种字体刻写的石经。石经本身选用上好的石材，质地坚硬，表面光滑完整，但在历史的变迁中，原本的面貌发生了很大的改变。三体石经在晋永嘉之乱中遭战火焚烧；北魏时期部分石经又被人为分割、搬运作为他用（修造佛寺、经舍等）；东魏至隋这段时期，三体石经历经了三次规模较大的迁徙，在长途搬运的过程中，石经上篆刻的文字被几度磨损。又因人为的不当使用加上自然因素（风化、浸水等），到唐贞观年间，魏征开始收集三体石经时，所存不过十分之一；武后时期，石经被再次运回洛阳。此后，魏三体石经几乎不再见诸于史书记载。

清光绪二十一年（1895），洛阳龙虎滩出土三体石经《尚书·君奭》残石，共 11 行，222 字；民国十一年（1922），洛阳再次出土三体石经大宗残石，分别刻有《尚书·君奭》《尚书·无逸》与《春秋·僖公》、《春秋·文公》等。随后又出土《尚书·多士》与《春秋·文公》经残石，均系表里书，这是迄今为止石经出土最多、最为重要的一次，其中相继出土的部分石经小块残石，现多藏于河南省博物馆。[①]

---

① 参见赵立伟、宁登国：《魏三体石经历代出土与变迁考》，《洛阳理工学院学报》2008 年第 1 期，第 77—80 页。

正觉寺

此篇在介绍"延贤里"名称由来的同时，又围绕北投的王肃，引出几件轶事。王肃是孝文、宣武帝集团中非常重要的参谋，因其杰出的才干，备受北朝帝王的器重。才子得遇明君，王肃在另一个王朝政权下方可大展身手、实现政治抱负。篇中有关南北朝女性的书写，也为我们全方位地感知洛阳社会提供了新的视角。

*

劝学里东有延贤里，里内有正觉寺，尚书令王肃所立也。

劝学里东面是延贤里，里内有正觉寺，是尚书令王肃修建的。

*

○肃字公懿，琅琊人也。伪齐雍州刺史奂之子也。赡学多通，
才辞美茂，为齐秘书丞，太和十八年，背逆归顺。时高祖新
营洛邑，多所造制，肃博识旧事，大有裨益，高祖甚重之，
常呼王生。延贤之名，因肃立之。

王肃，字公（恭）懿，琅琊人，是伪齐雍州刺史王奂的儿
子。他博学多识，才华横溢，曾担任伪齐的秘书丞，于太和十八
年（494）归顺魏国。当时孝文帝正准备营建都城洛阳，很多典
章制度需要重新制定，王肃博通古今政治律令，在此事上发挥了
很大的作用。孝文帝尤其看重他，经常称呼他为王生。"延贤"
这个名称，正是因王肃而取。

*

○肃在江南之日，聘谢氏女为妻，及至京师，复尚公主。其后
谢氏入道为尼，亦来奔肃。见肃尚主，谢作五言诗以赠之。
其诗曰："本为箔上蚕，今作机上丝。得路逐胜去，颇忆缠
绵时。"公主代肃答谢云："针是贯线物，目中恒任丝。得

帛缝新去，何能衲故时。"肃甚有愧谢之色，遂造正觉寺以
憩之。

王肃在江南的时候，曾娶谢氏女（谢庄之女）为妻，到了洛
阳后，又迎娶了陈留公主。之后谢氏出家为尼，来北方打算投奔
丈夫，却发现王肃已经另娶他人，于是就写了一首五言诗传给王
肃。大意是说，箔上的蚕如今已变成了机杼上的丝，你也已经得
到机会去追求荣华富贵，只有我还守着过去的回忆。公主代王肃
回了谢氏一首诗：本就是穿线用的针，自然会带着线走，现在针
已经得到布帛去缝制新衣，怎么可能再回去缝补旧的衣裳。王肃
对谢氏深感愧疚，于是建造正觉寺供谢氏居住。

只看这一段似乎难以理解王肃的"渣男"思维，我们不妨把
杨衒之没有提到的部分也引入进来，将故事完整地讲述一遍。

先说王肃北投。493年，王肃的父亲王奂时任雍州刺史，因
私人恩怨诽谤长史刘兴祖，罗织罪名，将刘兴祖投入狱中打死，
并对外谎称是自缢而死。事情最终败露，朝廷追责，派遣中书舍
人吕文显、直阁将军曹道刚带领五百人前去问罪。王奂之子王彪
性情暴躁，面对朝廷官兵，他打开镇县仓库，取出武器和盔甲，
率领千余人闭门拒守，被视为谋反。原本身为王奂部下的司马黄
瑶起、长史裴叔业率领州兵击退王彪父子，将其斩杀。按律，一
人谋反全家都获死罪，而王奂有四个儿子在京中为官，其中王融
和王琛已被杀死，王肃和王秉则选择逃往北魏。由于事出仓促，
王肃没能带上家眷，这便是故事的开始。

再说王肃之妻谢氏。南齐政权没有扩大事件影响的打算，对
王奂谋反的连坐到其子这一代就停止了，并没有罪及谢氏以及她

和王肃的三个子女。但谢氏的生活显然无法再保持原来的平静：她的丈夫变成了通缉犯出逃在外，却并没有犯下任何实质性的过错，孤儿寡母时刻面临着道德审判和百口莫辩的无奈。最终谢氏选择出家。此时的南齐佛教也十分兴盛，僧人的社会地位有所保障，宗教团体也有接纳此类政治避难的经验，谢氏的选择实属上策。

接着就要说到公主。这位公主没有留下名讳，只知道她是孝文帝的六妹，先被封为彭城公主，之后又改封陈留公主。陈留公主先被派去与投北名将刘昶之子刘承旭联姻，但刘承旭很早就离世了。陈留公主回到皇宫之后，孝文帝的冯皇后（文明太后的侄女）试图将其嫁给自己弟弟，并且说服孝文帝很快定下了婚期。陈留公主本人并不同意这桩婚事，在结婚前几日，她带着几个仆从跑上了北魏与南梁作战的前线，找到孝文帝，告发了冯皇后与人私通的丑事。此时孝文帝已身染重疾，且在几日前已经接到了宦官刘腾关于此事的报告。公主的举报无疑加重了孝文帝内心的猜忌，他在将信将疑之下展开调查，发现冯皇后不仅与人私通，还因担忧事情败露而想要咒杀自己，这对重病在身的皇帝而言是非常严重的忌讳。孝文帝因此气急攻心，在两个月后病重离世，陈留公主的婚事也就不了了之。王肃是孝文帝钦点的辅政重臣，为了巩固王肃与北魏朝廷的关系，朝中拟定诏书，安排王肃与陈留公主成婚。孝文帝逝世时是 499 年，此时王肃来北已逾六年之久，与旧妻复合恐已不再现实，只能空叹一句世事无常。

数月后，南齐进入了改朝换代的大动乱时期，其边境五州军事都督裴叔业率军投北。元勰和王肃被派去纳降，当月裴叔业病逝，得知消息的谢氏带着与王肃的子女投奔而来。于是就有了文中杨衒之记述的一幕。且不论公主的皇族身份所带来的政治压力，七年以来的物是人非也使得王肃不可能再回到过去的生活状态之中。事实上，选择权也没能落得王肃手中，面对前妻情意绵绵的信件，陈留公主快刀斩乱麻，直截了当地回信告诉谢氏时过境迁，以此结束了王肃正左右为难的困境。为弥补亏欠，王肃为谢氏修建了一座正觉寺。

502 年，王肃去世，死因未见史册；陈留公主再次搬回皇宫，还有另一段坎坷的婚事正等待着她；谢氏不再浮现于历史记载中。考虑到王肃遗德尚在，且寺庙补给一向丰厚，谢氏余生应当安稳。至于王肃与谢氏的儿女，他们在南朝为罪臣之后，在北魏反倒得受其父荫蔽，能够入仕为官：长子王绍历任太子洗马、员外常侍、中书侍郎，死后追赠辅国将军、徐州刺史；次子王理任著作佐郎；女儿王普贤成了宣武帝的华恭夫人。

＊

○肃忆父非理受祸，常有子胥报楚之意，卑身素服，不听音乐，时人以此称之。

王肃回忆起父亲曾遭受的无端祸害，常产生伍子胥灭楚的想法。他谦逊恭让，身着丧服，不听音乐，时人因此称赞他。

据《南齐书》记载，王奂在听闻黄瑶起、裴叔业二人带兵前来捕杀自己时，正在内堂礼佛，还未来得及站起身就被杀害了。王奂被杀后，南齐朝廷下诏曰：“逆贼王奂，险波之性，自少及长。外饰廉勤，内怀凶愍……”《魏书》有载王肃深恨于其父冤仇，以至于孝文帝曾许诺，如对南用兵时捕获了黄瑶起，一定会将之交给王肃处置，任由泄愤。

*

○肃初入国，不食羊肉及酪浆等物，常饭鲫鱼羹，渴饮茗汁。京师士子，道肃一饮一斗，号为"漏卮"。经数年已后，肃与高祖殿会，食羊肉酪粥甚多。高祖怪之，谓肃曰："卿中国之味也，羊肉何如鱼羹？茗饮何如酪浆？"肃对曰："羊者是陆产之最，鱼者乃水族之长。所好不同，并各称珍。以味言之，甚有优劣。羊比齐、鲁大邦，鱼比邾、莒小国，唯茗不中，与酪作奴。"

王肃刚到魏国时，不吃羊肉和酪浆之类的食物，常常用鲫鱼羹就饭，渴了就饮茶。京中士人传言王肃一次能饮一斗，于是称他为"漏卮"（卮为一种酒具）。过了几年后，王肃在宫宴上吃了很多羊肉酪粥，引得孝文帝大为诧异，于是问他："你是尝遍中原各种口味的，羊肉和鱼羹相比怎样？喝茶和酪浆相比又怎样？"王肃回答说："羊乃陆产中最佳者，鱼乃水产中最佳者。只是人们的喜好不同罢了，其实都是佳肴。从味道上来看，难分高下。羊就像是齐、鲁大邦，鱼就好似邾、莒小国，只有茶不中用，沦落到给酪浆当奴仆。"

*

○高祖大笑，因举酒曰："三三横，两两纵，谁能辨之赐金钟。"御史中尉李彪曰："沽酒老妪瓮注瓨，屠儿割肉与秤同。"尚书右丞甄琛曰："吴人浮水自云工，妓儿掷绳在虚空。"彭城王勰曰："臣始解此字是'习'字。"高祖即以金钟赐彪。朝廷服彪聪明有智，甄琛和之亦速。彭城王谓肃曰："卿不重齐鲁大邦，而爱邾莒小国。"肃对曰："乡曲所美，不得不好。"彭城王重谓曰："卿明日顾我，为卿设邾莒之食，亦有酪奴。"因此复号茗饮为酪奴。

孝文帝大笑，于是举起酒杯说："三三横，两两纵，谁能辨之赐金钟。"御史中尉李彪说："沽酒老妪瓮注<ruby>巩<rt>xiàng</rt></ruby>（一种长颈盛酒器），屠儿割肉与秤同。"尚书右丞甄琛说："吴人浮水自云工，妓儿掷绳在虚空。"彭城王元勰说："臣才明白这是个'习'字。"孝文帝于是赐李彪金钟。在座的诸位大臣都佩服李彪聪明有智慧，赞叹甄琛能快速应和。彭城王对王肃说："您不看重齐、鲁大邦，却喜欢邾、莒这样的小国。"王肃回答说："那是因为故乡的魅力而已，不得不爱。"彭城王又说："您明天来拜访我，我为您专门置办邾、莒的食物，也有'酪奴'。"自此茶又被称为酪奴。

这场君臣用来助酒兴而即兴创作的字谜合辙押韵，甚是有趣。古今校注者对此字谜的解释多有猜想，然而大多自谜底附会，故不枚举。李彪以卖酒的老妇和卖肉的屠夫为例，妇人往瓶里装酒就像使用工具一般一滴不漏、分毫不差，屠夫能一刀割下所需分量的肉，对斤两的把握像秤一样精准。这些都需要日复一日的练习，"唯手熟尔"。甄琛以吴人和杂耍艺人为例，游泳和掷绳也都是需要勤加练习的技艺。这几个例子无一不在暗示娴熟之工均由"习"来。孝文帝由力推汉化的冯太后抚养长大，饱读汉书通晓经史。两位大臣也都是满腹经纶：李彪曾任北魏中书教学博士，经常参与政书和律令的修订与颁布；甄琛在孝文帝太和初年任中书博士，后迁谏议大夫。

*

> 时给事中刘缟慕肃之风，专习茗饮。彭城王谓缟曰：
> "卿不慕王侯八珍，好苍头水厄。海上有逐臭之夫，里内有
> 学颦之妇，以卿言之，即是也。"其彭城王家有吴奴，以此
> 言戏之。自是朝贵谦会，虽设茗饮，皆耻不复食，唯江表残
> 民远来降者好之。后萧衍子西丰侯萧正德归降，时元乂欲
> 为之设茗，先问："卿于水厄多少？"正德不晓乂意，答曰：
> "下官虽生于水乡，而立身以来，未遭阳侯之难。"元乂与举
> 坐之客皆笑焉。

当时给事中刘缟仰慕王肃的风范，于是专门练习饮茶。彭城王元勰打趣刘缟说道："您不喜欢只有王侯才能享用的八珍美味，却唯独钟爱奴仆们才喝的'水难'。海上有追逐鱼腥味的渔夫，里内有东施效颦般的妇人，您与他们并无二致。"

据《世说新语》记载，东晋时有个叫王蒙的高级官员特别喜欢喝茶，不仅自己喝，还会要求客人也喝。当时喝茶在北方还不是大众习俗，很多人喝不惯茶，以至于要去王蒙家做客的人会说"今日有水厄"。

因为彭城王家中有来自江表的奴仆，所以才会用这种话来调笑他。自此以后，朝廷举办宴饮聚会，虽设有茶饮，人们都以之为耻，不再饮用，只有江南地区前来归顺的人才喜欢喝茶。后来萧衍的儿子西丰侯萧正德归降于魏，元乂要为他设茶饮，事先

问道："您要多少水难？"萧正德没听明白言外之意，就回答说："下官虽生于水乡，但立身处世这么久，还未曾遭受过水难。"元义与座上的宾客听罢都大笑。

正觉寺是王肃为前妻谢氏而修，旨在为谢氏在纷乱年代搭建栖居之地。而王肃自己呢？被迫北投的他，承蒙高祖孝文帝知遇之恩，凭借着自己的才干，似乎也在北魏朝堂为自己谋得了一席之地。孝文帝时期，王肃除了参与洛阳城的营造谋划和制度的订立之外，还对北魏职官制度的制定起到了举足轻重的作用。据《南齐书·索虏传》记载，"是年王肃为虏制官品百司，皆如中国。凡九品，品各有二"，促进了北朝对南朝官制的学习和运用。

但杨衒之对王肃几件生活琐事的描写，也向我们呈现了他在日常社交中所处的实际境地：不仅要接受南北在饮食、生活习惯上的天然差异，更要承受巨大的心理落差——讥讽也好，调侃也罢，只能在内心咀嚼吞咽，默默调适，尔后选择淡然处之罢了。

龙华寺

在"龙华寺"篇中，杨衒之一并记载了追圣、归觉二寺，特别强调了寺庙的僧房、殿堂规模和寺内物产之盛。此外，杨衒之全引常景所作《洛汭颂》，感叹洛河两岸华表之壮伟，并对四夷馆的设立和外邦进献白象、狮子等事件进行详尽交代，极力渲染了北魏作为中土大国接受万邦来朝的盛世景象。

＊

> 龙华寺，广陵王所立也。追圣寺，北海王所立也。并在
> 报德寺之东。法事僧房，比秦太上公。京师寺皆种杂果，而
> 此三寺园林茂盛，莫之与争。

龙华寺由广陵王所建，追圣寺由北海王所建，都在报德寺的
东面。这两座寺庙中做法事的殿堂和僧房的规模，可与秦太上公
寺相媲美。京城里的寺庙都栽种着各式各样的果树，可这三个寺
中园林尤为茂盛，是其他寺庙远比不上的。

＊

> 宣阳门外四里，至洛水上作浮桥，所谓永桥也。
> ○神龟中，常景为《汭颂》。

在宣阳门外四里处，洛水之上，有一座浮桥，那就是人们所
说的永桥。

在神龟年间（518—520），常景作《汭颂》一首。常景祖父
常爽以精通儒学知名，被称为"儒林先生"，是北魏儒学兴盛的
关键人物之一。常爽设置学馆教授学生，使北魏儒学逐渐复兴。
受家学影响，常景从小便展露才华。《魏书·常景传》记载："（常
景）少聪敏，初读《论语》《毛诗》，一受便览。"《洛阳伽蓝记》
卷一《永宁寺》下载："刑法疑狱，多访于景。"宣武帝在正始初
年曾于金墉城诏议尚书、门下考论律令，时任门下录事的常景就
参与其中，可见常景对于北魏一朝议定律法、制定章程等国家礼

仪制度建设的长期贡献。

西晋末年天下大乱，晋元帝司马睿为躲避战乱渡江南迁，定都建康（今江苏南京）。与此同时，中原士族相继南逃，中原文化重心也随着大批缙绅、士大夫的南下而发生着南迁，史称"衣冠南渡"。较之于连年战乱的北方，东晋偏安一隅后，为江南文化的发展繁荣赢得了稳定的外都环境。因此不得不承认，北朝文学整体水平远落后于南朝。在南朝改革诗歌体制、文学蓬勃发展之时，北朝文人仅有"三才"——温子昇、邢邵和魏收，在当时也无法形成集团力量与南朝抗衡。孝文帝迁都洛阳后，积极施行一系列改革，全力将洛阳打造成为经济、政治、文化的中心。此后迎来了北朝文学史上的大革新大发展时期——北朝文士将人生之乐寓于自然，将政治抱负寄情山水的同时，文字中所洋溢出强烈的文学热情和文学自觉也逐渐显现出来。

孝昌元年（525），讨伐徐州刺史元法僧叛乱大胜，南梁萧综归降北魏，徐州清复，常景途经洛汭时触景生情，心中的激动喷薄而出，不由大赞："皇建有极，神功无竞。"显然，这篇《汭颂》主要是为论证和强调北魏政权的正统性而作。

*

◦ 其辞曰："浩浩大川，泆泆清洛。导源熊耳，控流巨壑。纳谷吐伊，贯周淹亳。近达河宗，远朝海若。兆维洛食，实曰土中。上应张、柳，下据河、嵩。寒暑攸叶，日月载融。帝世光宅，函夏同风。前临少室，却负太行。制岩东邑，峭峘西疆。四险之地，六达之庄。恃德则固，失道则亡。详观古昔，考见丘、坟。乃禅乃革，或质或文。周余九裂，汉季三分。魏风衰晚，晋景雕曒。天地发辉，图书受命。皇建有极，神功无竞。魏篆仰天，玄符握镜。玺运会昌，龙图受命。乃眷书轨，永怀保定。敷兹景迹，流美洪谟（周本作［模］）。袭我冠冕，正我神枢。水陆兼会，周、郑交衢。爰勒洛汭，敢告中区。"

全文大意如下：

浩浩汤汤的大河，波澜壮阔的洛水。发源于熊耳山，流向巨谷之中。一路接纳谷水的注入，又汇入伊水之中。流经成周之洛邑（洛阳在周朝旧称），又灌溉着商之西亳（洛阳在商朝旧称）。于近注入黄河，于远可汇入北海。吉兆独降于洛阳，洛阳确实是四方的中心。于天，同张宿、柳宿相应；于地，占据黄河、嵩山。寒暑交替，日月变换，一切自然融洽。世代帝王在这里建都，建立伟业，中原大地的子民共同接受天子的教化。洛阳南倚少室山，北靠太行山，东有制邑为天险，西有山岨峭壁做边疆屏障。不但四面都有天险可供防守，却也还有大道通达各方。即使如此，稳固政权须靠德治，失去道义国家便会走向灭亡。详观古今政事，获取政权的方式，有和平禅让，也有暴力革命；各朝制定颁布的制度，有质朴实际，也有文辞虚空的。东周末年九州分裂；东汉末年天下三分；曹魏晚年风气衰败；晋朝最后光景昏暗凋敝。时至大魏，天地重新焕发光辉，河出图，洛出书，是大魏敬受天命的象征。君主制定最高的准则，所创建的功业无人可与争衡。大魏的符篆是承蒙上天所赐，国君受天命，怀人道，帝运一定会昌盛。于是君主受天之命，统一天下的文字和车轨，国家运势定当繁荣昌盛，得以长久保持安定。如今敷陈这伟大的业绩，进行宏伟的规划。承袭我朝的仪制，拥护我朝的政权。国都洛阳作为水路、陆路的交汇处，又曾是东周都城和郑国的交通要冲之处。于是在洛汭（洛水汇入黄河之处）刻写铭表，敬告天下。

全篇常景以饱满的情感，对北魏所建立的政权进行赞颂。常景的论据有：北魏都城洛阳具有悠久的历史渊源和重要的战略地位；北魏政权的建立符合继承正统的标准；符图之说的印证。颂文指出，洛阳易守难攻，又兼以交通发达，是理想的国都。此言非虚，洛阳得天独厚的地理位置受到多朝帝王的青睐。北魏是少数民族鲜卑建立的政权，《汭颂》中特意指出，古往今来，各朝取得政权方式多种多样，旨在强调北魏所取当为正统。至于其中图谶符命之说，则是利用自然现象，进一步佐证和强调北魏政权的取得是顺应天命。在当时人们的知识背景和信仰体系中，这一套说辞确实具有很强的感染力和说服力。

*

南北两岸有华表，举高二十丈，华表上作凤凰，似欲冲天势。

南北两岸都立有华表，总高二十丈。华表上雕刻着凤凰展翅图，有一飞冲天之势。

*

永桥以南，圜丘以北，伊、洛之间，夹御道有四夷馆。道东有四馆：一名金陵，二名燕然，三名扶桑，四名崦嵫。

道西有四里：一曰归正，二曰归德，三曰慕化，四曰慕义。

　　永桥之南，圜丘之北，在伊水和洛水之间夹着一条御道，其侧有四夷馆。在御道东面分别设有金陵馆、燕然馆、扶桑馆、崦嵫馆。御道西侧则有四夷里：一为归正里，二为归德里，三为慕化里，四为慕义里。

　　四夷馆均以四方之地为名，其中扶桑是传说中日出之处的神树，在东；崦嵫是传说中日没之处的山，在西；金陵在南，燕然在北。四夷里的名字顾名思义，是在标榜北魏为"正"，为"德"，为"化"，为"义"。依下文所述，四夷馆与四夷里一一对应，这种命名也似在暗喻南朝政权并非正统（南、北朝正统之争由来久矣）；北方少数民族政权缺乏德行（北方柔然政权不时进犯）；东夷之人未经开化（此时期发展较为落后）；西域国家尚缺道义（儒家文化的道德规范不为西域部分国家所接受）。

＊

　　吴人投国者，处金陵馆。三年已后，赐宅归正里。

　○景明初，伪齐建安王萧宝夤来降，封会稽公，为筑宅于归正里，后进爵为齐王，尚南阳长公主。宝夤耻与夷人同列，令公主启世宗，求入城内，世宗从之，赐宅于永安里。正光四年中，萧衍子西丰侯萧正德来降，处金陵馆，为筑宅归正里。后正德舍宅为归正寺。

　　因北魏按照来投者的个人身份归属地来划分居住地，故原本身份不同、地位悬殊的人往往会被安排在同一片建筑区域内居住。例如远道而来归顺魏国的吴人都会被安置在金陵馆，期满三年后，可以在归正里获赐住宅。

据《魏书·萧宝夤传》记载，萧宝夤是齐孝明帝萧鸾第六子，萧衍攻克建业后，准备杀了这个弟弟。景明二年（501），萧宝夤费尽周折，逃到北魏寿春的东城戍。戍主杜元伦查寻后得知此人确实是萧氏之子，便以礼相待，并禀告扬州刺史和任城王元澄，元澄立即以车马侍卫相迎。萧宝夤来降后被封为会稽公，在归正里获赐一套住宅。不久萧宝夤晋爵为齐王，迎娶南阳长公主为妻。萧宝夤耻于与夷人共住一处，于是就托公主请求宣武帝，让他们留在城内居住，宣武帝同意了他的请求，又在永安里赐予他一处住宅。对萧宝夤来说，南齐既已不存，北魏就是实现自己政治抱负之处，住在安置南朝投北者的住宅区，难免会影响到自己的社会地位，而住在高官林立的城内更有益于自己在北朝的仕途。

萧正德是萧衍的六弟萧宏之子，在梁武帝立萧统为太子前，曾认萧正德为养子，萧正德短暂地当过一阵子太子，后梁武帝将太子位交给萧统，故《南史》称其投北时自嘲为被废的南梁太子。正光四年（523），萧正德来魏归降，被安置在金陵馆。朝廷为他在归正里修建了一处宅邸，后来该宅被萧正德捐出改为归正寺。萧正德北投后次年又回投南梁，"归正"二字于他而言实在有些讽刺。

＊

北夷来附者处燕然馆，三年已后，赐宅归德里。

◎正光元年，蠕蠕主郁久闾阿那肱来朝，执事者莫知所处。中

书舍人常景议云："咸宁中，单于来朝，晋世处之王公特进
之下。可班郁久闾蕃王、仪同之间。"朝廷从其议，又处之燕
然馆，赐宅归德里。北夷酋长，遣子入侍者，常秋来春去，
避中国之热，时人谓之雁臣。

从北夷来归附的人们，都被安置在燕然馆，三年以后可以在
归德里获得一处住宅。

正光元年（520），蠕蠕（即柔然，蠕蠕是北魏太武帝对其
蔑称）首领郁久闾阿那肱来朝，负责安排的官员不知应如何安
置。中书舍人常景建议说："咸宁年中（晋武帝执政时期，275—
280），单于来朝，晋以稍低于王公特进（一种高级散官，地位约
等于三公）的等级来接待他，如今也可用藩王和仪同三司之间的
待遇来接待郁久闾阿那肱。"朝廷采取了常景的建议，把郁久闾
阿那肱安置在燕然馆，并在归德里赐予他住宅。北方少数民族首
长遣子来朝时，经常是秋天来，春天回，以避开中原炎热的时
节，于是时人都称他们为"雁臣"。

＊

东夷来附者，处扶桑馆，赐宅慕化里。西夷来附者，处
崦嵫馆，赐宅慕义里。自葱岭已西，至于大秦，百国千城，
莫不欢附。商胡贩客，日奔塞下，所谓尽天地之区已。乐中
国土风，因而宅者，不可胜数。是以附化之民，万有余家。
门巷修整，阊阖填列。青槐荫陌，绿柳垂庭。天下难得之
货，咸悉在焉。

从东夷来归附北魏的人们都被安置于扶桑馆，还可以获得一栋位于慕化里的住宅；从西夷来朝的人都被安置于崦嵫馆，可获得一栋位于慕义里的住宅。从葱岭以西直到大秦（东罗马帝国），其间百国千城，无不乐于归顺我大魏。胡人、商贩每日都在边关之间奔走，涌入北魏境内，这大概就是所谓的极尽天地之大的国度了吧。喜欢中原的风俗而在此定居的人们不计其数，因而归顺的外国人可达一万多户。里内门巷整齐，大大小小的宫殿鳞次栉比。街巷荫蔽在浓郁的槐树枝叶下，绿柳的枝条垂落于院中。天下的珍奇稀物全都聚集在这里。

早在先秦时期，《尚书·周书》中便有"王来绍上帝，自服于土中"之说，洛阳正是周人所认为的世界中心。当时人们地理知识匮乏，对世界的认识有限，但这不仅是地理方位认同，更是政治文化认同：周天子的影响力正是以国都洛阳为中心，向四周辐散。

政权更迭至北魏，洛阳仍然是北魏人认知中的"世界中心"。在自我认同的加持下，北魏官方将所能认知到的四方异民族、异政权继续定义为"夷"，并设馆安置。我们不妨将时间倒回到北魏洛阳时代，看看六世纪前后北魏所称的"四夷"在当时是处于何种政治态势之下。

"北夷"多指柔然。柔然是个部落联合形式的多民族游牧政权，鼎盛时期曾据有现在的外蒙古一带，疆域相当辽阔。柔然因为孝文帝在 492 年组织的大规模进攻而元气大伤，内部又分裂出高车政权，西边还有强大的嚈哒政权正虎视眈眈。不得不谨慎周旋于几位劲敌间的柔然彼时正试图寻找复兴的机会。

"东夷"主要指现今所说的朝鲜半岛与日本列岛。当时的朝鲜半岛上活跃着高句丽、百济、新罗三大主要政权。其中高句丽最为强盛，为了避免北魏和萧梁插手其征服百济与新罗的大业，而积极向北魏和南朝称臣纳贡。日本列岛彼时还处于从部落割据向中央政权过渡的古坟时代。

"西夷"涵盖的地域范围十分广阔。自敦煌以西、天山以北至帕米尔高原东南脚下，这一北魏王朝触手可及的范围内存在着诸多小国。虽亦存在如鄯善、于阗等兼有数十城的较大国家，但未出现能抵抗北魏攻伐的强大政权，在政治军事压力下他们不得不向北魏朝贡。另一方面，这一时期帕米尔高原以西存在着一个强大的游牧民族政权嚈哒，其势力范围与北魏并不相接，两国之间尚可保持友好往来。此时的萨珊波斯正在嚈哒的援助下准备对罗马发动侵略战争，而游牧民族政权西匈奴将插手其中让战争变得更加复杂而混乱。西域大国中还有波斯、大秦（罗马帝国）等。东罗马正在因频发叛乱与外敌入侵而休养生息，三十年后查士丁尼王朝收复失地的军事行动得以顺利进行或许不能不归功于这一时期的韬光养晦；而西罗马早在二十多年前就已名存实亡，"蛮族"日耳曼人夺取了政权，此时已进入漫长的"中世纪"。

在 1965 年洛阳北郊发掘的北魏元邵墓中，出土了不少扶盾、扶剑武士俑，长衣俑和童俑，都是典型的西域胡人形象——深目高鼻、卷发虬须。此外，元邵墓还出土了两个"昆仑俑"，头发卷曲，身体彪悍。[1] 可见杨衒之用"是以附化之民，万有余家"来描述当时的盛况并非夸大之辞。

---

[1] 北邙山出土的北魏墓葬中，发现胡人俑数量庞大。参见叶万松：《周秦汉魏时期洛阳与西域的文化交流》，《洛阳考古四十年——1992 年洛阳考古学术研讨会论文集》，科学出版社 1996 年版。

"吴人"指南朝治下的汉人。南朝各政权疆域范围不尽相同，不可一以论之。此时短命的南齐政权已在覆灭边缘，改朝换代的大混乱逼着尚有一部分影响力的南齐贵族远离故土寻求生路，连年作战的对象北魏一时间成为归顺之地。

*

○别立市于洛水南，号曰四通市。民间谓为永桥市。伊、洛之
　鱼，多于此卖，士庶须脍，皆诣取之。鱼味甚美，京师语
　曰："洛鲤伊鲂，贵于牛羊。"

另外在洛水南面设立市集，称之为"四通市"，民间称为永桥市，渔民们多在此处贩卖从伊水、洛水中打捞上来的鱼。士人、庶民想要吃鱼肉，都会到这里来买。这里卖的鱼味道异常鲜美，于是京城中人常说："洛水的鲤鱼，伊水的鲂鱼，比牛羊还珍贵。"

*

永桥南道东有白象、狮子二坊。
○白象者，永平二年乾陀罗国胡王所献。背设五采屏风、七宝
　坐床，容数人，真是异物。常养象于乘黄曹，象常坏屋败
　墙，走出于外。逢树即拔，遇墙亦倒。百姓惊怖，奔走交
　驰。太后遂徙象于此坊。

永桥南面路东有白象、狮子二坊。

永平二年（509），乾陀罗国（即犍陀罗国）国王进献了一只

228

白象。白象背上驮着五彩屏风和七宝坐床，可供好几人就坐，真是珍奇之物。起初白象被安置于乘黄曹饲养，但白象时常毁掉屋墙逃到外面，遇到树就连根拔起，碰到墙就撞塌，百姓见状无不惊惶恐惧、争相逃窜。于是胡太后就将这头白象移居到现在的白象坊内饲养了。

*

狮子者，波斯国胡王所献也。

○ 为逆贼万俟丑奴所获，留于寇中。永安末，丑奴破，始达京师。庄帝谓侍中李彧曰："朕闻虎见狮子必伏，可觅试之。"于是诏近山郡县捕虎以送。巩县、山阳并送二虎一豹。帝在华林园观之。于是虎豹见狮子，悉皆瞑目，不敢仰视。园中素有一盲熊，性甚驯，帝令取试之。虞人牵盲熊至，闻狮子气，惊怖跳踉，曳锁而走。帝大笑。普泰元年，广陵王即位，诏曰："禽兽囚之则违其性，宜放还山陵。"狮子亦令送归本国。送狮子胡者以波斯道远，不可送达，遂在路杀狮子而返。有司纠劾，罪以违旨论。广陵王曰："岂以狮子而罪人也？"遂赦之。

波斯国国王进献了一只狮子。

当年狮子在运送途中被反贼万俟丑奴截获，滞留在其军营中。永安末年（530），万俟丑奴被攻破，狮子才得以送往京城洛阳。孝庄帝对侍中李彧说："我听说老虎看见狮子一定会趴下屈服，可以找老虎来试一下。"遂命靠近深山的郡县捕捉老虎进献朝廷。巩县、山阳县送来二虎一豹。孝庄帝在华林园观看狮虎斗，只见虎豹看到狮子，都紧闭眼睛，不敢抬头对视。园中一直养着一头盲熊，性情很是顺良，孝庄帝亦命人牵来一试。虞人才引盲熊走近，就见其因嗅到狮子的气息而惊恐乱窜，拖着锁链直向外逃。孝庄帝见状大笑。普泰元年（531），广陵王继位，下诏曰："囚禁野兽违背了它们的本性，应该将它们放还山林。"狮子也被下令送还本国。负责送还狮子的胡人认为此去波斯路途遥远，根本不可能送达，于是在途中杀了狮子就折回了。有官员向广陵王追究他的罪责，认为其罪应按照违旨论处。广陵王却说："哪能因为狮子的缘故而加罪于人呢？"于是就赦免了这人。

《魏书·前废帝纪》评价元恭："少端谨，有志度。长而好学，事祖母、嫡母以孝闻。"广陵王元恭虽为傀儡，却依然怀有成为一代明君的政治抱负。但北魏距波斯路途遥远，当时天下大乱尚未平息，国库已不再充盈，送返狮子实非易事。

据《魏书》各帝纪记载，北魏时期自文成帝太安元年（455）到孝明帝正光三年（522）的六七十年间，波斯派遣使者到北魏达十多次。献文帝时期（466—470），北魏也曾派遣使者韩羊皮出使波斯，并携带波斯使者和驯象等礼物归国。波斯在与北朝往来频繁的同时，也与南朝保持着密切的联系。梁武帝大通二年（530），波斯曾遣使赠送佛牙。这一时期，丝绸之路仍然畅通，但到了北魏后期，由于柔然、高车势力的南下，北魏在西域的势力逐渐撤出，西域再一次沦为柔然、高车、突厥等游牧民族的斗争之地。①

---

① 参见张国刚：《中西文化关系通史》，北京大学出版社2019年版，第80页、第39页。

菩提寺

菩提寺为西域胡人所建，位于慕义里。此篇讲述了准财里崔涵死而复生的故事，由此引出两种民间传统风俗，充满了传奇色彩。

＊

菩提寺，西域胡人所立也，在慕义里。

○沙门达多发冢取砖，得一人以进。时太后与明帝在华林都
堂，以为妖异，谓黄门侍郎徐纥曰："上古以来，颇有此事
否？"纥曰："昔魏时发冢，得霍光女婿范明友家奴，说汉
朝废立，与史书相符，此不足为异也。"后令纥问其姓名，
死来几年，何所饮食。死者曰："臣姓崔名涵，字子洪，博
陵安平人也。父名畅，母姓魏，家在城西准财里。死时年
十五，今满二十七，在地下十有二年，常似醉卧，无所食
也。时复游行，或遇饮食，如似梦中，不甚辨了。"

菩提寺是西域的胡人所建，位于慕义里中。

僧人达多打算通过挖坟获取砖块，没想到竟挖得了一个活
人，于是迅速上报。当时太后与孝明帝正在华林园的都堂内，听
闻此事都认为很是妖异，于是问黄门侍郎徐纥："自古以来，是
否发生过类似的事？"

徐纥是太后倚重之臣。元义擅权时，太后的亲信都被贬去当
地方官，太后再次秉政后又重新将这些人召回，徐纥便在其中
（《资治通鉴》称徐纥与郑俨参与了毒杀孝明帝，《魏书》则只言
天下人疑孝明帝之死与郑俨有关）。徐纥说："当年曹魏时有人掘
坟，挖出了霍光女婿范明友的家奴，他所讲述的关于汉朝废立的
故事，都与史书记载相符，这种事情不足为奇。"于是胡太后令
徐纥去询问那位"活人"的姓名、死期以及在坟里吃喝什么才
得以苟活。那人说道："臣姓崔，名涵，字子洪，是博陵安平人

士。父名畅，母姓魏，家住城西准财里。死的时候十五岁，现在满二十七岁，在地下有十二年了，常常像喝醉了般躺着，不吃东西。偶尔四处游荡，碰见食物，也如在梦中，不太能分辨。"

*

○后即遣门下录事张秀携诣准财里，访涵父母，果得崔畅，其妻魏氏。秀携问畅曰："卿有儿死否？"畅曰："有息子涵，年十五而死。"秀携曰："为人所发，今日苏活，在华林园中，主上故遣我来相问。"畅闻惊怖曰："实无此儿，向者谬言。"

胡太后即刻派遣门下录事张秀携前往准财里探问崔涵的父母，果真找到了崔畅和他的妻子魏氏。张秀携问崔畅："您是不是有个儿子已经去世了？"崔畅回答说："是有个儿子叫崔涵，十五岁时就离世了。"张秀携说："他的尸身前几天被人挖出，如今又活了过来，正在华林园里，皇上派我前来相问。"崔畅大为惊恐，立刻改口："我其实并没有这个儿子，刚才说的都是胡话。"

*

○秀携还，具以实陈闻，后遣携送涵回家。畅闻涵至，门前起火，手持刀，魏氏把桃枝，谓曰："汝不须来！吾非汝父，汝非吾子，急手速去，可得无殃。"

张秀携回去后，如实详尽地向太后禀告了见闻。太后又派张秀携送崔涵回家。崔畅听闻崔涵要回来，就在门前点起火，自己手里拿着刀，让魏氏握着桃枝，嘴里还嚷嚷道："你不必前来！我不是你父亲，你也不是我儿子，快些离去，以免遭殃！"

火焰、刀兵、桃枝都是中国古代民俗观念中可以用来驱邪、驱鬼的物件。桃树、桃枝的驱鬼辟邪功用由来甚早，可追溯到先秦时期。《后汉书·礼仪志》引《山海经》逸文："东海中有度朔山，上有大桃树，蟠屈三千里。其卑枝门曰东北鬼门，万鬼出入也。上有二神人，一曰神荼，一曰郁儡，主阅领众鬼之恶害人者，执以苇索，而用食虎。于是黄帝法而象之，殴除毕，因立桃梗于门户上，画郁儡持苇索，以御凶鬼；画虎于门，当食鬼也。"桃树的驱鬼辟邪功用可以说是原始超自然力崇拜的产物，这种观念一直延续至当代。在原始巫术信仰阶段，人们相信桃树中存在着一种超自然力，即灵力。作为灵力的载体，桃树最初的功能是辟邪。随着鬼魂观念的发展，桃树又具备了驱鬼的功用。其中，桃枝、桃杖应该是最初形式，后来演化出桃弓、桃俑、桃板、桃符等灵物，最终形成了内容庞杂的与桃驱鬼辟邪功能相关的灵物系统。①

*

○涵遂舍去。游于京师，常宿寺门下。汝南王赐黄衣一具。涵
　性畏日，不敢仰视，又畏水火及兵刃之属，常走于远路，遇
　疲则止，不徐行也。时人犹谓是鬼。

---

① 参见胡新生：《中国古代巫术》，山东人民出版社1998年版，第43页。

崔涵只好悻悻离去，在京城里四处游荡，因无处可去他就常睡在寺门之下。汝南王赏赐给他一身黄衣。崔涵因害怕日光，所以不敢抬头看人，他也十分惧怕水火和兵刃一类的物品。他常在大路上急速奔跑，疲倦了就停下来，从不慢走。当时人都将他视作鬼。

"性畏日""不敢仰视"的描述都很符合中国古代传统民间信仰中对鬼的想象。崔涵的行为在世人眼中看起来很是怪异，令人难以理解。即便是生身父母，面对死而复生的儿子也是恶语相向，不愿相认。在他们的认知里，生与死有着绝对界限，不能也不应被打破，终究是人鬼殊途。由此可见，哪怕有胡太后的命令，汝南王元悦赏赐的黄衣，崔涵也不会为家人和世俗社会所接受，只会被当成唯恐避之不及的祸患。

*

○洛阳大市北有奉终里，里内之人多卖送死人之具及诸棺椁。涵谓曰："作柏木棺，勿以桑木为攒。"人问其故，涵曰："吾在地下见人发鬼兵，有一鬼诉称：'是柏棺，应免。'主兵吏曰：'尔虽柏棺，桑木为攒。'遂不免。"京师闻此，柏木踊贵。人疑卖棺者货涵发此等之言也。

洛阳大市的北面有奉终里，里内的居民多以出售殡葬用品及各种棺椁为生。崔涵对这里的人们说："用柏木做棺材，不要用桑木做内里。"有人向他询问其中的原由，崔涵解释道："我在地下时遇见征招鬼兵，其中一个鬼说：'我死后是躺在柏木制成的棺材里的，应该免去我的兵役。'主管征鬼兵的长官却说：'你虽用柏棺，棺材内里却是用的桑木，因此不能免除兵役。'"京城流传这个说法后，柏木价格就陡然上升。有人怀疑是卖棺材的商户收买了崔涵，有意散布这些言论。

对于生死幽冥之事，人们往往都抱有敬畏之心，以柏木为棺的做法的确曾在洛阳城蔚然成风。据《西阳杂俎·尸岁》记载：北魏后期竞相攀比厚葬，棺木多用柏木制成，两侧安有大铜环钮，厚重且高大。不论是官员还是百姓，都使用白油漆漆过且包着幄幔的灵车，送葬队皆穿着素服、执着槊仗，敲着北人的大鼓，哭声却像南方的人般细弱轻柔。

高阳王寺

"高阳王寺"篇中，杨衒之从"崇奢"的角度着重介绍了当时位高权重的高阳王元雍。元雍在史书上并不活跃，身居匡政辅国的高位，流传下来的却既非功绩也非罪愆，而是奢侈之名。即使尚书令李崇已经十分富裕，却仍然对元雍羡慕不已，杨衒之通过对这一典型事例的刻画，揭露并讽刺了北魏群臣普遍慕富的现象。

此外，篇中所录荀子文与李子才的激烈论辩，向我们生动地再现了当时南北士人针锋相对的舌战场面。

高阳王寺，高阳王雍之宅也。在津阳门外三里御道西。雍为尔朱荣所害也，舍宅以为寺。

○正光中，雍为丞相，给舆、羽葆鼓吹、虎贲班剑百人，贵极人臣，富兼山海。居止第宅，匹于帝宫。白壁丹楹，窈窕连亘，飞檐反宇，轇轕周通。僮仆六千，妓女五百，隋珠照日，罗衣从风。自汉、晋以来，诸王豪侈未之有也。出则鸣驺御道，文物成行，铙吹响发，箛声哀转。入则歌姬舞女，击筑吹笙，丝管迭奏，连宵尽日。其竹林鱼池，侔于禁苑，芳草如积，珍木连阴。

高阳王寺原是高阳王元雍的宅邸，位于津阳门外三里处的御道西侧。元雍被尔朱荣谋害后，他的宅邸被改建为此寺。

正光年间（520—525），元雍担任丞相，孝明帝赐予他轿辇、鸟羽华盖、仪仗乐队以及手持班剑（一种装饰华丽的礼器木剑）的虎贲军百人。当时元雍在大臣中的地位极为显赫，家中资财应有尽有，居住宅邸之华奢可与皇宫相媲美。家中都是白色的墙壁，朱漆的梁柱，房屋相连，檐翘若飞，瓦头仰起，各屋间都交互相通。家中有仆僮六千，伎女五百，她们身上的隋侯之珠（传说中与和氏璧齐名的珠宝，此泛指珠玉）映照着日光，绸衣在风中舞动。自汉晋以来，没有哪位王侯的豪奢程度能赶得上元雍的。外出有骑卒为他开道，仪仗队列阵以待，铙声铿锵有力，胡箛声凄怆哀怨；入宅便有歌姬舞女击筑吹笙，丝竹管弦交替奏乐，日夜升歌。元雍的竹林鱼池规模和帝王的皇家园林相等齐，园内芳草锦簇，嘉木繁荫。

*

○雍嗜口味，厚自奉养，一食必以数万钱为限。海陆珍羞，方丈于前。陈留侯李崇谓人曰："高阳一食，敌我千日。"崇为尚书令仪同三司，亦富倾天下，僮仆千人。而性多俭恡，恶衣粗食，亦食常无肉，止有韭茹、韭菹。崇客李元祐语人云："李令公一食十八种。"人问其故，元祐曰："二韭一十八。"闻者大笑。世人即以为讥骂。

元雍爱好美食，日常生活尤为殷实，每顿饭都要花费数万钱，各式山珍海味能摆满一丈见方的桌子。陈留侯李崇对人说："高阳王一顿饭，足够我吃上一千天。"李崇当时担任尚书令，仪同三司，也是天下一等富人，却十分俭朴吝啬。他家中虽有僮仆千人，却都穿粗布麻衣，吃粗茶淡饭；餐桌上经常没有肉，只有韭菜和腌韭菜。李崇的门客李元祐对人说："李令公一顿饭要吃十八种。"人们问他何出此言，李元祐解释道："二韭（九）一十八。"听到此话的人都哈哈大笑。世人就常以此事来嘲弄李崇。

据《魏书·高阳王传》记载，元雍为人十分豁达，对自己的处境能泰然处之，将名利看得十分淡。有人问他："诸王皆待士以营声誉，王何以独否？"并劝他亲近贤士，他却回答说："吾天子之子，位为诸王，用声名何为？"尽管此篇描述的元雍极尽豪奢，但他曾经上表请求：禁止王公以下官员的小妾穿戴锦绣服饰、金玉珠玑；奴婢都不能穿绫锦采结的衣服，不能用金银制成的钗带，违反者以抗旨论处，受鞭笞。胡太后采纳了他的意见，但随后颁布的政令因受到抵制而没有得到切实的执行。

孝文帝曾对元雍做如是评价："我无法预测这个弟弟的深浅，不过看他这样天真质朴，也许会大器晚成吧！"就个人而言，元雍活得率性洒脱，不受声名束缚，因此也"缺乏核心竞争力"，或许这正成了元雍在此起彼伏的政治斗争中的护身符——尽管政局多变，无论是宣武帝还是胡太后、元乂等当权者，都没有把元雍视为敌人。虽然元雍没有见诸史册的丰功伟绩，但他的权力与地位一直随着时间推移稳步提升，在河阴之变元氏诸王悉皆受戮之前，他都过着随心所欲、逍遥自在的生活。

抛开此篇对李崇"豪而俭恪"的刻画来看，李崇一生实在经历繁多：不仅善治荆、兖二州，还曾随孝文帝南征，讨伐巴氏和蛮族的叛乱，镇守寿春城，击退梁军的进攻，多次平叛六镇起义，可谓战绩与政绩都十分卓越。李崇不像元雍是含着金汤匙出生的皇室贵族，他无法走上像元雍那样只需"唯唯而已"便可尽享荣华的道路。亲王之间可以斗富，身为臣子则需时刻警惕自己是否会步石崇后尘。富而不奢，是李崇修身自处的能力所在，或许这也是他一生受到元氏信任与重用的原因之一。只可惜这样的生存智慧并不足以在乱世延长李氏家族的生命——李崇的长子李世哲早逝，次子李神轨也殒命于河阴之变。

*

○雍薨后，诸妓悉令入道，或有嫁者。美人徐月华，善弹箜篌，能为明妃出塞之歌，闻者莫不动容。永安中，与卫将军原士康为侧室，宅近青阳门。徐鼓箜篌而歌，哀声入云，行路听者，俄而成市。徐常语士康曰："王有二美姬，一名修容，一名艳姿，并蛾眉皓齿，洁貌倾城。修容亦能为《绿水》歌，艳姿善为《火凤》舞，并爱倾后室，宠冠诸姬。"士康闻此，遂常令徐歌《绿水》《火凤》之曲焉。

元雍死后，其家伎都按律令出家为尼，也有少数嫁与他人为妾。其中有个美人叫徐月华，善于弹箜篌，能够演奏名曲《明妃出塞》，听者无不为之动容为。永安年间（528—530），徐月华嫁与卫将军原士康做侧室。因住宅靠近青阳门，徐月华一边弹箜篌一边唱歌时，哀怨之声常引得过往的行人驻足倾听，很快门前就热闹得如同集市一般。徐月华常常对原士康讲："高阳王有两位美姬，一位名叫修容，一位名叫艳姿，都生得细长的眉毛，洁白的牙齿，容貌倾城。修容能奏《绿水歌》，艳姿善弹《火凤舞》，她们俩在高阳王的后室中最受宠爱。"原士康听了这番话，就经常命徐月华弹奏这两首曲子。

*

高阳宅北有中甘里。

○里内颍川荀子文，年十三，幼而聪辨，神情卓异，虽黄琬、文举无以加之。正光初，广宗潘崇和讲服氏《春秋》于城东昭义里，子文摄齐北面，就和受道。时赵郡李才问子文曰："荀生住在何处？"子文对曰："仆住在中甘里。"才曰："何往？"曰："往城南。"城南有四夷馆，才以此讥之。子文对曰："国阳胜地，卿何怪也？若言川涧，伊、洛峥嵘。语其旧事，灵台石经。招提之美，报德、景明。当世富贵，高阳、广平。四方风俗，万国千城。若论人物，有我无卿！"

才无以对之。崇和曰："汝颍之士利如锥，燕、赵之士钝如

锤。信非虚言也。"举学皆笑焉。

在高阳王宅邸的北面有中甘里。

里内住有颍川荀子文，他才十三岁就已十分聪慧，仪表神态都尤其出众，即使是黄琬、孔融也远不及他。正光初年（520），广宗人潘崇和在城东昭义里讲授服虔所注解的《春秋》时，荀子文恭敬地提起下衣摆，朝北站立，虚心接受潘崇和的教导。这时赵郡李才向荀子文问道："荀生你家住哪里？"荀子文回答道："我家住中甘里。"李才又问："是在哪个方向？"荀子文回答说："在城南。"城南有四夷馆，李才因此讥笑荀子文与夷人共住一处。荀子文对答道："国都的南面（洛水之北）是好地方，您又何必觉得诧异呢？若说河流，伊水、洛水高峻不凡；若谈历史故实，则有灵台和石经；论及寺庙的华美，则有报德、景明二寺；谈及当代的富贵显达，则有高阳王、广平王；再说四方风俗，可谓是汇集了万国千城之气象；倘若只论人物，定然是有我没有你！"李才哑口无言。潘崇和感叹道："都说汝颍的士子锋利如锥，燕赵的士子愚钝如锤，今日看来果真不是假话。"整个学堂的人听罢都大笑起来。

崇虚寺

北魏都平城时期就立有崇虚寺，迁都洛阳后仍将崇虚寺立于南郊，作为皇室祭祀的重要场所。需要注意的是，崇虚寺并非佛寺，而是道教道坛。本篇主要交代了崇虚寺的建寺原由——镇压妖怪以安抚当地百姓。这不仅透露出孝文帝的宗教信仰，也从侧面刻画了其体恤百姓的贤君形象。

*

崇虚寺在城西，即汉之濯龙园也。

崇虚寺在洛阳城的西面，就是汉朝时濯龙园的所在之地。

*

延熹九年，桓帝祠老子于濯龙园，设华盖之座，用郊天
之乐，此其地也。高祖迁京之始，以地给民，憩者多见妖
怪，是以人皆去之，遂立寺焉。

延熹九年（166），汉桓帝（刘志）在濯龙园建立老子祠堂时，就在此处安置了一个带有华盖的宝座，并在祭祀时使用祭天的音乐。孝文帝迁都洛阳之初，曾把这片土地赐给百姓，没想到在此地居住的人们因经常遇见妖怪纷纷离去，于是孝文帝就在这里建造了一座崇虚寺。

北魏太祖道武帝、太宗明元帝等不仅推崇佛法，也崇尚黄老之术。早在平城时代，道武帝就以寇谦之为天师，颁行新道法，立崇虚寺为天师道的道坛。考虑到当时京城"里宅栉比，人神猥凑，非所以祗崇至法，清敬神道"，道武帝最终将此寺迁往桑乾之阴、岳山之阳的南郊。选址在东汉桓帝时为祭祀老子的濯龙园，给户五十，以供斋祭之用，仍然以"崇虚寺"为名。孝文帝迁都洛阳后，《魏书·释老志》称"迁洛移邺，踵如故事。其道坛在南郊，方二百步"。可知在名称和方位上，崇虚寺仍沿袭了平城之制。

　　南北朝时期道教的道坛、道观多被称为"治""馆""观"等，崇虚寺以"寺"命名是个特例。崇虚寺在当时虽不算是政府机构，但负责管理全国道教事务（北魏设置僧官"沙门统"和"昭玄寺"管理佛教事务；设置道官"仙人博士官"和"崇虚寺"管理道教事务）。《隋书·百官志》记载："后齐制官，多循后魏。"北齐太常寺内设有崇虚局，崇虚寺职能在北齐以后各朝都有沿用，逐渐演变成为国家政府机构的一部分。①

---

① 关于北魏的宗教管理制度，参见刘康乐、韩琳：《北魏宗教管理体制初探》，《宗教学研究》2008 年第 3 期，第 198—200 页；林瑜胜：《北魏时期的政教关系与宗教治理》，《世界宗教研究》2022 年第 11 期，第 20—29 页。

卷四

城西

冲觉寺

　　"冲觉寺"篇着笔表现了胡太后时期重臣元怿的生活。作为钦定辅政亲王之一的元怿，难得地遇上了一个可以供他自由发挥的时期，也如愿成为支撑国家的栋梁之材，可惜好景不长，很快元乂篡权、胡太后被囚，他自己也在门下省迎来了被害的那一刻。

＊

冲觉寺，太傅清河王怿舍宅所立也。在西明门外一里御道北。

○怿，亲王之中最有名行，世宗爱之，特隆诸弟。延昌四年，世宗崩，怿与高阳王雍、广平王怀并受遗诏，辅翼孝明。时帝始年六岁，太后代总万机，以怿明德茂亲，体道居正，事无大小，多咨询之。是以熙平、神龟之际，势倾人主，第宅丰大，逾于高阳。西北有楼，出凌云台，俯临朝市，目极京师，古诗所谓"西北有高楼，上与浮云齐"者也。楼下有儒林馆、延宾堂，形制并如清暑殿。土山钓台，冠于当世。斜峰入牖，曲沼环堂，树响飞嘤，阶丛花药。

冲觉寺由太傅清河王元怿捐献的住宅改建而成。其位于西明门外一里处，御道北面。

元怿在众亲王中名望与品行最高。宣武帝爱惜他的才华，对他的器重程度远超其他皇族兄弟。延昌四年（515），世宗去世，元怿同高阳王元雍、广平王元怀共同受遗诏辅佐孝明帝。孝明帝即位时不过六岁，全权由胡太后代理政务。元怿身为宗亲，既有名望德行，又处事公正，因此当时朝廷政务不论大小，多会向他咨询。熙平（516—518）、神龟（518—520）年间，元怿的权势甚至超过了国君。元怿之事在前文已多有提及，但杨衒之并未对其人作过多描写。

元怿以才德闻名，无罪而死于元义之手。虽然他权势甚大，胡太后却表现出不太介意与元怿共同分享权力与责任的态度。《魏

书·皇后传》中称"太后得志，逼幸清河王怿，淫乱肆情，为天
下所恶"，指责太后与元怿私通。这似乎与"最有名行"的评价
相悖。只论宅邸建筑，元怿应该也不是一个奉行节约之道的人。
与高阳王元雍的豪宅相比，元怿的房舍胜在"丰大"而非华奢。
其宅西北方有楼，建得比陵云台还高。登临楼上，可以俯瞰皇宫
和街市，京城状貌尽收眼底，正如古诗中所说"西北有高楼，上
与浮云齐"。楼下设有儒林馆、延宾堂，样式结构如同清暑殿，
其中山石钓池在当时可称绝佳。倾斜的山峰映入窗口，曲折迂回
的池沼环绕着厅堂，树林中不时传来嘤嘤鸟鸣，阶石上盛开着成
片的芍药花。

*

　　○怿爱宾客，重文藻，海内才子，莫不辐辏，府僚臣佐，并选
　　隽民。至于清晨明景，骋望南台，珍羞具设，琴笙并奏，芳
　　醴盈罍，佳宾满席。使梁王愧兔园之游，陈思惭雀台之燕。

　　元怿喜欢招揽宾客，看重文采，天下有才华的士人无不争相
聚集到他的门下，府中的幕僚属官也都是从优秀出众的人中精挑
细选出来的。在天朗气清的早晨，元怿府高朋满座，佳酿盈樽，
珍馐时膳具全，琴瑟笙箫齐奏，众人一边眺望南台，一边把酒言
欢，好不惬意！
　　枚乘曾在《梁王兔园赋》中描绘了梁王与随从游园时热闹非
凡的场面：

　　　　于是晚春早夏，邯郸襄国易阳之容丽人，及其燕饰子，

相与杂遝而往款焉。车马接轸相属，方轮错毂，接服何骖，披衔迹蹶。自奋增绝，怵惕腾跃，意而未发，因更阴逐，心相秩奔，隧林临河，怒气未竭，羽盖縿起，被以红沫，濛濛若雨委雪。高冠翩焉，长剑闲焉，左挟弹焉，右执鞭焉。日移乐衰，游观西园，芝成宫阙，枝叶荣茂，选择纯熟，挈取含咀，复取其次，顾赐从者。于是从容安步，斗鸡走兔，俯仰钓射，煎熬炮炙，极乐到暮。

西汉时梁孝王刘武是窦太后幼子，深受宠爱，家中所藏珠宝甚至多于皇宫。他在封地内大肆营建宫室，曾"筑东苑，方三百余里"，"东西驰猎，拟于天子"，生活极度奢靡淫逸。东汉末年，曹操顺利平定北方，于是大兴土木修建铜雀台。台高十丈，分三台，彼此间以飞桥相连。曹操率诸子登台远眺，并命众人作赋助兴，曹植援笔立成一首《登台赋》，曹操听后大为惊异，赞赏有加。梁孝王也喜欢宴请四方豪俊游士，陈思王曹植也称得上德才兼备，文采斐然，但在杨衒之看来，他们与元怿相比仍需"自愧不如"。元怿之豪奢、冲觉寺之富丽以及院内自然风光之秀美，得以想见。

*

○正光初，元乂秉权，闭太后于后宫，薨怿于下省。孝昌元年，太后还总万机，追赠怿太子太师、大将军、都督中外诸军事，假黄钺，给九旒、鸾辂、黄屋、左纛、辒辌车、前后部羽葆鼓吹、虎贲班剑百人、挽歌二部，葬礼依晋安平王孚故事。谥曰文献。图怿像于建始殿。拔清河国令韩子熙为黄门侍郎，徙王国三卿为执戟者，近代所无也。

正光元年（520），元义把持朝政，将胡太后拘禁在后宫，并在门下省杀了元怿。孝昌元年（525），胡太后重新掌权，追赠元怿为太子太师、大将军、都督中外诸军事，赠黄钺、九旒、銮辂、黄屋、左纛、辒辌车，赐予前后部羽葆鼓吹、虎贲班剑百人，挽歌二部，葬礼依照原晋朝安平王司马孚的葬礼规制举行，谥号为文献王。还在建始殿前置元怿画像。拔擢清河国郎中令韩子熙任黄门侍郎，清河国三卿为执戟，这是近些年来绝无仅有的优待。

这个时期，北魏诸王的封地大多"以郡为国"，例如清河王元怿的封地"司州清河郡"就可以叫做"清河国"或"清河王国"。清河王本人却不具备对封国的行政权限，也不在国中上任。王国三卿（郎中令、中尉、大农）和王国内史（王国的实际行政长官）归在九卿中的宗正系统下，是王国事务的主要责任人，其中王国中尉负责军事，王国大农负责财务，王国郎中令则类似于亲王左右的辅佐、秘书一类职务。

韩子熙在成为清河国郎中令之前就已经是元怿身边的亲信，在元怿死后也依然保持着对元怿的忠诚。因元怿被元义诬陷，不得安葬，韩子熙只好屏居田野，独自为元怿守灵，不再出仕，以此来表达恢复元怿名誉的诉求。胡太后重新掌权后，他与几位老臣联名上书向太后申诉元怿的冤情，请求严惩元义。权力更迭初期正是用人之际，考虑到元怿的政治遗产，胡太后对韩子熙进行了特别拔擢：先是任命他为中书舍人，随后又遣他去助修国史，一路辗转到了鸿胪少卿的位置，仕途算得上顺利。依《魏书·韩麒麟传》记载，韩子熙为人"清白自守，不交人事"，可见并非追名逐利之人，因此他竭力为元怿正名这一举动从侧面彰显了元怿的人格魅力。

*

为文献追福，建五层浮图一所，工作与瑶光寺相似也。

在元怿死后，胡太后盛大操办了他的葬礼，为了给元怿追祈冥福，在寺内建造了一座五层宝塔，形制和样式与瑶光寺的宝塔类似。据《魏书·清河王传》，元怿死后朝野皆"含悲丧气"，夷人闻其讣告后，"为之剺面者数百人"。"剺面"即以刀割面，是北方少数民族遇大丧时使用的礼仪，以示其对逝者的尊敬。

宣忠寺

　　城阳王元徽为北魏国运祈福得到应验后，为兑现承诺舍宅而建成宣忠寺。从寺名即可看出，此寺宣表了元徽对孝庄帝的忠诚。元徽本有机会重返洛阳，却死于见利忘义者之手。如果说乱世之中，生者力量有限，难以与命运抗衡，人们自然会寄希望于死后的灵魂能以特殊的方式擂鼓申冤、进行反击。这就应验了此篇杨衒之的感慨"崇善之家，必有余庆；积祸之门，殃所毕集"。

宣忠寺，侍中司州牧城阳王所立也。在西阳门外一里御
道南。

宣忠寺是侍中司州牧城阳王元徽所建，位于西阳门外一里处
御道南侧。

*

永安中，北海王入洛，庄帝北巡，自余诸王，各怀二
望，唯徽独从庄帝至长子城。大兵阻河，雄雌未决，徽愿入
洛阳，舍宅为寺。及北海败散，国道重晖，遂舍宅焉。

永安二年（529），北海王元颢攻入洛阳，孝庄帝被迫出巡北
方（实为向北逃亡）。从孝庄帝的视角来看，能短期内聚兵攻入
都城的元颢着实给本就岌岌可危的政权造成了不小的威胁，毕竟
在此前，元氏诸王都未能真正组织起成规模的军事力量。据《魏
书·孝庄本纪》记载，元颢入洛时除得到萧梁政权的支持外，还
得到了安丰王元延明等人的支持；《梁书·陈庆之传》称临淮王
元彧也加入了元颢的阵营，这在一定程度上折损了孝庄帝中央集
团的政治和军事力量。

在各诸侯王都举棋不定之时，只有元徽选择跟随孝庄帝来到
长子城。当时大军被黄河阻隔，胜负难分，于是元徽向佛祖许
愿：倘若能够重返洛阳，就捐献自己的宅邸建造寺庙。等到北海
王战败，政权恢复统一，元徽便兑现誓言，把住宅捐献出来建成

了宣忠寺。

＊

○永安末，庄帝谋煞尔朱荣，恐事不果，请计于徽。徽曰：
"以生太子为辞，荣必入朝，因以毙之。"庄帝曰："后怀孕
未十月，今始九月，可尔已不？"徽曰："妇生产子，有延月
者，有少月者，不足为怪。"

帝纳其谋，遂唱生太子。遣徽驰诏至太原王第，告云："皇
储诞育。"值荣与上党王天穆博戏，徽脱荣帽，欢舞盘旋。
徽素大度量，喜怒不形于色。兼殿内外欢叫，荣遂信之，与
穆并入朝。庄帝闻荣来，不觉失色。中书舍人温子昇曰：
"陛下色变。"帝连索酒饮之，然后行事。荣、穆既诛，拜徽
太师司马，余官如故，典统禁兵，偏被委任。

永安末年（530），孝庄帝谋划刺杀尔朱荣，怕事情败露，找
元徽商讨计划。元徽说："用太子出生作为借口，尔朱荣一定入
朝，就趁这个机会杀死他。"孝庄帝说："皇后怀孕不到十个月，
现在才九个月，这样说可信吗？"元徽说："妇人孕子本就有超
过十月的，也有不足十月的，这并不奇怪。"

孝庄帝采用了元徽的谋划，于是对外宣称太子已经出生，并
派元徽亲自到太原王府上传话，当面向其宣告："皇储诞生了。"
当时尔朱荣正与上党王元天穆下六博棋，元徽计上心来，为彻底
打消尔朱荣的疑心，他一把摘掉尔朱荣的帽子拿在手里舞动旋
转。元徽为人向来宽宏大度，喜怒不形于色，此时却在大殿内高
兴地欢呼，尔朱荣便信以为真，与元天穆一同入朝。孝庄帝听闻

尔朱荣已到，尽管做足了准备，还是不禁脸色大变。中书舍人温子昇提醒道："陛下您的脸色变了。"孝庄帝连忙喝酒壮胆，然后才按计划动手。成功杀死尔朱荣和元天穆后，孝庄帝授予元徽太师、司马职位，其余的官职依旧，并命他统领宫中禁兵，对他委以重任。

单从此处描写来看，孝庄帝给人的直观印象是谋略尚可，勇气欠佳。事实上孝庄帝为泄愤手刃了尔朱荣。孝庄帝与尔朱荣积怨已久，曾多次谋划诛杀尔朱一族。当时尔朱荣已完全掌控了北魏的朝政大权，孝庄帝被严密地安置在尔朱一党的监视下，他的妻子还是尔朱荣的女儿。尔朱皇后善妒，经常向孝庄帝发泄自己的不满。孝庄帝无奈，就派尔朱世隆前去劝说，没想到这位刁蛮的皇后口出狂言："当今天子都是我家设立的，现在竟然这样对我！我父亲本来可以自己当皇帝的，今天要下决断废掉他也很容易。"

孝庄帝在外受尔朱荣压迫，在内还要承接尔朱皇后的欺压，这个皇位坐得着实憋屈，于是开始策划谋杀这位只手遮天的权臣。

正好尔朱荣想进宫照看有孕的女儿。元徽认为这是个好机会，遂劝孝庄帝抓住机会行刺。河阴之变后，人人谈及尔朱荣都会颜色大变，在孝庄帝犹豫不决时，洛阳官民早已如惊弓之鸟，躲的躲，藏的藏，就连中书侍郎等大官都逃出了洛阳城。尔朱荣还给朝中大臣去信，表示任意大家去留。孝庄帝看到信后知道尔朱荣必要入京，非常不悦。

很快，尔朱荣就率领四五千骑兵浩浩荡荡向洛阳进发，当时人都说"尔朱荣要造反"，又传言"天子一定会杀了尔朱荣"。等到尔朱荣来到洛阳后，孝庄帝杀意更甚，但顾忌其左膀右臂元天穆并未一同前来，恐成后患，所以并未动手。

此前，有彗星经过大角，懂星象的人对尔朱荣说这是除旧布新的天象，尔朱荣非常高兴。待他来到洛阳后，又有人说看见并州城上空出现过紫气，是称帝的预兆。此后尔朱一族更加肆无忌惮，处处欺压孝庄帝的人。

孝庄帝忍无可忍，正巧，尔朱荣的亲信之一武卫将军奚毅倒戈，向孝庄帝投诚。孝庄帝便再次与元徽等人商议刺杀尔朱荣一事。在行动之前，孝庄帝还曾向中书舍人温子昇了解昔日王允刺杀董卓的前后经过。孝庄帝认为，王允之所以在杀董卓之后引发内乱，主要是因为他没有立刻赦免董卓的部下凉州帮。于是在正式动手刺杀前，孝庄帝就做好了对尔朱荣党羽概不追究的打算，并认为这样做既可以铲除操控政治的权臣，又稳定了天下的局势，避免发生叛乱。这一想法遭到了其他大臣的反对，最后众人一致决定趁机将尔朱世隆等人一并铲除，于是孝庄帝事先派十余人在大殿东侧埋伏了下来。然而尔朱荣警惕性极高，他与元天穆入朝坐下后，顿觉危险，立刻起身出去了，这一次的刺杀并没能成功。

所谓夜长梦多，孝庄帝的计划很快走漏了风声，尔朱世隆劝父亲赶紧离开洛阳。没想到尔朱荣根本不以为意，孝庄帝这边反而人心惶惶。元徽这才提议，以皇后产子为由，诱其入宫而后杀之。这才有了后面的行刺一事。

孝庄帝事前在腿下藏了一把刀，待尔朱荣发现事情不对，向他靠近时，他立刻抽刀砍死了这位令他恨之入骨的仇人。包括元天穆在内，三十多名跟随尔朱荣入宫的人员均被杀害，朝野内外一片欢腾。

　　然而，历史的走向远超出了孝庄帝的预期。尔朱荣虽死，其势力仍存，很快尔朱党羽就在尔朱世隆的组织下开始反攻。

＊

○ 及尔朱兆擒庄帝，徽投前洛阳令寇祖仁。祖仁一门刺史，皆是徽之将校，以有旧恩，故往投之。祖仁谓子弟等曰："时闻尔朱兆募城阳王甚重，擒获者千户侯。今日富贵至矣！"遂斩送之。徽初投祖仁家，赍金一百斤、马五十匹，祖仁利其财货，故行此事。所得金马，缌亲之内均分之。所谓"匹夫无罪，怀璧其罪"，信矣。兆得徽首，亦不勋赏祖仁。

　　尔朱荣死后不久，尔朱余党自各地起兵。尔朱兆自汾州出发，火速攻下晋阳，随后与尔朱世隆合兵，共推长广王元晔为新帝。

　　很快尔朱兆带兵杀至黄河边。没想到此时的黄河水浅得不及马腹，大军顺利渡河。又恰逢暴风四起，沙尘暴也成了尔朱兆进攻洛阳的天然掩护。很快洛阳城破，孝庄帝被俘。

　　在尔朱兆将孝庄帝囚禁之后，元徽投奔前洛阳令寇祖仁。寇祖仁一家出了好几位刺史，都是元徽的旧部，元徽认为寇家念及往日拔擢之恩应会对他有所照顾，所以前去投靠。没想到闻此消息的寇祖仁竟对兵丁们说："听说尔朱兆悬赏捉拿城阳王的赏赐很高，捉到他的人可以封千户侯。今日富贵降临了！"于是斩下元徽的首级献给尔朱兆。元徽当初投奔寇祖仁时，带了黄金一百斤，马五十匹。寇祖仁想得到他的钱财，才做出这种事。事后，即使是亲族关系里较为疏远的，都分得了寇祖仁所得到的金子、马匹。所谓"匹夫原本无罪，怀揣璧玉就是他的罪"，确实是如此啊。尔朱兆得到元徽的首级后，也没有赏赐寇祖仁。

《魏书·元徽传》中还有这样一段记载："及尔朱兆之入，禁卫奔散，孝庄帝步出云龙门。徽乘马奔度，帝频呼之，徽不顾而去。"这与此篇中元徽忠诚可靠、冷静果敢的形象相去甚远。若以此记为真，昔日肝胆相照的二人，因时局转变竟沦落到这般人情薄凉的境地，实在是可悲可叹。

＊

○兆忽梦徽云："我有黄金二百斤、马一百匹，在祖仁家，卿可取之。"兆悟觉，即自思量：城阳禄位隆重，未闻清贫，常自入其家采掠，本无金银，此梦或真。至晓，掩祖仁，征其金马。祖仁谓人密告，望风款服，云："实得金一百斤、马五十匹。"兆疑其藏隐，依梦征之。祖仁诸房素有金三十斤，马三十匹，尽送致兆，犹不充数。兆乃发怒，捉祖仁，悬首高树，大石坠足，鞭捶之，以及于死。时人以为交报。

尔朱兆有一天梦到元徽托梦对他说："我有黄金二百斤，马一百匹，放在寇祖仁的家中，您可以去取。"等到尔朱兆醒来，暗想：城阳王位高权重，俸禄多，没听说过他清贫，但我在他家根本没发现有金银，这个梦或许是真的。等到天一亮，尔朱兆就捉住寇祖仁，向他索要金子和马匹。寇祖仁以为是有人告密，态度马上就软弱起来，立即承认说实际只得到金子一百斤、马五十匹。尔朱兆怀疑他有所隐瞒，依然要按照梦中数目征收。寇祖仁此时只剩下金子三十斤，马三十匹，一并都送给了尔朱兆，却还是远远不够。尔朱兆对此很是生气，于是捉住寇祖仁，将他的头吊在高高的树上，把大石块拴在他的脚上，又用鞭子狠命抽打他的身体，直至他死去。当时的人们都认为这就是因果报应。

据《魏书·寇弥传》记载："永安末（530），徽避尔朱兆脱身南走，归命于弥（寇祖仁）。弥不纳，遣人加害，时论深责之。后没关西。"依此说法，寇祖仁并没有死于尔朱兆之手，而是因不堪舆论谴责跑到了关外。在杨衒之的故事中，寇祖仁的悲惨结局其实属于"时论深责之"的道德范畴。用姻亲和故旧连接起的政治集团乃士子们混迹官场的重要规则，破坏规则对所有能从中获利的人来说都是件坏事。因此士人们不惮以此类故事恐吓后来者。

*

○杨衒之云："崇善之家，必有余庆；积祸之门，殃所毕集。祖仁负恩反噬，贪货杀徽，徽即托梦增金马，假手于兆，还以毙之。使祖仁备经楚挞，穷其涂炭，虽魏侯之笞田蚡，秦主之刺姚苌，以此论之，不能加也！"

杨衒之喟叹道："崇尚行善的人家，一定会给子孙留下更多的福泽；多造祸端的人家，终将会招致灾祸。寇祖仁背信弃义，恩将仇报，因贪财杀害元徽，元徽就托梦虚报金子和马匹的数目，借尔朱兆之手来杀害寇祖仁，使得寇祖仁惨受鞭打，深陷困苦。元徽的复仇即便是与窦婴鞭笞田蚡、苻坚刺杀姚苌相比，也有过之而无不及吧！"

　　道教对《周易·坤·文言》中"积善之家必有余庆，积不善之家必有余殃"之说的承袭十分明显，认定行善事或作恶事的人，其本人或其子孙都将承受所行善事或作恶事的报应。[1]这种"余庆"与"余殃"的说法也与佛教的"因果报应"一样，表达了一种此生善恶之因可以成为后世祸福之果的观念。这一用生与死、神与鬼、祸与福的降临规范着人间的道德与伦理的思想被后世所继承。[2]

　　回看卷一"永宁寺"篇，尔朱兆倚仗着手头的军队行凶作恶，天神却没有感知，反而使孟津水位变浅，让他们得以涉水而渡河，杨衒之对天意如此安排悲愤不已，并进行了强烈地谴责和质疑，称《易经》所言"天道祸淫，鬼神福谦"实在是胡言。此处杨衒之却又就元徽借托梦报仇雪恨一事对天道大肆赞美，赞美在冥冥之中计算着万事万物业报的天道的公正。

　　纵观全书，每卷所写记第一座寺庙往往都是区域内离北魏皇宫最近的寺庙（洛阳城坐北朝南，城北的城建区域比较小，另作讨论）。这种近距离不仅仅体现在实际空间距离上，也体现在人心的距离中。永宁寺是整个北魏洛阳城佛寺的最高代表；明悬尼寺是体现孝文帝意志的辅政大臣元勰所立；景明寺代表着承前启后的宣武帝；冲觉寺则由堪称胡太后左膀右臂的元怿舍宅所建。北魏自迁都后到皇权旁落前的三个时代——孝文帝、宣武帝与胡太后时代——以这样一种形式散落在洛阳城城郭之中。

---

[1] 参见汤一介：《承负说与轮回说》，氏著《魏晋南北朝时期的道教》，陕西师范大学出版社1988年版，第333—344页。

[2] 参见葛兆光：《中国思想史（第一卷）》，复旦大学出版社2019年版，第338—339页。

王典御寺

王典御寺是由负责尝食的典御官王温所修建。王温起初作为宦官入宫，历经孝文帝、宣武帝、孝明帝与胡太后朝，一路加官进爵，有了一定的财富积累，得以建造寺庙。与只建尼寺的其他宦官不同，王温建立了一座僧寺。他的这种敢于打破常规的行为受到了洛阳城百姓的称颂。

＊

宣忠寺东王典御寺，阉官王桃汤所立也。

○时阉官伽蓝皆为尼寺，唯桃汤独造僧寺，世人称之英雄。

在宣忠寺的东面是王典御寺，由宦官王桃汤主持修建。该寺因其曾任典御官二得名，典御就是准备御膳的最高负责人。

北魏时期的宦官与尼寺有很密切的关联，主要是因为其直接权利源自后宫，当时的后宫嫔妃经常去尼寺礼佛，且佛教有规定"黄门不得出家为僧"，因此宦官出资修建的寺庙也多为尼寺。在太后主持修建的寺庙中也不乏宦官们的身影，比如"秦太上公寺"篇中就强调，六日斋时，宫里会派一位宦官来监督。在佛典中，还有一种"转身论"，大意是说女子通过修行就能转变成男子，再由男儿身成佛。宦官由于身体有所缺陷，很可能也受这种转身论的影响，希望借礼佛建寺摆脱黄门的身份。[①]

在《洛阳伽蓝记》中，由宦官主持修建的寺庙共六座，其中五座都是尼寺，只有此王典御寺为僧寺。显然王桃汤的做法远超一般宦官所为，因此虽然身体不完整但也能被称为"英雄"。

据《魏书·阉官传》记载，王温（463—528），字桃汤，赵郡栾城县（今河北栾城）人，是北魏高邑令王冀之子，因父亲坐事伏诛，与哥哥王继叔一起入宫做了宦官。王温因行事谨慎，被孝文帝授予中谒者、小黄门，转任中黄门、钩盾令、中尝食典御、中给事中，并进入东宫供职，加任左中郎将。延昌四年

---

① 参见刘淑芬：《中古的佛教与社会》，上海古籍出版社 2008 年版，第 53—59 页。

（515），王温拥戴孝明帝元诩即位，出任钜鹿太守，加龙骧将军。胡太后临朝执政时，王温历任中常侍、光禄大夫、崇训太仆少卿、瀛州刺史，累迁中侍中、车骑将军、左光禄大夫、光禄勋卿。孝昌二年（526），受封栾城县开国侯，邑六百户后，王温向上自陈本是阳平武阳人，遂应允改封为武阳县侯。建义元年（528），王温死于河阴之变中，获赠使持节、骠骑大将军、仪同三司、雍州刺史。

*

门有三层浮图一所，工逾昭义。宦者招提，最为入宝。

至于六斋，常击鼓歌舞也。

王典御寺门前还有一座三层宝塔，整座寺的营造工艺甚至超过了多位宦官集资建造的昭仪尼寺。在诸多宦官所建造的寺院中，王典御寺可谓最为人所重。王温权势可见一斑。每逢六斋日，这里都会有击鼓歌舞表演。

白马寺

　　白马寺是在中国佛教与佛寺史上都占据重要地位的寺庙，是史书所载佛教正式传入中国的标志性建筑。《洛阳伽蓝记》中所贡献的视角有助于我们理解北魏时人对"佛教"这一概念的理解，以及佛教的传入对丧葬风俗的影响。此篇除介绍白马寺的由来之外，杨衒之还对寺中的果林进行了细致的描述，并专门附上沙门宝公关于北魏当朝政事发展精准预测的轶闻。

白马寺，汉明帝所立也。

○ 佛入中国之始。

白马寺由汉孝明帝建造，可谓是佛教传入中国的开端。

*

○ 寺在西阳门外三里御道南。帝梦金神，长丈六，项背日月光
明。胡人号曰佛，遣使向西域求之，乃得经像焉。时以白马
负经而来，因以为名。

明帝崩，起祇洹于陵上。自此以后，百姓冢上或作浮图焉。

寺上经函，至今犹存。常烧香供养之，经函时放光明，耀于
堂宇。是以道俗礼敬之，如仰真容。

白马寺在西阳门外三里处，位于御道南面。据说，汉明帝在
某天夜里梦见了一尊金神，高有一丈六尺，金神头颈闪耀着的日
月光晕从身后辐散开来。这就是胡人所谓的"佛"。汉明帝醒来
后，就派遣使臣远赴西域求取佛法，随后求得佛经和佛像，并
着手修建佛寺。因由白马驮经而来，于是这座寺就被命名为白
马寺。

有关汉明帝梦见金神的记录，最早可见于《后汉书·西域
传·天竺传》：

世传明帝梦金人，长大，顶有光明，以问群臣。或曰：

"西方有神，名曰佛，其形长丈六尺而黄金色。"帝于是遣使天竺问佛道法，遂于中国图画形像焉。楚王英始信其术，中国因此颇有奉其道者。后桓帝好神，数祀浮图、老子，百姓稍有奉者，后遂转盛。

既然称其为"世传"，说明此记载是传言性质。至于白马寺是否为佛教入中国之始，《魏书·释老传》称汉武帝时便在战争中缴获过佛像，随后烧香礼拜而不祭祀；汉哀帝时大月王的使者曾口授一套《浮屠经》，而时人并不遵奉；其后便是汉孝明帝梦见金人，遣使去求佛经，与此处记载大致相同。如此看来，白马寺确实可能是官方最早的译经场所。只有在经典被翻译之后，佛教的核心教旨才得以被当时人广泛了解，因此洛阳白马寺对于佛教正式传入中国具有特殊意义。

这批东汉由白马驮来的、堪称最早传入我国的佛经，在北魏末年战争频仍时期，仍于白马寺中保存完好，人们经常烧香供奉。经函还会不时放出光芒，照亮整座堂屋。据《北齐书·韩贤传》，这些经函后来在东魏天平初年（534）被洛州刺史韩贤破坏。

汉明帝驾崩后，在陵墓上建起祇洹精舍。自此，百姓开始在坟茔上建造佛塔。"祇洹"是梵文"Jetavana Vihāra"的音译，常与"精舍"连用，原义为祇陀太子的花园。因为释迦牟尼在这个地方居住过很久，所以也泛指修行者的住所，常用来作僧房。《牟子理惑论》中有载，"孝明帝存时，预修造寿陵，陵曰显节。亦于其上作佛图像"。但《后汉书》在描述显节陵时显然未提及任何佛教建筑。

*

○ 浮屠前奈林、蒲萄异于余处，枝叶繁衍，子实甚大。奈林
实重七斤，蒲萄实伟于枣，味并殊美，冠于中京。帝至熟
时，常诣取之。或复赐宫人，宫人得之，转饷亲戚，以为奇
味。得者不敢辄食，乃历数家。京师语曰："白马甜榴，一
实直牛。"

　　佛塔前成片的石榴树和葡萄藤与别处不同，这里的果树枝叶更加繁茂，且结出的果实很大。石榴重足有七斤，葡萄个头比枣还大，味道都特别甜美，在京城可称第一。每到果实成熟时，皇帝经常亲自前往采摘，有时将果子赐给宫人，宫人又转赠给亲戚，大家都将此视为珍奇，得到后不舍立刻享用，辗转给数家观赏。于是京城传言："白马寺的甜石榴，一个价值一头牛。"

　　北魏一朝实际使用的度量衡比较混乱，不同时期的计量标准存在较大差异，这就导致了不公平现象时有发生，给日常生活和商贸等方面带来严重不便。北魏、北齐、北周朝廷曾多次尝试统一度量衡，但实际运作都见效甚微。直到隋朝建立、国家基本安定后，这种混乱的情况才得到有效改善。

　　那么北魏的一斤究竟有多重呢？综合当时道士李兰的漏刻法、孔颖达《左传正义》中的相关记载，以及北魏初对曹魏度量衡的继承来看，北魏的一斤可能相当于现代的 220 克。这里的七斤应有现在的 1.5 千克。虽然现如今培育出的石榴品种已不难达到该重量，但对于农业技术发展水平有限的北魏而言，如此重量的石榴确实算得上奇珍。

＊

○有沙门宝公者，不知何处人也，形貌丑陋，心机通达，过去未来，预睹三世。发言似谶，不可解，事过之后，始验其实。胡太后闻之，问以世事。宝公曰："把粟与鸡呼'朱朱'。"时人莫之能解。建义元年，后为尔朱荣所害，始验其言。时亦有洛阳人赵法和请占："早晚当有爵否?"宝公曰："大竹箭，不须羽，东厢屋，急手作。"时不晓其意。经十余日，法和父丧。大竹箭者，苴杖；东厢屋者，倚庐。造十二辰歌，终其言也。

　　有个叫宝公的僧人，不知是哪里人，虽样貌丑陋，但洞明世事，通晓过去、未来，能预知三世。他口中所出之言像是谶语，在当时不被理解，事后会得到验证。胡太后听说后，特地向他询问当朝的政事。宝公说："把粟与鸡呼'朱朱'。"这句预言从字面上看，只是在说喂鸡撒粟米的时候，嘴里会发出"朱朱"的声音唤鸡。当时人听不懂其中意涵，直到建义元年（528），胡太后被尔朱荣投河杀害，才恍然大悟，宝公当时所言"朱朱"即"二朱"，指尔朱荣。另有洛阳人赵法和向他占问获得爵位的时间。宝公说："大竹箭，不须羽；东厢屋，急手作。"当时人都不解其意。过了十多天，赵法和的父亲去世，人们这才明白，原来"大竹箭"指的是丧礼所用的竹杖，"东厢屋"指代服丧者的住处。宝公所作《十二辰歌》凝结了他一生的言论。

拓展阅读

白马寺

白马寺位于河南省洛阳市洛龙区白马寺镇内，是第一座汉传佛教寺院，也被称为"释源""祖庭"。"寺"在我国最初指代官舍官署，自白马寺建成后，"寺"才由官署之称逐渐引申为佛教道场的专称。

白马寺自东汉建成后，在历史上有四次重要的重修活动。分别在唐代垂拱元年（685）、北宋太宗淳化间（990—994）、元代成宗至顺间（1330—1333）以及明代洪武二十三年（1390）。早期的白马寺依据"天竺旧状"而建，以塔为中心，房舍环绕四周。隋唐是我国佛寺发展鼎盛的时期，白马寺也在这一时期进行了第一次大规模重修——以塔为中心的布局形式消失，开始朝园林院落的布局发展。寺院内塔殿位置关系的演变是佛教本土化的重要特征之一，这种布局变化早在北魏时期诸多寺院中就有所体现。

1972年12月，国务院拨款修缮白马寺，这也是近代最大规模的一次整修。如今的白马寺景区包括了白马寺院、齐云塔院和国际佛殿区。白马寺坐北朝南，为一长方形院落，总面积约4公顷，寺内建筑由五重大殿、四个大院和东西配殿及厢房共同组成。寺内五重大殿处于一条笔直的中轴线上，该中轴线将整个寺院的空间分成了基本对称的两部分。其总体布局呈纵深院落式布局，寺前为牌坊式拱券三门洞的山门，山门内东西两侧钟鼓楼相

峙而立，轴线依南至北为天王殿、大佛殿、大雄殿、接引殿，寺
院中轴线的最后为毗卢阁，修立在一座砖筑高台——清凉台之
上。左右两侧分别为法宝阁和藏经阁。其中大雄殿是寺院中等级
最高，占地面积最大的建筑，是整个寺院的中心。

宝光寺

宝光寺条下借隐士赵逸之口交代了宝光寺的缘起和历史沿革，篇中介绍寺庙中的园林布景和宾客郊游时的盛况，这与寺门最终轰然坍塌的破败结局形成了鲜明对比。

*

宝光寺，在西阳门外御道北。有三层浮图一所，以石为基，形制甚古，画工雕刻。

○隐士赵逸见而叹曰："晋朝石塔寺，今为宝光寺也。"人问其故。逸曰："晋朝四十二寺尽皆湮灭，唯此寺独存。"指园中一处，曰："此是浴堂。前五步，应有一井。"众僧掘之，果得屋及井焉。井虽填塞，砖口如初。浴堂下犹有石数十枚。当时园地平衍，果菜葱青，莫不叹息焉。

宝光寺位于西阳门外的御道北侧。寺内有一座三层宝塔，用石头做地基，造型古朴，图像雕刻都十分精美。

隐士赵逸看见此寺感叹道："这在晋朝还是石塔寺，如今已是宝光寺了。"时人问其缘故，赵逸解释道："晋朝四十二座寺庙皆消失不见，唯有这座寺至今尚在。"他指着园中一处说："这里曾是浴堂。向前走五步，应该有一口井。"于是众僧就地挖掘，果真掘得屋子和井。井虽已被填塞，但砖砌的井口还保存如初。浴堂旧地基下面还保存有几十块石头。当时园中地面平坦开阔，果蔬长得郁郁青青，时人见状不禁为时光不再而感慨万千。

此篇中隐士赵逸再次登场，这也是全书最后一次提及赵逸。此次赵逸同样指出晋时佛寺旧事，同样是在园地内果菜茂盛的环境中，也同样准确无误。这种对神秘角色的塑造也强化了"异人"超凡脱俗、高深莫测的形象特征。

学者魏斌认为，赵逸对于前朝旧迹的指认，很有可能掺杂了自己的附会和编造。这其实是由于北魏洛阳与汉晋洛阳在城市空间上的叠加关系，人们对曾生活在同一空间中的汉晋人物事件充满兴趣和想象。因此像赵逸这般虚妄之人，才会在洛阳城中受到极大关注与优待。①

*

> ○园中有一海，号咸池。葭菼被岸，菱荷覆水，青松翠竹，罗生其旁。京邑士子，至于良辰美日，休沐告归，征友命朋，来游此寺。雷车接轸，羽盖成阴。或置酒林泉，题诗花圃，折藕浮瓜，以为兴适。

园林中还有一个湖泊，被称为"咸池"。湖中芦苇丛生，掩映着湖岸。水中菱角、荷叶茂盛得能完全覆盖住水面，青松翠竹环绕在池边。每到好时节，京城里的士人就休假，约上朋友来到寺中游赏。往来宝光寺的马车络绎不绝，车轮滚滚，声如雷震，持续不断，车盖能连成一片阴凉。有人在树林中或泉水旁摆酒，也有人在花圃间作诗，还有人在池中折藕或在水上浮瓜，以获得快乐和满足。

杨衒之对寺中场景的书写，一反之前或威严庄重、或豪华奢侈的描述，刻画出了一个古朴自然、轻松和谐的寺院环境氛围。这座赵逸口中晋朝独存的寺庙，这个杨衒之笔下"偷得浮生半日闲"的好去处，还是没能逃脱出战火的灼烧。

---

① 参见魏斌：《北魏洛阳的汉晋想象——空间、古迹与记忆》，《北京大学学报》2023 年第 3 期，第 113—117 页。

*

普泰末，雍州刺史陇西王尔朱天光总士马于此寺。寺门
无何都崩，天光见而恶之。其年天光战败，斩于东市也。

普泰末年（532），雍州刺史陇西王尔朱天光率领军队在宝安
寺安营扎寨。寺门突然毫无征兆地坍塌了，尔朱天光见此情形，
心情郁郁。这年，尔朱天光与高欢作战大败，在东市被斩。

尔朱天光是尔朱氏家族中的重要人物。尔朱荣当年南下正式
对北魏政权发起争夺时，就将自己的领地交给尔朱天光管理。在
尔朱荣掌权后，尔朱天光就继承了尔朱荣原本的位置，并跟随尔
朱荣四处平定起义。尔朱荣死后，尔朱天光与尔朱世隆、尔朱仲
远、尔朱度律等人合谋拥立傀儡皇帝元晔与元恭，才算正式登上
了洛阳政治舞台的中心。

正如文中无故崩塌的寺门所昭示的一样，属于尔朱天光的高
光时刻在普泰末年（532）迎来了结局：韩陵之战的失败对尔朱
氏一族的势力影响巨大，致使尔朱氏集团的核心力量在短时间内
纷纷退场——尔朱兆带领残兵退守晋阳，后兵败自杀；尔朱仲远
逃往东郡，后归降南梁。作为高级将领的斛斯春背叛了尔朱氏，
利用自己的职位之便在洛阳城中成功策划了一次斩首行动，杀死
了尔朱世隆与尔朱彦伯等；又在河梁占据天时地利击败了尔朱天
光与尔朱度律，并将二人囚禁，送往孝武帝（实际掌权人为高
欢）手中。

法云寺

法云寺由外国僧人出资建造，是座有着异域风情的寺院。寺中装饰不凡，寺僧似通秘咒。居于寺北的临淮王元彧，仪表堂堂，喜欢宴饮，乐情山水，最终被害于尔朱兆举兵叛乱之际。

此篇中还简要介绍洛阳大市周边十个里坊，借助各里坊奇闻轶事，不仅具体描摹出洛阳大市各品类经济繁荣发展的状貌，也给了北魏洛阳民众的精神世界一个侧写，对后人了解当时的社会以及诞生于当时社会背景下的奇说怪谈颇有助益。

＊

法云寺，西域乌场国胡沙门昙摩罗所立也。在宝光寺
西，隔墙并门。

　　○摩罗聪慧利根，学穷释氏。至中国，即晓魏言隶书，凡所闻
　　见，无不通解，是以道俗贵贱，同归仰之。作祇洹寺一所，
　　工制甚精。

法云寺由西域乌场国（在今巴基斯坦境内）的僧人昙摩罗建
造。其位于宝光寺的西面，两座寺庙大门并立，仅一墙之隔。
　　昙摩罗天生具备参悟和修习佛法的根性，通晓佛教的一切学
问。他来到中国，很快便掌握了北魏的语言和文字，凡是所听所
见，没有他解释不通的，因此无论僧俗贵贱，都尊敬他、仰慕
他。昙摩罗修建了一座祇洹寺，工艺十分精湛。

＊

佛殿僧房，皆为胡饰。丹素炫彩，金玉垂辉，摹写真
容，似丈六之见鹿苑；神光壮丽，若金刚之在双林。伽蓝之
内，花果蔚茂，芳草蔓合，嘉木被庭。京师沙门好胡法者，
皆就摩罗受持之。戒行真苦，难可揄扬。秘咒神验，阎浮所
无。咒枯树能生枝叶，咒人变为驴马，见之莫不忻怖。西域
所赍舍利骨及佛牙经像皆在此寺。

无论是佛殿还是僧房，采用的多是异域风格的装饰，红白交
互，大放异彩，金玉交辉，闪烁光芒。摹画的佛像，如同在鹿野

苑说法的丈六佛陀般栩栩如生；又像是在双树前涅槃的佛像法身，焕发出神光。寺院中花果繁茂，芳草滋生，高大的树干、浓密的枝叶将庭院遮盖得严严实实。京城追求域外佛法的僧人，都到昙摩罗处受戒。受戒、持戒的过程实属不易，其中的艰辛难以言喻。昙摩罗密咒的神验，是人间所没有的。他的咒语能使枯树生新叶，能将人变驴马。目睹咒语应验的人，或惊喜或畏惧。西域传入的舍利骨、佛牙、佛经、佛像都安放在这座寺中。

早期的佛教传播者往往通过采取神异灵验（例如咒语、巫术等）或看病占卜来吸引信徒。例如西晋佛图澄以烧香咒火、水生莲花等"神迹"顺利取得了石勒的信任与支持，另外佛图澄还可以治病复生、敕龙降水等。高僧安世高、支娄迦谶、昙无谶等人都以咒术异能见长。这也是佛教作为外来宗教，初传时为尽快适应中土土壤，主动与本土方术相调和的表现。

＊

寺北有侍中尚书令临淮王彧宅。

○彧博通典籍，辨慧清恬，风仪详审，容止可观。至三元肇庆，万国齐珍，金蝉曜首，宝玉鸣腰，负荷执笏，逶迤复道，观者忘疲，莫不叹服。彧性爱林泉，又重宾客。至于春风扇扬，花树如锦，晨食南馆，夜游后园，僚寀成群，俊民满席。丝桐发响，羽觞流行，诗赋并陈，清言乍起，莫不领其玄奥，忘其褊恡焉。是以入彧室者，谓登仙也。荆州秀才张斐尝为五言，有清拔之句云："异林花共色，别树鸟同声。"彧以蛟龙锦赐之。亦有得绯䌷紫绫者。唯河东裴子明为诗不工，罚酒一石。子明饮八斗而醉眠，时人譬之山涛。

及尔朱兆入京师，或为乱兵所害，朝野痛惜焉。

在法云寺的北面有侍中尚书令临淮王元彧的宅邸。

元彧通晓典籍，聪慧恬静，仪态端庄，举止得体。在元旦庆典当天，万国前来祝贺，元彧头上的金蝉冠饰光彩夺目，腰间的玉佩在行走时互相碰撞，清脆作响。只见他手执笏板，从容地在宫中的复道上走过，看到他的人自觉神清气爽，对他赞不绝口。元彧醉心于山林泉水，又喜欢宴请宾客。每当春风拂动，花树繁茂时，他就会在清晨去南馆用餐，在夜里去后园游赏。他的僚佐与属官们聚集成群，有才华的士人列坐席上。丝竹齐奏，曲水流觞，其间有人写诗，有人作赋，大家谈论着高雅的玄学义理，领略其中的奥义，从而忘却心中原本的褊狭和吝啬。因此进入元彧的府邸也被称为"登仙"。荆州秀才张斐曾作五言诗，其中一句特别清新脱俗："异林花共色，别树鸟同声。"元彧听罢就把绣着蛟龙锦缎赏赐给他，此外也有人得到过绛绸紫绫作为奖赏。只有河东裴子明因作诗对仗不工而被罚酒一石。裴子明喝了八斗酒后就昏睡过去，时人把他比作山涛（《晋书》记载山涛喝八斗酒就会醉，因此喝酒从不超过八斗）。尔朱兆攻入京师之时，元彧被乱兵杀害，朝廷和民间都为他痛惜不已。

*

出西阳门外四里御道南，有洛阳大市，周回八里。市南有皇女台，汉大将军梁冀所造，犹高五丈余。景明中，比丘道恒立灵仙寺于其上。台西有河阳县，台东有侍中侯刚宅。

市西北有土山鱼池，亦冀之所造。

出西阳门外四里处，在御道南面有洛阳大市，周长约有八里。市集南面是皇女台，由汉大将军梁冀所造，足有五丈多高。景明年间（500—503），沙门道恒在皇女台上建造了灵仙寺。皇女台西侧有河阳县治，台东有侍中侯刚的府宅。在大市的西北面有土山和鱼池，也是梁冀修造的。

这就是《汉书》中所说的："采土筑山，十里路上筑造九个陡坡，从而模仿崤山二陵。"

*

市东有通商、达货二里。里内之人，尽皆工巧，屠贩为生，资财巨万。

○有刘宝者，最为富室。州郡都会之处，皆立一宅，各养马一匹。至于盐粟贵贱，市价高下，所在一例。舟车所通，足迹所履，莫不商贩焉。是以海内之货，咸萃其庭，产匹铜山，家藏金穴。宅宇逾制，楼观出云，车马服饰，拟于王者。

市东有通商里和达货里。里内的人都靠手艺为生，其中做屠宰卖肉生意的人多能赚得盆满钵满。

其中最富贵的是刘宝，他的经商规模广布全国，以至于有均平粮食与食盐价格的能力。刘宝在各地设宅邸作为分号，建立起商业贸易网；并在各宅邸圈养马匹用作运输和通讯的工具——及时传递各地商业行情能有效控制和垄断物价。他拥有的家财可与邓通、郭况相比。宅邸规模超过制度规定，楼堂、台观高耸入云，车马和服饰与王室宗亲等齐。

西汉晁错《论贵粟疏》中记载："商贾大者积贮倍息，小者坐列贩卖，操其奇赢，日游都市。"西汉时的商人主要靠囤积居奇掌控本地物价变化，从中牟利。与之相比，刘宝等北魏商人又向前发展了一大步。

*

市南有调音、乐律二里。里内之人，丝竹讴歌，天下妙伎出焉。

○ 有田僧超者，善吹笳，能为《壮士歌》《项羽吟》，征西将军崔延伯甚爱之。正光末，高平失据，虐虎吏充斥，贼帅万俟丑奴寇暴泾、岐之间，朝廷为之旰食，诏延伯总步骑五万讨之。延伯出师于洛阳城西张方桥，即汉之夕阳亭也。时公卿祖道，车骑成列，延伯危冠长剑耀武于前，僧超吹《壮士》笛曲于后，闻之者懦夫成勇，剑客思奋。延伯胆略不群，威名早著，为国展力，二十余年，攻无全城，战无横阵，是以朝廷倾心送之。延伯每临阵，令僧超为《壮士声》，甲胄之士莫不踊跃。延伯单马入阵，旁若无人，勇冠三军，威镇戎竖。二年之间，献捷相继。丑奴募善射者射僧超亡，延伯悲惜哀恸，左右谓"伯牙之失钟子期不能过也。"后延伯为流矢所中，卒于军中。于是五万之师，一时溃散。

市集的南面有调音里和乐律里。里内的人会弹琴、吹笛、唱歌，天下才艺高超的乐伎都汇聚在这里。

有个叫田僧超的人擅长吹笳，能吹奏《壮士歌》和《项羽吟》，征西将军崔延伯对他很是欣赏。正光（520—525）末年，高平失守，凶暴的官吏祸乱四方，贼军统帅万俟丑奴在泾水、岐山一带抢夺劫掠。朝廷为此忧心忡忡，百官都寝食难安。于是皇帝下诏命令崔延伯统率五万精兵讨伐万俟丑奴。崔延伯从洛阳城西张方桥处出发，此地就是汉时的夕阳亭。当时公卿都来为他饯行，车骑成行。崔延伯头戴高帽，身佩长剑，威武地走在队伍前面；田僧超吹奏着《壮士歌》紧跟其后。那笛声能使懦弱的人变得勇敢，持剑者听了便渴望奋勇向前。崔延伯的胆量和谋略都超越常人，早已威名显赫，为魏国效力二十余年，从不曾有他无法攻克的城池，也不曾有能抵御得了他的战阵，因此朝廷为他出征送行的阵势也很隆重。崔延伯每到阵前，都会命田僧超吹奏《壮士声》，披戴盔甲的战士无不奋起作战。崔延伯单骑突入敌阵，如入无人之境；其勇猛程度可在三军称首，敌军听闻他的威名就会被震慑。在他作战的两年间，战胜的捷报接连不断。后来万俟丑奴招募了一位善于射箭的人射杀了田僧超，崔延伯悲痛不已。他的近侍说，从前俞伯牙失去钟子期的悲痛也不及于此。不久崔延伯被流矢射中，死在军中，他所率领的五万大军也很快溃散了。《魏书》中崔延伯有传，却丝毫未提田僧超之事，或许在正史选材的价值考量之下，田僧超"不足入册"。

*

市西有延酤、治觞二里，里内之人多酝酒为业。

○河东人刘白堕善能酿酒。季夏六月，时暑赫晞，以罂贮酒，暴于日中，经一旬，其酒味不动，饮之香美，醉而经月不醒。京师朝贵多出郡登藩，远相饷馈，逾于千里。以其远

至，号曰"鹤觞"，亦名"骑驴酒"。永熙年中，南青州刺史
毛鸿宾赍酒之藩，路逢贼盗，饮之即醉，皆被擒获，因此复
名"擒奸酒"。游侠语曰："不畏张弓拔刀，唯畏白堕春醪。"

市西有延酤里、治觞里，里内的人多以酿酒为业。

河东人刘白堕擅长酿酒。每到夏季六月时节，炎暑炽盛，他
就用小口大腹的酒器藏酒，在太阳下暴晒，十天后瓮中的酒香也
不会变。他酿造的酒味道醇香，喝醉了过一个月也难以酒醒。京
城里的朝中贵人常需远赴地方任职，都会携带此酒当做礼品。此
酒因送达的地方极远，又被称为"鹤觞"，也叫"骑驴酒"。永
熙（532—534）年间，南青州刺史毛鸿宾携带此酒赴任，路上被
盗贼抢劫。没想到贼人喝了这酒即刻就醉倒了，瞬间就被一网打
尽，此酒便又名"擒奸酒"。有游侠说："不怕张弓拔刀，只怕白
堕酿酒。"

"鹤觞"这个酒名在后世文学作品中也多有出现。宋人叶梦
得《避暑录话》云："白堕酒，当时谓之鹤觞，谓其可千里遗人，
如鹤一飞千里。"清人沈焯诗《寿仙居教谕陆震东七十》云："地
本仙居，鸠杖亲携寻药饵；官真吏隐，鹤觞小酌咏梅花。"无不
体现着鹤觞之美味醉人。

*

市北有慈孝、奉终二里，里内之人以卖棺椁为业，赁輀
车为事。

○有挽歌孙岩，娶妻三年，不脱衣而卧。岩因怪之，伺其睡，
阴解其衣，有毛长三尺，似野狐尾，岩惧而出之。妻临去，

将刀截岩发而走，邻人逐之，变成一狐，追之不得。其后京
邑被截发者，一百三十余人。初变为妇人，衣服靓妆，行于
道路，人见而悦近之，皆被截发。当时有妇人着彩衣者，人
皆指为狐魅。熙平二年四月有此，至秋乃止。

市北有慈孝里和奉终里。里内的人以出售棺材、出租丧车
为业。

以唱丧歌为业的孙岩有一位奇怪的妻子。成婚三年，他从未
见过妻子在睡觉前脱衣。孙岩对此感到不解，终于有一天，在妻
子睡着后，孙岩悄悄解开了她的衣服，竟发现妻子身上有一根毛
长三尺的东西，像是野狐狸的尾巴。孙岩非常害怕，要赶走她。
临行前，该女子用刀割断了孙岩的头发，邻里的人没能追上她，
只眼睁睁地看她变成了一只狐狸。后来京城有一百三十多人被剪
断了头发。据说狐狸会变成一个打扮得很漂亮的妇人，凡是想要
上前亲近她的路人都被剪断了头发。以致当时穿着彩衣的妇人都
会被指责为要迷惑人的狐狸。这事发生在熙平二年（517）四月，
一直到那年秋天才消停。

狐在我国传统民间信仰中扮演着重要的角色，尤其是在文学
作品中一直是热门题材。有关狐的形象也随着历史的发展而发生
着变化。自古以来，狐狸因外观颇有灵性被人们视为具有高尚品
德的不凡之物，九尾狐更是象征高贵与神圣的吉祥之兽。班固
《白虎通义·封禅》和郭璞《山海经图赞》中都有九尾狐为祥瑞
的记载。北魏也延续了这一传统。《魏书·灵征志》将黑狐、白
狐、九尾狐作为表彰治世、君主德政、四海统一的瑞应，且多
与周朝挂钩，强调自身的正统。例如，"孝文帝太和二年（478）

十一月，徐州进献黑狐。周成王时，治致太平而黑狐见"。太和三年（479）五月，"获白狐。王者仁智则至"。太和十年（486）三月，"冀州获九尾狐以献。王者六合一统则见。周文王时，东夷归之。曰：'王者不倾于色则至德至，鸟兽亦至。'"此外，诸州献狐之事不胜枚举。

西汉时期，焦延寿在《焦氏易林》中描写了一只魅惑年轻女子的老狐精，而类似狐狸变成妇人的记载，在东晋时的《抱朴子》《搜神记》等典籍中也多有体现，在这一时期狐开始被频繁精怪化。

因此《洛阳伽蓝记》中描述狐妖靠美丽的容颜来魅惑行人并非稀奇，只是"人被截发"一说较为罕见。《北齐书·后主纪》中有一段记载与之相似："武平四年正月戊寅，邺都、并州并有狐媚，多截人发……"可见，"狐妖截发"这一现象是北朝的特色。男子截发正是当时与北魏多有往来的胡人男子的外貌特征。事实上，自汉魏以来，在相当一部分狐妖故事中已把"狐"与"胡"联系了起来。正如黄永年所批判："窃谓以兽类称异族，实吾华夏古代之陋习。颇疑西胡之入中国，本为华人之所歧视；乃缘'胡''狐'读音相近之故，遂以'狐'称之，藉寓鄙弃之意于其中。"[1]

*

别有准财、金肆二里，富人在焉。

---

[1] 黄永年：《读陈寅恪先生〈狐臭与胡臭〉兼论狐与胡之关系》，原载《东南日报·文史》第81期，收入氏著《黄永年文史论文集》第4册，北京：中华书局2015年版，第73—80页。

另有准财里和金肆里，有钱的人家都住在这里。

*

> 凡此十里，多诸工商货殖之民。千金比屋，层楼对出，
> 重门启扇，阁道交通，迭相临望。金银锦绣，奴婢缇衣；五
> 味八珍，仆隶毕口。神龟年中，以工商上僭，议不听衣金银
> 锦绣。虽立此制，竟不施行。

在上述十里之中居住的多是做买卖的商贩。豪商们的屋舍紧密地排列，楼阁林立，重门洞开，其间阁道沟通往来，可以互相登临眺望。奴婢们的身上穿戴着金银锦绣，仆人们也享用着山珍海味。神龟年间（518—520），因为这些商贾的行为逾越了礼制规定，朝廷禁止商人再戴金银首饰、穿锦绣衣服。虽然立下了这项规定，最终却没能落实。

由于旁边就是洛阳大市，做买卖的商贩聚居于此无疑有利于经营。市南则是艺术工作者工作和居住的地方。结合前文诸多记载，可知洛阳城内城市功能区的划分十分明确，保证了社会各方面发展的效率。

中国古代传统礼制对社会士、农、工、商各阶层的房屋建筑规制有着明确的规定（包括建筑物的屋顶、脊兽、开间、斗拱、台基，彩画和色彩等）。《洛阳伽蓝记》中，不乏对富商私宅逾越制度规定的记载。面对礼制被公然僭越，北魏朝廷也试图采取强制手段进行干预，但根本无济于事。

偌大一个洛阳城，不知有多少历史故实湮没其中，但杨衒之

为何会专挑这几个故事来讲述呢？这一篇的信息较为分散，看似无中心，笔墨却有条不紊：从寺庙到王室宗亲，再到乐伎和市井商贩，几乎写尽洛阳各阶层的大小人物，末了回归一道王朝未能施行的律令。纵使我们对北魏的了解始终隔着一层厚重的时光，也未尝不能从中看出几许似有若无的隐喻来。

拓展阅读

鹿野苑

　　鹿野苑是四大佛教圣地之一（其他三个分别是菩提伽耶、拘尸那揭罗和尼泊尔的蓝毗尼），汉语称为施鹿林、仙人鹿园等，在今印度北方邦瓦拉纳西。佛陀在摩揭国舍王城的鹿野苑初转法轮（首次讲法），成立僧伽团体。法显《佛国记》载，佛祖的前世迦叶佛（辟支佛）居住于此，因有野鹿经常出没，故称鹿野苑。

　　前531年，释迦牟尼在菩提伽耶觉悟成佛之后，来到鹿野苑初次传法，佛陀找到五位曾经的侍者，为其讲演四圣谛，侍者们证悟后立即出家为五比丘僧，佛、法、僧三宝至此初创完成。前3世纪，阿育王在这里建起了宏伟的佛塔和寺院，以及一根雕刻石柱。640年玄奘来访的时候，鹿野苑已经有了一座100米高的佛塔和一座居住了1500名僧侣的雄伟寺院。玄奘赞美道："双林八水，味道凌风，鹿苑鹫峰，瞻奇仰异。"然而不久后，佛教在印度走向衰落。阿拉伯人在12世纪晚期洗劫了这座城市，鹿野苑彻底消失。现在鹿野精舍西南的乔堪塔（五比丘迎佛塔），就是佛陀初转法轮之处。此塔最初建于笈多王朝，原为覆钵形，莫卧尔帝国

（16 世纪）时在其顶端加建八角亭。初转法轮（佛陀第一次传法）后，在接下来的雨安居中，佛陀在鹿野苑的鹿野精舍（Mulagandha Kuti Vihara，又译作牟拉甘陀库底精舍、根本香室精舍等）传道，僧团逐渐扩大到六十余人，后来佛陀派遣他们到各弘法。

直到 1835 年，英国考古学家的考古发掘才使得人们对此处有了进一步认识。在现存鹿野精舍遗址的不远处，就是 1931 年建成的鹿野寺，内有介绍佛陀生平的精美壁画。鹿野精舍遗址旁还有公元前 2 世纪修建的阿育王石柱遗址。19 世纪末期，考古发现残柱高 15 米，上有用婆罗谜字母书就的铭文，内容为阿育王的功绩和宣扬佛法的诏谕，原件现保存在鹿野苑博物馆中。已断的柱头部分竟长达 2 米多，四面雕刻狮子，印度建国时即以此为国徽的图案。复多王朝时期（4 世纪到 6 世纪），在鹿野苑修建了很多大型佛教建筑，其标志性建筑为达麦塔（Dhamekh Stupa，又译：答枚克搭），又称慈氏菩萨授记塔。佛经载，佛陀的转世为婆罗门子慈氏，世称弥勒菩萨，佛陀在达麦塔所处的位置向弥勒菩萨授记，彼于人寿八万岁时，成等正觉，龙华三会说法，教化众生。12 世纪土耳其人入侵，鹿野苑的所有建筑被破坏殆尽，唯留下达麦塔残部，高达 39 米，直径达 28 米余，成为鹿野苑的标志。19 世纪末期，伴随着佛教考古的推进，复兴佛教的运动兴起。来自斯里兰卡的高僧阿努伽里加·达摩波罗（Anagarika Dharmapala），把菩提伽耶的大菩提树插植于鹿野苑，如今已经是参天大树。鹿野苑现有的佛寺有鹿野寺、法轮寺、中华佛寺、泰国佛寺、日本佛寺等。[1]

---

[1] 参见刘庭风：《园释》，中国建材工业出版社 2020 年版，第 174 页。

开善寺

此篇中，杨衒之讲了两个志怪故事：一则是韦英魂归向妻梁氏讨求说法；另一则是侯氏夫妇因未按时兑现向佛许下的诺言而遭到惩罚痛失爱子。两件事都有较强的民间传说色彩，从中分别折射出儒家传统观念对妇女忠贞品行的普遍要求，以及北魏洛阳时期深入人心的“因果报应”理念。

> 准财里内有开善寺，京兆人韦英宅也。英早卒，其妻梁
> 氏不治丧而嫁，更纳河内人向子集为夫，虽云改嫁，仍居英
> 宅。英闻梁氏嫁，白日来归，乘马将数人至于庭前，呼曰：
> "阿梁，卿忘我耶？"子集惊怖，张弓射之，应箭而倒，即变
> 为桃人。所骑之马亦变为茅马，从者数人尽化为蒲人。梁氏
> 惶惧，舍宅为寺。

　　准财里内有开善寺，是京兆人韦英的故宅。韦英去世得早，他的妻子梁氏不办丧事就改嫁了，招揽河内人向子集为夫。梁氏虽说已经改嫁，却依旧住在韦英的旧宅里。韦英的鬼魂听说这个消息，大白天就骑马领着几个人来到庭院前，喊道："阿梁！你忘记我了吗？"向子集受到惊吓，用弓箭射向韦英。韦英中箭倒地，即刻变成桃木人，他所骑的马变成了茅草马，几位跟随而来的随从都化作了蒲草人。梁氏对此感到畏惧与不安，于是捐出韦英的宅邸改建成开善寺。

　　自古以来，丧礼都在五礼中居于核心地位，对稳定社会秩序和调节社会矛盾起到重要作用。然而，受玄学之风和重情之风的影响，魏晋时人在服丧期间多有纵情违礼之举，与儒学本义乖离。传统的居丧（或称为守丧）制度不仅对丧葬全程中的各种礼节有细致的规定，还要求生者要对死者表达恰到好处的哀悼之情。北魏孝文帝、宣武帝时期，无论是帝王、官僚，还是底层民众，多践行三年丧礼。皇室诸王中，元飏、元怿、元彧、元略等都以居丧著称。南朝居丧之风更甚于北

朝。
文中梁氏的行为严重违背了丧礼的传统规定，因此受到了
韦英的追责。

*

> 南阳人侯庆有铜像一躯，可高丈余。庆有牛一头，拟货
> 为金色，遇急事，遂以牛他用之。经二年，庆妻马氏忽梦此
> 像谓之曰："卿夫妇负我金色，久而不偿，今取卿儿丑多以
> 偿金色焉。"马氏悟觉，心不遑安。至晓，丑多得病而亡。
> 庆年五十，唯有一子，悲哀之声，感于行路。丑多亡日，像
> 自有金色，光照四邻，一里之内，咸闻香气。僧俗长幼，皆
> 来观睹。尚书仆射元顺闻里内频有怪异，遂改准财里为齐谐
> 里也。

南阳人侯庆有一尊铜佛像，约有一丈多高。侯庆有一头牛，
原本打算变卖了牛来给佛像镀金。后来碰上急事，就把牛卖了应
急。两年后，侯庆的妻子马氏忽然梦见佛像对她说："你们夫妇
二人欠我镀金一事这么长时间还没能兑现，今取你儿丑多来偿
还。"马氏醒来，心感不安。天亮时，儿子丑多竟得病死去。侯
庆此时年已五十，膝下仅有这一个儿子，他悲恸的哭声令来往的
行人都为之动容。丑多去世那天，佛像通体变成了金色，金光照
耀四周，方圆一里内都能闻到香气，僧俗子弟都前来围观。任城
文宣王元澄之子、尚书仆射元顺听说准财里接连发生怪异之事，

---

① 关于北魏的居丧制度的讨论，参见高二旺：《魏晋南北朝丧礼与社会》，上海古籍出版社
2017年版，第231—243页。

就将其名改为齐谐里，语出《庄子·逍遥游》："齐谐者，志怪也。"

这个故事比较残酷，也是《洛阳伽蓝记》中唯一一则与佛的慈悲形象相悖的故事。侯庆一开始打算卖掉家里唯一的牛给铜佛像镀金，这种行为动机对于佛教徒来说也算得上是非常虔诚。但他后来因急事取消了计划，就被佛像降下报应，失去了唯一的儿子。这不禁让人感叹，即使侯庆夫妇确实违背了诺言、触犯禁忌在先，这样的惩罚也未免过于严苛。

这个故事或许还有另一种解读视角。据《魏书·释老志》记载，北魏时期寺院的放贷活动十分兴盛，"及其征责，不计水旱，或偿利过本，或翻改券契，侵蠹贫下，莫知纪极"。倘若给佛像镀金暗指向寺院借贷，那么侯庆原本打算卖牛的行为则可视为按期还贷，而他最后因未能在期限内完成还贷，所以遭到惩罚。

宗教信仰作为一种非正式制度，与法律等正式制度相比，缺乏强制力，所以寺院多只能通过道德宣教，更多强调的是自愿捐施和自律还款。这也是寺院金融的脆弱性所在——一旦社会对佛教的信仰下降，寺院的融资渠道萎缩，借款人违约风险增高，寺院金融就会随之走到尽头。《佛祖统记》和《太平广记》中不乏对此类事迹的记载：僧俗人士向寺院借贷而忘记归还，最终遭到报应，有的甚至下了地狱。[1] 因此，宣传果报思想在当时可能也是一种用以维持寺院借贷业务正常运行的有效方式。

---

[1] 相关论述可参见周建波、孙圣民、张博、周建涛：《佛教信仰、商业信用与制度变迁——中古时期寺院金融兴衰分析》，《经济研究》2018 年第 6 期，第 86—96 页。

*

自延酤以西，张方沟以东，南临洛水，北达芒山，其间东西二里，南北十五里，并名为寿丘里，皇宗所居也。民间号为"王子坊"。

○当时四海晏清，八荒率职，缥囊纪庆，玉烛调辰。百姓殷阜，年登俗乐。鳏寡不闻犬豕之食，茕独不见牛马之衣。于是帝族王侯，外戚公主，擅山海之富，居川林之饶。争修园宅，互相夸竞。崇门丰室，洞户连房，飞馆生风，重楼起雾。高台芳榭，家家而筑；花林曲池，园园而有。莫不桃李夏绿，竹柏冬青。

自延酤里向西，张方沟以东，南接连洛水，北至芒山，东西长二里，南北长十五里的范围，统称为寿丘里。"寿丘"是传说中黄帝出生的地方，这里也是北魏皇室所居之处，民间俗称为"王子坊"。

当时四海安宁，八方之人都能各司其职，书卷记载着国家的吉庆，一年四季风调雨顺。百姓富足，年年丰收，平安喜乐。鳏夫和寡妇不用与猪狗抢食，无所依靠的人不再需要穿用乱麻编制的草衣。宗亲王侯、外戚公主坐拥海量财富，占据丰饶的川林，争修园林住宅，竞相攀比炫耀。高庭大户，门门相连，房屋并接，馆阁高耸，在空中仿佛能生出风来，重重叠叠的楼宇笼罩在弥散的雾气之中。家家户户都修筑高台，建造轩榭；庭院里都修有花林与回绕的水池。夏季桃李浓绿茂密，冬季竹柏青翠苍劲。

*

○ 而河间王元琛最为豪首。常与高阳争衡，造文柏堂，形如徽
　音殿，置玉井金罐，以五色缬为绳。妓女三百人，尽皆国
　色。有婢朝云，善吹箎，能为《团扇歌》《陇上声》。琛为秦
　州刺史，诸羌外叛，屡讨之不降。琛令朝云假为贫妪，吹箎
　而乞。诸羌闻之，悉皆流涕。迭相谓曰："何为弃坟井，在
　山谷为寇也？"即相率归降。秦民语曰："快马健儿，不如老
　妪吹箎。"

其中要数河间王元琛的府邸最为豪奢，他的住宅常常被拿来
和元雍的住宅一争高下。元琛所造的文柏堂，形制很像徽音殿，
内设有玉井金罐，用五色绦编成绳。家宅中有家伎三百人，都是
国之绝色。有位名叫朝云的婢女善于吹箎，能吹奏《团扇歌》和
《陇上声》。元琛担任秦州刺史时，羌人的部落发动叛乱，讨伐多
次都没能使之降伏。元琛便安排朝云扮作贫苦的老妇，一边吹箎
一边行乞。众羌人听闻箎声，都流下眼泪，互相说道："为什么
要背井离乡，在山谷中做贼寇呢？"随即相继前来归顺投降。因
此在秦州百姓中流传着这样一句话："骑着快马的军队，不及吹
箎的老妪。"

*

○ 琛在秦州，多无政绩，遣使向西域求名马，远至波斯国。得
　千里马，号曰"追风赤骥"。次有七百里者十余匹，皆有
　名字。以银为槽，金为锁环，诸王服其豪富。琛常语人云：

"晋室石崇，乃是庶姓，犹能雉头狐腋，画卵雕薪，况我大
魏天王，不为华侈？"造迎风馆于后园，窗户之上，列钱青
琐，玉凤衔铃，金龙吐佩。素柰朱李，枝条入檐，伎女楼
上，坐而摘食。

元琛在秦州为官时没什么政绩，他派遣使者远赴西域寻求好
马，最远走到了波斯国。他有一匹千里马，名叫追风赤骥。稍差
些可以日行七百里的马，他也有十多匹，都逐一取名。元琛用银
打造马槽，金制作环锁，诸王都承认他的富有。他还经常与人感
慨："晋朝的石崇不过是个普通庶族，他尚可以穿戴用稚鸟翎羽
织成的帽子和用狐狸腋下皮毛做成的大衣，享用画着图案的蛋，
烧雕有花纹的柴，我贵为大魏王室，怎么能不华奢呢？"他在后
园建造了一座迎风馆，门窗上装饰有钱币样饰的青色连环花纹，
还有玉凤衔铃、金龙吐佩的图案。柰树、李树的枝条伸入屋檐，
果实有青有红。歌妓坐在阁楼上，伸手就可以摘到果子享用。

*

○琛常会宗室，陈诸宝器。金瓶银瓮百余口，瓯、檡、盘、盒
称是。自余酒器，有水晶钵、玛瑙琉璃碗、赤玉卮数十枚。
作工奇妙，中土所无，皆从西域而来。又陈女乐及诸名马。
复引诸王按行府库，锦罽珠玑，冰罗雾縠，充积其内，绣
缬、绸绫、丝彩、越葛、钱绢等，不可数计。琛忽谓章武王
融曰："不恨我不见石崇，恨石崇不见我。"

元琛经常会见宗室，在家中陈列各种宝器。其中金银打制的

瓶、瓮、瓯、檠、盘、盒各有百来个。其余酒器，如水晶钵、玛瑙琉璃碗、赤玉酒杯各有数十个。这些器物做工奇巧，都源于西域，是中土所没有的。此外元琛还展示了各式歌舞妓和诸多名贵的马匹，又领着诸王参观府库。库里堆满了织锦、毛织品、宝珠、雪白的罗裳以及如雾般的薄纱，还有数不清的绣花绸子、绸绫、丝彩、越葛、饰有钱纹的绢缎等名贵的丝织物。在聚会上，元琛突然对章武王元融说："我见不到石崇也没什么可遗憾的，石崇没见过我才遗憾。"

石崇是西晋的开国功臣石苞之子，家境殷实异常。据《晋书·石崇传》记载，石崇在洛阳西北金谷涧，有被称为"别业"的田庄，其中有金田十顷，羊三百口，鸡猪鹅鸭之类，众果竹梅药草之属，应有尽有，又有水碓、鱼池、土窟。这里杨衒之多用夸张的修辞，生动地刻画出北朝几位典型豪富的富足程度。与西晋以生活豪奢著称于世的石崇相比，北魏宗室大臣元琛竟然还可以说出："不恨我不见石崇，恨石崇不见我"这样的言论。尤其讽刺的是，元融见了元琛在自家府邸举行的展览后，叹息自己的财富排在元雍、元琛之后，还因此积郁成疾。可见北魏豪族不仅奢靡成风，还斗富成风。

*

○ 融立性贪暴，志欲无限，见之惋叹，不觉生疾。还家卧三日不起。江阳王继来省疾，谓曰："卿之财产，应得抗衡，何为叹羡，以至于此？"融曰："常谓高阳一人，宝货多于融，谁知河间，瞻之在前。"继笑曰："卿欲作袁术之在淮南，不知世间复有刘备也？"融乃蹶起，置酒作乐。

元融生性贪婪暴虐，欲念泛滥，贪得无厌，看到元琛家中的财富叹惜不已，不知不觉竟生了病，返回家中后卧床三天不起。江阳王元继前来探病，对他说道："您的财产也不比元琛少，为什么要如此羡慕他，以至于把自己弄成这副惨样？"元融回答说："过去我以为只有高阳王元雍的财宝比我多，哪知去河间王府一看，才明白自己被远远甩在了后面。"元继笑着说："您这是要做在淮南称帝的袁术，不知道世间原来还有刘备啊。"元融听罢立刻爬起来，设酒作乐。

袁术联合吕布攻打刘备时，在写给吕布的信中则有"术生年以来，不闻天下有刘备"之言。因袁术过早称帝导致众叛亲离，后世之人往往评价他目光短浅。此处将元融类比袁术，恐怕正有讽刺元融眼界尚浅之意。元融或许正是意识到了这一点，为了不使自己当下的一蹶不振更显鄙薄才又重新振作精神。

*

○于时国家殷富，库藏盈溢，钱绢露积于廊者，不可较数。及太后赐百官负绢，任意自取，朝臣莫不称力而去。唯融与陈留侯李崇负绢过任，蹶倒伤踝。太后即不与之，令其空出，时人笑焉。侍中崔光止取两匹。太后问曰："侍中何少？"对曰："臣有两手，唯堪两匹。所获多矣。"朝贵服其清廉。

当时国家富裕，库藏富足，堆积在走廊里的钱财、绢帛不计其数。一次太后赏赐百官可以任意取走国库中的绢布，朝中大臣都量力取绢而去，只有元融与陈留侯李崇因背绢时负荷过重，跌倒在地，导致足踝受伤。太后让他们空手而归，时人都嘲笑他俩贪得无厌。侍中崔光只拿了两匹绢锦，太后问道："侍中为什么拿那么少？"崔光回答说："臣只有两只手，只能拿得了两匹。两匹也已经够多了。"朝廷权贵都佩服崔光的清廉。

*

> 经河阴之役，诸元歼尽，王侯第宅，多题为寺。寿丘里间，列刹相望，祇洹郁起，宝塔高凌。四月初八日，京师士女多至河间寺，观其廊庑绮丽，无不叹息，以为蓬莱仙室亦不是过。入其后园，见沟渎蹇产，石磴嶕峣，朱荷出池，绿萍浮水，飞梁跨阁，高树出云。咸皆啧啧，虽梁王兔苑，想之不如也。

经河阴之役，元姓皇族几乎被杀害殆尽，王侯宅邸多被改建为佛寺。寿丘里内，众多佛寺排列相对，祇洹精舍林立，宝塔高耸。每逢四月初八这天，京城士子、妇女都会来到河间寺，看到寺庙内华美壮观的廊房时，无不为之感慨惊叹，认为蓬莱仙室也不过如此。寺院后园的沟渠蜿蜒曲折，石阶陡峭高耸，鲜艳地红荷探出池塘，绿萍成片浮在水面上，架起的桥梁宛若飞在空中，横跨过重重楼阁，高大的树木仿佛要伸入云端，人们都连连叹息，认为梁王的兔苑想必也是远不足以与河间寺相比的。

追光寺

　　追光寺也同样由寿丘里亡故宗室舍宅改建而成。其捐赠者是在元乂执政时投奔萧梁，在胡太后返政后则选择毅然北归的皇室宗亲元略。杨衒之在此篇中，并无任何描写寺庙之辞，而是将元略生平经历的重大政治事件相串联，从中生动细致地向后人展现了元略忠烈、崇高的道德品质。

中

追光寺，在寿丘里，侍中尚书令东平王略之宅也。

○ 略生而岐嶷，幼则老成。博洽群书，好道不倦。神龟中为黄
门侍郎。元乂专政，虐加宰辅，略密与其兄相州刺史中山王
熙欲起义兵，问罪君侧。雄规不就，衅起同谋。略兄弟四人
并罹涂炭，唯略一身逃命江右。

追光寺位于寿丘里，是侍中尚书令东平王元略的宅邸。

元略幼年聪慧，年幼之时言行举止就很成熟。他博览群书，
醉心于钻研圣贤之道，在神龟年间（518—520）担任黄门侍郎一
职。当时元乂专断朝政，甚至敢迫害宰辅，于是元略与当时担任
相州刺史的兄长中山王元熙密谋起义，去清算君王身边权臣（指
元乂）的罪过。谋划尚未成功，元略与元熙二人间就起了冲突。
元略的其他四位兄弟都惨遭杀害，只剩元略孤身一人逃往江东。

中

○ 萧衍素闻略名，见其器度宽雅，文学优赡，甚敬重之。谓
曰："洛中如王者几人？"略对曰："臣在本朝之日，承乏摄
官，至于宗庙之美，百官之富，鸳鸯接翼，杞梓成阴，如臣
之比，赵咨所云：车载斗量，不可数尽。"衍大笑。乃封略
为中山王，食邑千户，仪比王子。又除宣城太守，给鼓吹一
部，剑卒千人。略为政清肃，甚有治声。江东朝贵，侈于矜
尚，见略入朝，莫不惮其进止。寻迁信武将军，衡州刺史。

萧衍听说过元略的声名，又见他为人宽容，举止文雅，学问渊博，对他很是敬重。萧衍曾问元略："洛阳像您这样的人物还有几个？"元略回答说："臣在魏国的时候，承蒙朝中官职缺人，才得以代任。魏洛王室和朝廷百官之中，有贤能者自是数不胜数。如臣这般的人，用赵咨的话来说就是'用车来载，用斗来量，都难以数尽'。"萧衍听罢大笑，封元略为中山王，赏食邑千户，规格和萧梁的王室子弟一样。又任命元略担任宣城太守，赏赐他一支仪仗乐队，数千名持剑的士兵。元略处理政务主张清廉严明，因为颇有政绩而备受赞誉。江东的朝廷贵臣一向自大傲慢，但一看到元略上朝没有不忌惮其言行的。不久后，元略被擢升为信武将军，衡州刺史。

*

○孝昌元年，明帝宥吴人江革，请略归国。江革者，萧衍之大
　将也。萧衍谓曰："朕宁失江革，不得无王。"略曰："臣遭
　家祸难，白骨未收，乞还本朝，叙录存没。"因即悲泣，
　衍哀而遣之。乃赐钱五百万，金二百斤，银五百斤，锦绣宝玩
　之物，不可称数。亲帅百官送于江上，作五言诗赠者百余
　人。凡见礼敬如此。

孝昌元年（525），孝明帝意欲赦免吴人江革，作为交换元略返回魏国的条件。江革是萧衍的大将，萧衍却说："我宁愿失去江革，也不愿失去元略。"元略请求道："臣遭遇家族祸难，家人们的尸骨尚未埋葬，还请求您允许我归还旧都，使活着的人、亡故的人都可以录入族谱。"元略说罢，悲伤恸哭。萧衍心生怜悯，

就同意放他归魏，并赐钱五百万，金二百斤，银五百斤，锦绣宝玩之类的物件不计其数。萧衍亲自率领百官送元略至长江边，临别时还有百余人作五言诗赠与元略。南梁对元略的礼敬大抵如此。

《洛阳伽蓝记》卷一至卷四中对萧衍都有提及：卷一是尔朱荣入洛，元颢南投萧衍之事；卷二提到陈庆之在北海王兵败后返回南梁，萧衍任命他为司州刺史之事；卷三提到萧衍养子萧正德来魏归降之事；本卷则是元乂专政，元略投奔萧衍一事。对于走投无路而选择南投的北朝宗室和士人，萧衍都积极接纳并大胆任用他们，始终以开放、包容的心态，向他们予以极高的礼遇，使其在南朝也能身居高位，施展才能，足见萧衍豁达的心胸和唯才是举的人才观。

梁武帝萧衍（464—549），字叔达，南兰陵郡武进县东城里（今江苏丹阳访仙镇）人，是南北朝时期梁朝政权的建立者。萧衍原为南齐官员，南齐中兴二年（502），齐和帝被迫"禅位"于萧衍，南梁建立。萧衍执政期间大兴文治，向陶弘景等隐士虚心求教，在位长达四十八年。这段黄金时期，南朝局势稳定，政治、经济、思想、文化均获得了长足发展。直至萧衍晚年，侯景之乱爆发（548），南梁都城陷落，萧衍被囚禁，最终饿死于台城，享年八十六岁，葬于修陵，谥号武皇帝，庙号高祖。

萧衍善于经学、史学、文学研究。据《梁书·武帝纪》记载，其"兼笃信正法，尤长释典"。萧衍著述颇丰，在经学方面，撰有《周易讲疏》《春秋答问》《孔子正言》等二百余卷；史学方面，撰《通史》，六百卷。其引经据典，才识超迈今古。此外，萧衍崇尚佛教，出资修立诸多佛寺，致力于佛法研究，被誉为"菩萨天子"。在受"菩萨戒"后，他一直禁欲、素食，生活节制，且在位期间曾多次舍身佛寺：普通八年（527）三月八日，萧衍第一次前往同泰寺舍身出家，三日后返回，随后大赦天下，改年号大通；大通三年（529）九月十五日，第二次至同泰寺，举行"四部无遮大会"，脱下帝袍，换上僧衣，舍身出家，九月十六日讲解《大般涅槃经》，二十五日由群臣捐钱一亿，向"三宝"祷告，请求赎回"皇帝菩萨"，二十七日还俗；大同十二年（546）四月十日，萧衍第三次出家，朝臣用两亿钱将其赎回；太清元年（547）三月三日，萧衍第四次出家，在同泰寺住了三十七天，四月十日朝廷出资一亿将其赎回。萧衍不仅潜心崇佛，还为《涅槃》《大品》《净名》《三慧》等数百卷佛教典籍作注，提倡将儒家的"礼"、道家的"无"和佛教的"涅槃""因果报应"相互综合，创立了"三教同源说"。萧衍喜爱吟诗赋文，早年位列"竟陵八友"之一，经常与群臣对诗，可谓下笔成章，这也对南梁群臣尚文之风有一定影响。

＊

○略始济淮，明帝拜略侍中义阳王，食邑千户。略至阙，诏曰："昔刘苍好善，利建东平，曹植能文，大启陈国，是用声彪盘石，义郁维城。侍中义阳王略，体自藩华，门勋凤著，内润外朗，兄弟伟如。既见义忘家，捐生殉国，永言忠烈，何日忘之？往虽弛担为梁，今便言旋阙下，有志有节，能始能终。方传美丹青，悬诸日月，略前未至之日，即心立称，故封义阳。然国既边地，寓食他邑，求之二三，未为尽善。宜比德均封，追芳曩烈。可改封东平王，户数如前。"

寻进尚书令，仪同三司。领国子祭酒，侍中如故。

元略刚渡过淮河，尚未进洛阳，孝明帝就拔擢他担任侍中，封义阳王，赐食邑千户。元略进宫觐见时，孝明帝下诏说："从前东平王刘苍（东汉光武帝刘秀之子）乐于为善，有利于东平郡的建设；曹植能做文章，大大提升了陈国的名望。这些都是宗室子弟中名望显赫、以道义维护国家城池的典范。侍中义阳王元略是高门贵族，功勋卓越，内心温润，仪表俊朗，在一众宗室子弟中卓越超群。元略既能为大义舍弃家庭，又愿意为国捐躯，片刻不曾忘却自己的忠烈之心。元略过去虽然在梁国任职，但他的志向和气节始终不曾动摇；现在既已回归到魏廷，应当将他的美德载入史册，如高悬的日月不可磨灭。元略尚在归途中时，我就已在心中确立了他的地位，故封其为义阳王。然而封地偏远，俸禄还需靠其他郡邑发放。考虑再三，朕认为这样的安排并不妥当，理应论功行赏，按照元略的德行选择与之相称的封国，和先烈所受的礼遇相等齐。因此改封为东平王，奖赐食邑的户数都与从前保持一致。"不久后，元略又被进封为尚书令，仪同三司，国子祭酒，侍中一职依旧。

*

○略从容闲雅，本自天资，出南入北，转复高迈。言论动止，朝野师模。建义元年薨于河阴，赠太保，谥曰文贞。嗣王景式舍宅为此寺。

元略生来就从容文雅，投南返北的经历愈显其超越群伦，言

306

谈和举止被朝野上下视为楷模。建义元年（528），元略死于河阴，追赠太保，谥号文贞。元略的儿子元景式捐献宅邸改建为追光寺。

杨衒之在对元略的描写上不吝赞美之词，但《魏书·元略传》对元略北归的整体评价却是"于时天下多事，军国万端，略守常自保，无他裨益，唯唯具臣而已"。若取信《魏书》所言，昔日有心发动义军、问罪君侧的义勇之士，回归故土后竟变得固守常规，唯唯诺诺。南北朝的政治环境有别，元乂弄权前后北朝更是动荡不已，元略的政治地位也几经起落。是否身陷此般故土反而不如身在他乡更能自由地施展抱负？突如其来的河阴之变为这位东平王的人生画上了句号，无论胸中怀有多少壮志，终归都被时代的激流冲刷褪去了。

融觉寺

　　此篇主要记载了北魏僧人昙谟最讲法事宜。昙谟最极高的佛学成就也与北魏崇佛的大环境不无关系。此外，本篇还向我们引入了菩提流支、摄摩腾和鸠摩罗什三位域外高僧。

*

> 融觉寺，清河文献王怿所立也，在闾阖门外御道南。有
> 五层浮图一所，与冲觉寺齐等。佛殿僧房，充溢三里。比丘
> 昙谟最善于禅学，讲《涅槃》《华严》，僧徒千人。天竺国胡
> 沙门菩提流支见而礼之，号为"菩萨"。

融觉寺由清河文献王元怿出资所建，位于闾阖门外御道南侧。寺内有一座五层宝塔，规制与冲觉寺不相上下。方圆三里内布满了佛殿与僧房。其中有僧人昙谟最精于禅学，善讲《涅槃经》和《华严经》，僧徒多达千人。天竺国僧人菩提流支见昙谟最对他礼敬有加，称他为"菩萨"。

此处需要将目光再次回转到卷二"崇真寺"篇。在慧凝讲述的地狱经历中，昙谟最曾遭到阎王严酷的惩罚；在此篇的讲述中，昙谟最却得到了高僧菩提流支的高度认可，被称为"菩萨""东方圣人"。前后评价如此悬殊，实在令人费解——或许这正体现着重禅修的僧人与重义解的僧人之间的分歧。

不远万里赶赴北魏的菩提流支显然是奔着传播义理而来，他不仅协助北魏僧人翻译佛经，更在北魏建立地论学派以传播佛教思想。愿意为他提供优越条件的宣武帝也颇重佛教义理，但在进一步向下传播的过程中遇到了阻碍。所幸北朝大地上依然出现了昙谟最这样既工于义理又善于宣讲的僧人，亦有千人规模的信众群体愿意从义理的角度理解佛教。

○流支解佛义，知名西土，诸夷号为罗汉，晓魏言及隶书，翻
　《十地》《楞伽》及诸经论二十三部。虽石室之写金言，草堂
　之传真教，不能过也。

菩提流支深谙佛法，在印度远近闻名，西域诸国多称其为
"罗汉"。他通晓魏国的语言和文字，翻译出《十地经》和《楞伽
经》等经论二十三部，即使是在兰台石室里译写佛经的摄摩腾和
在草堂寺传播佛法的鸠摩罗什也不及他。

*

流支读昙谟最《大乘义章》，每弹指赞叹，唱言微妙。
即为胡书写之，传之于西域，西域沙门常东向遥礼之，号昙
谟最为"东方圣人"。

菩提流支读昙谟最注解的《大乘义章》，每到精微巧妙之处，
都会不觉捻弹手指，连连赞叹，高呼其深奥玄妙。于是菩提流支
用胡人的文字来翻译昙谟最的书，并将其传播到西域诸国中去。
西域僧人经常朝着东方遥遥行礼，称昙谟最为"东方圣人"。

昙谟最、菩提流支都是北魏时期佛经传译的重要代表人物，
他们的著作和译作因价值颇高广为流传，中西间也通过他们的不
懈努力实现了佛典互译，佛法互传。

大觉寺

　　大觉寺也曾是北魏王室宗亲的住宅，其原主广平王元怀是孝武帝元修的父亲。寺院的地理位置与人文、自然景观颇受青睐。中书舍人温子昇受诏为大觉寺撰写碑文，可见中央对大觉寺的重视。杨衒之将笔墨主要用在寺庙建制以及园林景观的描写上。

✳

> 大觉寺，广平王怀舍宅立也，在融觉寺西一里许。北瞻
> 芒岭，南眺洛汭，东望宫阙，西顾旗亭，禅阜显敞，实为
> 胜地。
>
> 是以温子昇碑云："面水背山，左朝右市。"是也。
>
> 怀所居之堂，上置七佛，林池飞阁，比之景明。至于春
> 风动树，则兰开紫叶；秋霜降草，则菊吐黄花。名僧大德，
> 寂以遣烦。永熙年中，平阳王即位，造砖浮图一所。是土石
> 之工，穷精极丽，诏中书舍人温子昇以为文也。

大觉寺原是广平王元怀的住宅，在融觉寺以西约一里的地方。大觉寺北望芒岭，南对洛滨，向东望去是皇城的宫阙，向西看去则是旗亭。地势高而开阔，确实是个好地方。因此，温子昇在碑文中写道"面水背山，左朝右市"，确实如此。

元怀在居住的厅堂中安放了七佛尊像。寺里有园林池塘，楼阁高耸，可与景明寺相媲美。春风吹拂树木时，兰草冒出紫色的花梗；秋霜降于芳草时，菊丛吐出黄色的花瓣。高僧大德都来这里静修以排遣忧愁。永熙年间（532—534），平阳王元修即位（为孝武帝），在寺中建造起一座砖砌宝塔。土石工艺巧妙，精致至极。于是孝武帝下诏令中书舍人温子昇为大觉寺撰写碑文。

广平王元怀生于 488 年，卒于 517 年，字宣义，是孝文帝元宏第五子，宣武帝元恪同母弟。太和二十一年（497），被封广平王。由于宣武帝元恪原非太子，出于政治目的对宗室迫害激烈，元怀生活作风奢侈，被宣武帝长期软禁于华林别馆，由四门博士

董征为之授学。直到 515 年，宣武帝逝世，元怀才被放还回家，不到两年（517）就与世长辞。在他不足三十年的生命中，大半都是牢狱光景。因此，元怀的生平乏善可陈，就连孝武帝出生（510）时，元怀还在软禁期间。

永明寺

杨衒之在此篇中不仅交代了洛阳城的"佛国"盛况，还生动描写了异域僧人的求法之路以及他国风土人情。此外还专门提到宜年里内陈留王元景皓宅邸所铸佛像"出走"的灵异现象。通过佛像神迹对王朝命运的预示，再现了佛教在北魏士庶普遍信仰观念中的神秘与权威。

*

永明寺，宣武皇帝所立也，在大觉寺东。时佛法经像盛
于洛阳，异国沙门，咸来辐辏，负锡持经，适兹乐土。世宗
故立此寺以憩之。房庑连亘，一千余间。庭列修竹，檐拂高
松，奇花异草，骈阗阶砌。百国沙门，三千余人。

　○西域远者，乃至大秦国。尽天地之西垂，耕耘绩纺，百姓野
　　居，邑屋相望，衣服车马，拟仪中国。

永明寺由宣武帝所建，在大觉寺东面。当时佛法、佛经、佛
像盛行于洛阳，异国的僧人们都带着佛经、背着锡杖会聚于这片
乐土。因此宣武帝下令建造永明寺供他们居住。寺内僧房连甍接
栋，多达一千余间。庭院里生长着成排的翠竹，松树高大，枝条
能拂过屋檐，阶石上密密麻麻的满是各类奇异花草。各国前来朝
圣的僧人总共有三千多人。

要说算得上远道而来的，还是大秦国的僧人。大秦国（罗马
帝国）在极西之地，那里的百姓散居旷野，村舍错落其间，他们
靠耕地、纺织为生，服饰、出行都模仿中国的仪制。

*

　○南中有歌营国，去京师甚远，风土隔绝，世不与中国交通，
　　虽二汉及魏，亦未曾至也。今始有沙门菩提拔陀至焉。自
　　云："北行一月，至句稚国，北行十一日，至典孙国，从典
　　孙国北行三十日，至扶南国。方五千里，南夷之国，最为强
　　大。民户殷多，出明珠金玉及水精珍异，饶槟榔。从扶南国

北行一月，至林邑国。出林邑，入萧衍国。"拔陀至扬州岁余，随扬州比丘法融来至京师。京师沙门问其南方风俗，拔陀云："古有奴调国，乘四轮马为车。斯调国出火浣布，以树皮为之，其树入火不燃。凡南方诸国，皆因城郭而居，多饶珍丽，民俗淳善，质直好义，亦与西域大秦、安息、身毒诸国交通往来，或三方四方，浮浪乘风，百日便至。率奉佛教，好生恶杀。"

　　南方有歌营国（今马来半岛南），距离京城很是遥远，那里好像与世隔绝，历代不与中国互通往来，即使在两汉、曹魏时期，也未曾有人去过，如今才有僧人菩提拔陀前来。据他说："向北走一个月，可到达句稚国；再向北行十一日，就到了典孙国（今马来半岛）；从典孙国向北行三十日，到达扶南国（今柬埔寨及下南圻）。扶南国方圆五千里，在南方诸国中最为强大，人口众多，百姓富足，盛产明珠、金玉及水晶等奇珍异宝，槟榔尤极丰饶。从扶南国向北行一个月，穿过林邑国（今越南本部）就进入了萧衍的国家。"菩提拔陀到扬州一年多，跟随扬州僧人法融来到洛阳。洛阳的僧人们都向他询问南方的风俗，菩提拔陀说："古时候有奴调国（疑在今南洋群岛之中），其民出行时多乘坐四轮马车。又有斯调国（一说为斯里兰卡，一说为印尼爪哇），盛产用树皮做成的火浣布，这种树皮即使被投入火中也不会燃烧。南方各国都习惯建城而居，多盛产珍宝珠玉，民风淳朴善良、直率讲义气，与西域的大秦、安息（位于伊朗高原，葱岭西，大月氏西北）、身毒（印度）诸国都互通往来。自南方、东方诸国到来的僧人，从海路乘船前往，顺风只需百日便可到达。

那里的人们尊崇佛教，爱护生灵，厌恶杀戮。"

歌营国即为加营国，位于今马来半岛南部。《太平御览》卷七引《南州异物志》曰："歌营（国）在句稚南，可一月行到，其南文湾中有洲名蒲类，上有居人，皆黑如漆，齿正白，眼赤，男女皆裸形。"据载，加营国的国王喜欢马，来自月支的商人常常到加营国贩马，国王不论好坏，全数买下。如果在路途中发生了意外，商人拿着马头和马皮给国王，国王也会按照半价收购。

*

寺西有宜年里，里内有陈留王景皓、侍中安定公胡元吉等二宅。

> ○景皓者，河州刺史陈留庄王祚之子。立性虚豁，少有大度，爱人好士，待物无遗。夙善玄言道家之业，遂舍半宅安置佛徒，演唱大乘数部。并进京师大德超、光、晒、荣四法师，三藏胡沙门菩提流支等咸预其席。诸方伎术之士，莫不归赴。时有奉朝请孟仲晖者，武威人也。父宾，金城太守。晖志性聪明，学兼释氏，四谛之义，穷其旨归。恒来造第，与沙门论议，时号为"玄宗先生"。晖遂造人中夹纻像一躯，相好端严，希世所有。置皓前厅，须弥宝坐。永安二年中，此像每夜行绕其坐，四面脚迹，隐地成文。于是士庶异之，咸来观瞩。由是发心者，亦复无量。永熙三年秋，忽然自去，莫知所之。其年冬，而京师迁邺。武定五年，晖为洛州开府长史，重加采访，寥无影迹。

在永明寺的西面有宜年里，里内有陈留王元景皓、侍中安定公胡元吉二人的宅邸。

元景皓是河州刺史陈留庄王元祚的儿子。他生性旷达，年少时便气量宽宏，能够容人，怜爱百姓，喜欢与士人交往，待人接物都很周到。元景皓善于讲解佛法义理，捐献一半住宅用于安置佛教徒，讲诵数部大乘佛教经典。元景皓还延请京城中的高僧大德——僧超、慧光、智晖、道荣四位法师前来讲经，精通三藏的菩提流支等域外僧人也都在他的邀请之列。各地懂得技艺方术之人也都前来投奔元景皓。当时有个叫孟仲晖的奉朝郎，是武威人。他的父亲孟宾做过金城太守。孟仲晖天资聪慧，通晓佛学，对于四谛的意涵理解深刻。他常常来拜访元景皓，与众僧探讨佛教义理，当时人称他为"玄宗先生"。孟仲晖造了一尊卢舍那法界人中夹纻像，佛像相貌端庄严肃，世间罕见，被安放在元景皓宅邸前厅的须弥宝座上。永安二年（529）中，佛像突然每夜都环绕它的宝座行走，留在地上的足迹隐入地中形成纹路。士人和庶民都对此感到诧异，纷纷前来观看，无数人对着佛像祈愿。永熙三年秋（534），佛像忽然自行离去，没有人知道它去了哪里。这年冬天，孝庄帝迁都邺城。武定五年（547），孟仲晖担任洛州开府长史，再次寻访佛像的下落，仍未能寻得踪迹。

这段记载中杨衒之特意提到这是一尊夹纻像。夹纻亦作"夹纾""挟纻"，是一种独特的成型工艺，也是中国传统的大漆技艺之一。大致步骤是先塑成泥胎，再用漆把麻布贴在泥胎外面，待漆干后反复涂多次，最后把泥胎取空，故又称"脱空像"。这种方法塑像不但柔和逼真，而且质地很轻。据考证，在汉代便有使用夹纻工艺制作的漆器。自佛教传入中国后，随着佛教活动的盛行，这种大漆技艺常被用于佛造像中。

这段故事的主人公元景皓还是"宁为玉碎，不为瓦全"典故的主角。北齐文宣帝高洋为了消除政治隐患诛杀北魏皇室七百多人，且手段残忍，但与皇室一脉血缘关系较远的元姓族人并未被加罪。即使如此，元景皓的弟弟元景安出于畏惧，主动向高洋表示自己乐意改姓为高，而元景皓高呼"宁为玉碎，不为瓦全"，坚决不改姓。元景安向高洋告发了元景皓的言论，随后高洋就处死了元景皓，并给元景安赐姓为高。

*

> 出阊阖门城外七里有长分桥。
>
> ○中朝时以谷水浚急，注于城下，多坏民家，立石桥以限之，长则分流入洛，故名曰长分桥。或云：晋河间王在长安遣张方征长沙王，营军于此，因名为张方桥也。未知孰是。今民间讹，号为张夫人桥。
>
> 朝士送迎，多在此处。

出阊阖门向城外七里便到了长分桥。

晋中朝时因谷水深且湍急，经常冲坏城下百姓的屋舍，朝廷就建造石桥来限制水流，水涨时便可分流进入洛河，所以该桥又被称为长（涨）分桥。又一说：晋朝河间王在长安派张方征讨长沙王，张方曾在此地驻军，因此又叫张方桥。不知哪种说法是对的。今民间错传，称其为张夫人桥。

朝中官员多在这里迎客送别。

*

> 长分桥西，有千金堨。计其水利，日益千金，因以为
> 名。昔都水使者陈飚所造，令备夫一千，岁恒修之。

　　长分桥向西有千金堨。因为核算它带来的水利之便后发现，每天的增益不止千金，便以"千金"为名。千金堨由都水使者陈飚所建，后来朝廷下令配备一千劳工每年定期对其加以修缮。

　　第四卷中杨衒之着重描写了诸多北魏王室宗亲的生平，又着重刻画了北魏时洛阳在佛教世界所占据的地位。关于佛教外交的记载在第五卷中又有延续。

拓展阅读

千金堨[①]

　　千金堨又被称为千金碣，是曹魏至西晋时期洛阳城外一处重要的水利工程。该工程对于满足洛阳城生活用水、河道运输及城市防洪都有着巨大的作用，是维系整个洛阳城发展命脉的重要水利设施。曹魏时期，为进一步提供稳定的城市水源并减少水患，重修东汉引谷入城的水利设施，增修千金碣。太和五年（231），重修堨谷大坝谓之千金坞。《水经·谷水注》记载："《洛阳记》曰：千金碣，旧堨谷水，魏时更修此堨，积石为碣而开沟渠五

---

① 周勋：《论千金碣与魏晋时期洛阳城水利关系》，《安阳师范学院学报》2015 年第 1 期，第 60—63 页。

所，谓之五龙渠，渠上立堨……盖魏明帝修王、张故绩也。堨是都水使陈协所造。"千金堨的修建极大地缓解了洛阳城水患，直到晋武帝泰始四年（268），"伊、洛溢，合与洛"。此间三十七年，洛阳城无重大水灾见于文献记载。魏咸熙二年（265），晋王司马炎篡权称帝，史称西晋，都洛阳。为维持洛阳城发展，西晋朝廷继续沿用千金堨，并对其不断进行修建改造。据《水经·谷水注》记载，晋太始七年（271）六月，大水暴注，荡坏二堨，沟渎泻坏，晋人重修五龙渠及千金堨，增高千金于旧一丈四尺，更于西侧开泄，名曰代龙渠，即九龙渠。晋惠帝时，在千金堨东面的谷水上建造石梁。"晋元康二年（292）十一月二十日，改治石巷水门，除竖枋，更为函枋，立作覆枋屋，前后辟级续石障，使南北入岸，筑治漱处，破石以为杀矣。到三年三月十五日毕讫。"后来张方入洛，破千金堨。永嘉初年，汝阴太守李矩、汝南太守袁孚又修缮复原。

由于千金堨工程的修建与洛阳城水源休戚相关，北魏政权迁洛之初，就对千金堨水利工程大力进行维修改造。《水经·谷水注》记载，晋永嘉之后，"积年，渠堨颓毁，石砌殆尽，遗基见存，朝廷太和中修复故堨"。《太平寰宇记》引《东都记》记载，魏孝文帝迁都洛阳后也曾修复千金堨。北魏杨播墓志则进一步佐证了这一点，志曰："十七年（493）大驾南征……以君为左将军，恒领万骑以卫中，拥车驾洛阳，定鼎于郏鄏。高祖初建都之始，君参密谋焉，仍以左将军与咸阳王禧等经始太极、庙社，殿库，又修成千金堨，引谷、洛水以灌京师。"为满足洛阳城用水需求，孝文帝在重修千金堨的同时，还进行了通洛入谷的工程，类似于前代的堰洛通漕。据《魏书》记载，"太和二十年将通洛入谷，帝亲临观"，足见千金堨对于洛阳城发展的重要性。对于千金堨位置，熊会贞在《水经注疏》中指出，堨应在旧洛阳县北（今洛阳老城北）。段鹏琦则认为今老城北地势高且沟壑错综，不适合建千金堨，他从人工渠道走向及水流峻急形势着手，分析指出千金堨大致位于瀍河下游的东侧，在塔湾村以西约 0.5 公里处。①

① 段鹏琦：《汉魏洛阳与自然河流的开发与利用》，《庆祝苏秉琦考古五十五年论文集》，文物出版社 1989 年版，第 504—514 页。

卷五

城北

禅虚寺

北魏洛阳城依山而建的城市布局，决定了城北的建筑规划注定无法与其他方位一致。城与山之间的空隙构成外城的一部分，随着寺庙数量的急速膨胀，这里也发展成为寺院选址的主要地点。

此篇关于禅虚寺的来由、形制等一概没有交代，杨衒之将笔墨主要用在了寺前的阅武场上，以其用词来看，这类军事设施在北魏洛阳城中似乎并不多见。在宣武、孝明二帝执政时期，阅兵场移作别处，禅虚寺的命运也就此改变。

禅虚寺，在大夏门外御道西。寺前有阅武场，岁终农
隙，甲士习战，千乘万骑，常在于此。

禅虚寺在大夏门外的御道西侧。寺前设有阅武场，可供士兵
们在年末农事闲暇时训练作战，诸多军队兵马常常停驻于此。

○有羽林马僧相善角觚戏，掷戟与百尺树齐等。虎贲张车渠，
掷刀出楼一丈。帝亦观戏在楼，恒令二人对为角戏。

有一位叫马僧相的羽林军士兵善于作角抵戏，他能将铁戟抛
到与百尺之树等高，再稳稳接住。还有一位叫作张车渠的虎贲军
士兵，能将刀抛得超出高楼一丈，再精准接住。皇帝也在楼上观
看表演，经常下令让二人相对而立，进行表演赛。

张车渠其名曾在魏书中稍有提及，可惜并非是要夸耀他的掷
刀绝技。据《魏书·灵太后传》与《魏书·胡虔传》所言，太
后的侄子胡虔曾与备身左右（皇帝近卫官的一种）张车渠等数
十人试图谋杀元乂，可惜没能成功，胡虔坐罪徙边，张车渠等被
处死。

中朝时，宣武场在大夏门东北，今为光风园，苜蓿
生焉。

西晋时期，宣武场位于大夏门的东北方，如今更名为光风园，园内苜蓿丛生。

苜蓿是汉时从西域引进的一种优秀牧草，营养价值较高，可以养出骠壮的战马。据《史记·大宛传》记载："马嗜苜蓿，汉使取其实来。于是天子始种苜蓿、蒲陶（于）肥饶地。及天马多，则离宫别观旁尽种蒲陶、苜蓿极望。"

鲜卑是游牧民族，善于骑马作战，畜牧经济也非常发达。据《资治通鉴·齐纪》所载，太武帝征服秦、凉一带时，"以河西水草善，乃以为牧地。畜产滋息，马至二百余万匹，橐驼将半之，牛羊则无数"。孝文帝迁都洛阳后，军事重心随之南移，"复以河阳为牧场，恒置戎马十万匹，以拟京师军警之备。每岁自河西徙牧于并州，以渐南转，欲其习水土而无死伤也"。然而这两处官营牧场，"及正光（520—525，孝明帝元诩执政中后期）以后，皆为寇盗所掠，无孑遗矣"。

以军事立国的北魏到了末期已不再如昔日般崇尚武德，源自战术技能的武戏也逐渐沦为观赏性质的表演。苜蓿作为战马常用的食粮，以杂乱丛生的方式对路过的人们做无力的提醒——这里曾是气势恢弘的阅兵场。

凝圆寺

凝圆寺是《洛阳伽蓝记》中最后一座"舍宅为之"的寺庙，由宦官贾璨因母亲去世而捐赠。其中建筑华丽，园林优美，王宫卿士多来此游览赏玩、吟诗作对，好不热闹。这里通过寻常婢女懂得双声语这一细节再次折射出北魏文学的发展，也巧妙地展现了北魏女性的魅力。

*

凝圆寺，阉官济州刺史贾璨所立也。在广莫门外一里御

道东，所谓永平里也。

　○即汉太上王广处。迁京之初，创居此里，值母亡，舍以

　为寺。

凝圆寺由宦官济州刺史贾璨出资而建，位于广莫门外一里处
的御道东侧，就是永平里这个地方。

凝圆寺就在汉时太上王庙所在之处。刚迁都时，贾璨在永平
里筑宅居住，适逢母亲去世，就将这处宅邸捐作寺庙。

*

地形高显，下临城阙，房庑精丽，竹柏成林，实是净行

息心之所也。王公卿士来游观，为五言者，不可胜数。

凝圆寺地势高显，居高临下对着宫城，其间房屋精致华丽，
竹柏苍翠茂密，确实是静心修行的好地方。王公卿士前来游玩赏
景、作诗赞美者不计其数。

*

洛阳城东北有上商里，殷之顽民所居处也。高祖名闻

义里。

在洛阳城的东北方有上商里，这里原是不愿归顺于周的殷商

遗民所居之处。孝文帝后来将此地改名为闻义里。

*

○ 迁京之始，朝士住其中，迭相讥刺，竟皆去之。唯有造瓦者
止其内，京师瓦器出焉。世人歌曰："洛城东北上商里，殷
之顽民昔所止。今日百姓造瓮子，人皆弃去住者耻。"唯冠
军将军郭文远游憩其中，堂宇园林，匹于邦君。时陇西李元
谦乐双声语，常经文远宅前过，见其门阀华美，乃曰："是
谁第宅？过佳！"婢春风出曰："郭冠军家。"元谦曰："凡婢
双声！"春风曰："儜奴慢骂！"元谦服婢之能，于是京邑翕
然传之。

　　刚迁都时，朝中士子被安排居住在上商里，大家相互嘲讽，
争相离去，最后只剩瓦匠留居于此，京城的瓦器都出自这里。世
间有歌谣传唱道："洛阳城东北方向的上商里，当年殷之顽民栖
身的地方，如今住着平民烧瓦工，人人都以在此居住为耻。"只
有冠军将军郭文远喜欢在上商里游玩小憩，他宅邸的堂屋和园
林可与王侯府邸的景观相比。当时有个喜欢用双声语的陇西人李
元谦曾从郭文远宅前经过，见门楣华丽，乃问道："是谁第宅？
过佳！"婢女春风出来回应："郭冠军家。"李元谦说："凡婢双
声！"春风回应："儜奴慢骂！"李元谦对婢女春风的才华很是佩
服，随后这件事很快就在京城中流传开来。

　　"双声语"，简言之，就是用两个声母相同的字组成词语。
与之相对，两个韵母相同的字组成词语则被称为"叠韵"。文
中"是谁""第宅""过佳""郭冠军家""凡婢""双声""儜奴""慢

骂"，按照中古音的发音规则，共构成八组双声语。

这其实是一种在南北朝很流行的语言小游戏。当时的史书里也记载了一些关于"双声"的逸闻趣事。例如《南史》记载，有一个叫羊戎的人非常有才华，平时很喜欢玩"双声语"，一次江夏王刘义恭准备举办斋宴，命羊戎安置座位，结果江夏王觉得座位太窄，自行拉宽了坐席间的距离。羊戎见状便抖了个机灵："官家恨狭，更广八分。"意思是说居高位的人都不喜欢狭窄，座位都要再加宽八分。其中"官家""更广"声母一致，构成双声。江夏王听后，大笑称赞羊戎不仅会玩双声语更是能言善辩。

此处李元谦问道："是谁第宅？"我们可将"第宅"简单作"宅邸"解，亦可稍作探讨。从先秦至唐宋，里坊都是封闭式管理的城中之城（唐中后期市坊制度逐步取消，北宋时期市坊正式相融）。"里"和"市"都环以高墙，设里门与市门，普通百姓只能从里门出入，宅门一般不能开向街道，但高官与受特别优待者另当别论（北魏一朝关于此事的具体制度已不可考，孝文帝太和二十三年时冠军将军为从三品，或有此资格）。可以向街道开宅门的房屋被专称为"第"。陇西李元谦出身陇西李氏，或许只是眼见高门华屋而忍不住惊呼，也或许是看到"人皆弃去住者耻"的闻义里内竟有向街开门的第宅而产生疑惑。

闻义里

　　此篇转而记录胡太后遣往西域使团的所见所闻。这是一次具有宗教性的官方外交行动。宋云、惠生所留下的行记是研究 6 世纪中外关系史、交通史的重要材料。此篇也是全书最长的篇章，文中所提及的征引书目部分已佚失，故而此篇章对研究这一时代西域历史、地理、风土人情等方面起到了重要的补缺作用。

★

闻义里有燉煌人宋云宅，云与惠生俱使西域也。

○神龟元年十一月冬，太后遣崇立寺比丘惠生向西域取经，凡
得一百七十部，皆是大乘妙典。

闻义里有燉煌人宋云的住宅，宋云与惠生都曾出使西域。

神龟元年（518）十一月冬，胡太后派崇立寺僧人惠生等前往西域求取佛经，共取得佛经一百七十部，都是大乘佛教的重要典籍。

据《魏书·释老志》记载，"诏遣惠生出使"的时间为熙平元年（516），亦即永宁寺兴建之年，或可认为二者有所关联。当代学者余太山推测二人系不同使团的代表人物，有不同任务在身：其一，惠生与宋云身份不同，一僧一俗；其二，二人行动不同，记录中宋云只与他国国主接触，惠生的交流对象则只与佛教有关；其三，北魏有短期内派出多个使团的记录，如太延元年夏五月"遣使者二十辈使西域"，太延二年八月"遣使六辈使西域"等。另有学者指出宋云、惠生二使团行程路线或有不同之处，论述繁复难以详载，姑做参考。

★

初发京师，西行四十日，至赤岭，即国之西疆也。皇魏
关防，正在于此。

○赤岭者，不生草木，因以为名。其山有鸟鼠同穴。异种共
类，鸟雄鼠雌，共为阴阳，即所谓鸟鼠同穴。

从京城出发，向西行四十天，可到达赤岭，即魏统治的西部边疆地区。大魏的关隘正设在这里。

赤岭，因草木不生而得名为"赤"。岭上有鸟鼠共住一穴的现象，此二者并非同一物种，生活习惯却较为类似。鸟是雄，鼠是雌，如此构成阴阳，也就是前人所说的"鸟鼠同穴"（古山名）。

赤岭位于今青海，鸟鼠山位于昆仑山脉东侧，北延东迤直至陇山，是甘肃中部的一条主要山脉。它是我国古代中原通往西域的边塞要地，也是丝绸之路的必经之地，在《尚书》和《水经注》中均有记载。《山海经》称"鸟鼠同穴山，渭水出焉"，说明鸟鼠山是渭河的发源地。"鸟鼠同穴"的现象在《尚书》中就有记载："禹贡导渭自鸟鼠同穴。鼠之山有鸟焉，与鼠飞行而处之，又有止而同穴之山焉，是二山也。鸟名为鵌，似鹅而黄黑色。鼠如家鼠而短尾，穿地而共处。"这种同穴现象是实际存在的。因为受特殊的地形、地质和气候的影响，鸟类缺乏大树筑巢，只得在鼠穴筑巢下蛋，而鸟也可以为老鼠报警，使其免受猛禽攻击。鼠在深处，鸟在浅处，各自生育，和平共处，互不干扰。在如今甘肃以西的高原、草原还生活着多种穴居鸟类，它们有时会占据啮齿类动物的洞穴居住。

*

发赤岭，西行二十三日，渡流沙，至吐谷浑国。路中甚寒，多饶风雪，飞沙走砾，举目皆满，唯吐谷浑城左右暖于余处。其国有文字，况同魏，风俗政治，多为夷法。

　　从赤岭出发，向西行二十三日，渡过流沙，就来到了吐谷浑国。途中非常寒冷，多风雪，目之所及都是飞沙和走石。只有吐谷浑城一带比别处暖和些。该国的文字大体与魏相同，至于风俗习惯和政治制度多还是外夷法度。

　　郦道元在《水经注》中称流沙指居延县东北的居延泽，"居延泽在其县故城东北。《尚书》所谓流沙者也。形如月生五日也"。同样的文字亦见于相传为晋人郭璞所注的《山海经注》中："今西海居延泽，《尚书·禹贡》所谓'流沙'者，形如月生五日也。"然而史书中更多将流沙泛化为敦煌以西的沙漠，"涉流沙""渡流沙""西渐流沙，东临瀚海"之类的说法从《汉书》一直延续至《清史稿》。

＊

　　从吐谷浑西行三千五百里，至鄯善城。其城自立王，为吐谷浑所吞。今城是吐谷浑第二息宁西将军，总部落三千，以御西胡。

　　从吐谷浑向西行三千五百里，就到达鄯善城。这座城原是自行统辖的独立城邦，后来被吐谷浑吞并。如今城中的统治者是吐谷浑王的第二子宁西将军，他麾下有三千部落，负责抵御西边的异族。

　　鄯善原名楼兰，西汉元凤四年（前77）改国名。故址位于新疆塔里木盆地之中，是汉魏丝绸之路上的重要节点。时至今日，常作为"消失于沙漠中的古城"而为后人叹惋。太平真君三年（442），北凉沮渠氏占据鄯善，鄯善王比龙出奔且末。据《魏书·西域志》所载，北魏太平真君九年（448），太武帝拓跋焘就"拜交趾公韩拔为假节、征西将军、领护西戎校尉、鄯善王以镇之，赋役其人，比之郡县"，大有将鄯善纳入国土范围之意。但到献文帝后期，于阗向北魏求援的国书中已称"西方诸国，今皆已属蠕蠕"，而北魏一方则呈现出"虽欲遣师，势无所及"的窘态。

＊

> 从鄯善西行一千六百四十里，至左末城。城中居民可有
> 百家，土地无雨，决水种麦，不知用牛，耒耜而田。城中图
> 佛与菩萨，乃无胡貌，访古老，云是吕光伐胡时所作。

从鄯善城往西走一千六百四十里，到达左末城。左末城又称且末城、沮末城，约在今新疆且末县车尔城附近。城中居民有一百来户。这里没有雨水，全靠引水来灌溉麦子，人们不懂得利用牛来耕田，仅会使用农具。城中所画的佛像与菩萨像都没有胡人的相貌特征，访问这里的老人，他们说是吕光伐胡时所作。

吕光是氐族人，本是前秦苻坚的骁骑将军，在建元十八年（382）被派去讨伐龟兹、乌耆等西域诸国。当年吕光大胜负隅顽抗的龟兹王，因而威名慑服西域各国。鸠摩罗什即于此战役中被俘。此时正值前秦大乱，吕光从西域撤军回国后，割据凉州一带，并在姚苌杀死苻坚（386）后建立后凉政权。这一政权在十一年后为段业所篡，更名北凉，旋即又易手至沮渠氏手中。北凉政权积极与北魏政权、刘宋政权交流，在南北朝均有藩属国之

名分。但在后来北魏与柔然的激烈冲突中，北凉因无法自守，于太延五年（439）被太武帝攻陷国都，国主被俘，一度灭国。数年后其余众攻陷鄯善、高昌等地，以高昌为都复国，又于460年被柔然所灭。

＊

> 从左末城西行一千二百七十五里，至末城。城傍花果似
> 洛阳，唯土屋平头为异也。

从左末城向西走一千二百七十五里，就到了末城。城边所种植的花果和洛阳相近，只是土屋都为平顶，与洛阳有所不同。

"末城"之名鲜见于其他文献记载，在历史中留下的痕迹过少。范祥雍在校注中引丁谦之语，说末城可能是玄奘《大唐西域记》中"覩货罗故国""北魏时有吐火罗人迁居此地"之处，但范氏结合《魏书·西域传》和《大唐西域记》考证认为两者并非同一处。[1]另有学者余太山认为宋云、惠生使团此处取道异于《汉书》所载"丝绸之路南道"，故而所见之城不见于经传。[2]

＊

> 从末城西行二十二里，至捍𡡉城。城南十五里有一大
> 寺，三百余僧众。有金像一躯，举高丈六，仪容超绝，相好
> 炳然，面恒东立，不肯西顾。父老传云：此像本从南方腾空
> 而来，于阗国王亲见礼拜，载像归，中路夜宿，忽然不见，

---

[1] （北魏）杨衒之著，范祥雍校注：《洛阳伽蓝记校注》，上海古籍出版社2018年版，第280页。
[2] 余太山：《早期丝绸之路文献研究》，上海人民出版社2009年版，第49页。

遣人寻之，还来本处。即起塔，封四百户以供洒扫。户人有
患，以金箔贴像所患处，即得阴愈。后人于此像边造丈六像
者，及诸宫塔，乃至数千，悬彩幡盖，亦有万计。魏国之幡
过半矣。幡上隶书云太和十九年、景明二年、延昌二年。唯
有一幡，观其年号是姚秦时幡。

从末城向西走二十二里，到达捍䃺城。城南十五里处有一座
大寺，寺中有三百多名僧人。还有一尊金佛像，一丈六尺高，仪
态容貌于世独绝。佛像通体焕发光彩，总是面朝东方，不朝向西
方。据这里德高望重的老人说："这尊佛像从天而降于南方，于
阗国王亲自前去礼拜，载其返回于阗国，行至半路睡了一觉后，
佛像就忽然消失了。国王派人去寻，发现佛像又回到了原来的地
方。国王就在佛像所在之处修建了一座佛塔，派四百户人家专门
负责供养佛像。这四百户人家中如果有人患病，就用金箔贴在佛
像身上相应的地方，病就会自然痊愈。"后来人们在原佛像旁又
建造了一尊一丈六尺高的佛像，另建数千座宫、塔，悬挂其上的
彩色幡旗、华盖更是数以万计。其中魏国的幡旗超过半数，幡上
用隶书写道"太和（孝文帝年号）十九年（495）""景明（宣武
帝年号）二年（501）""延昌（宣武帝年号）二年（513）"，仅
有一幡，从上面所记的年号来看，应是姚秦时期所留。姚秦即指
后秦政权（384—417），由杀死苻坚的姚苌建立。姚兴是姚苌之
子，后秦政权的第二位皇帝，其人遵奉佛教，曾迎接僧人鸠摩罗
什到长安译经，对佛教在中国的传播起到了重要的推进作用。

捍䃺城的地理方位有诸多说法，大致在今新疆于田县、和田
县一带。关于此处的佛像，玄奘《大唐西域记》中记有一个类似

的传说，称："战地东行三十余里，至媲摩城。有雕檀立佛像，高二丈余，甚多灵应，时烛光明。凡在疾病，随其痛处，金薄贴像，即时痊复。虚心请愿，多亦遂求。"或许两尊佛像即为同一尊，捍麋城很可能就是媲摩城。

*

　　从捍麋城西行八百七十八里，至于阗国。王头着金冠，似鸡帻，头后垂二尺生绢，广五寸，以为饰。威仪有鼓角金钲，弓箭一具，戟二枝，槊五张。左右带刀，不过百人。其俗妇人袴衫束带，乘马驰走，与丈夫无异。死者以火焚烧，收骨葬之，上起浮图。居丧者，剪发劈面以为哀戚。发长四寸，即就平常。唯王死不烧，置之棺中，远葬于野，立庙祭祀，以时思之。

　　从捍麋城向西行八百七十八里，就到达于阗国。于阗国王头戴金冠，其形状宛如鸡冠，头后垂挂着长二尺、宽五寸的生绢作为装饰。他随行的仪仗队配有战鼓、号角、金钲、一副弓箭、两支戟、五张槊，左右带刀随从近百人，十分威严。这里的女子上身着衫，下身着裤，腰间还束着衣带，可随意骑马奔走，如男子一般。逝世的人以火焚烧，收取遗骨埋葬，并在上面建造宝塔。守丧的人则需剪掉头发，用刀划脸，以示悲痛。等头发长到四寸时，就可以恢复正常生活。只有国王去世后不进行焚烧，直接置于棺内，远葬于郊野，建庙祭祀，定期追思。

　　于阗位于塔里木盆地，在汉时已是西域大国，疆域大致在现在的和田地区（于田、和田中的"田"本为"阗"，后改为"田"

字）。在中原王朝兴盛时，于阗政权多作为藩属与中原王朝保持较良好的外交关系。《北史·于阗传》记载："自高昌以西，诸国等人，深目高鼻。惟此一国，貌不甚胡，颇类华夏。"

1926年，在洛阳孟津县南石山村旁出土北魏孝昌二年（526）《魏帝先朝故于夫人墓志》一合。[①]据志文记载，北魏时曾有一位叫仙姬的于阗公主嫁给北魏高宗拓跋濬，太平三年（457）初到北魏，于孝昌二年（526）薨于洛阳金墉城。这位远嫁的于阗公主在洛阳生活了七十余年。仙姬去世后，孝明帝下旨，"以太牢之祭，仪同三公之轨"的高规格仪制为其举办葬礼，这从侧面得见当时北魏与于阗相交甚好。

＊

> 于阗王不信佛法。有商将一比丘名毗卢旃在城南杏树下，向王伏罪云："今辄将异国沙门来在城南杏树下。"王闻忽怒，即往看毗卢旃。旃语王曰："如来遣我来，令王造覆盆浮图一所，使王祚永隆。"王言："令我见佛，当即从命。"毗卢旃鸣钟告佛，即遣罗睺罗变形为佛，从空而现真容。王五体投地，即于杏树下置立寺舍，画作罗睺罗像。忽然自灭，于阗王更作精舍笼之。今覆瓮之影，恒出屋外，见之者无不回向。其中有辟支佛靴，于今不烂，非皮非缯，莫能审之。

> ○案于阗国境，东西不过三千余里。

---

① 朱亮：《洛阳出土北魏墓志选编》，科学出版社2001年版，第96页。

于阗国王本不信佛法。有一天，一位商人将一个名叫毗卢旃的僧人带到城南杏树下，向国王请罪："我擅自将一位外国僧人带到城南杏树之下。"国王当即大怒，马上去见毗卢旃。毗卢旃对国王说："如来佛派我前来，命国王造圆顶宝塔一座，可护佑您的国家国运永远昌盛。"国王说："如果能让我见到佛，我就会立刻听从佛的命令。"于是毗卢旃鸣钟告佛，佛派罗睺罗幻化成佛形，从空中显现出真容。国王见状立刻五体投地，马上下令在杏树下修建寺庙，并供奉罗睺罗画像。没想到画像竟然凭空消失了！于阗国王便又加盖精舍一座，将画像移至其中。如今半球状的屋顶高耸，其投影能一直落于屋外，凡见之者无不心生敬意转向善念。佛舍中置有辟支佛的靴子，至今都没有损坏。这靴子既不是用皮革所制，也不是用丝棉所制，没人清楚它的质地。

杨衒之按：于阗国境，东西不超过三千多里。

杨衒之在描述精舍时提到了一个佛教术语"回向"。"回向"由梵文 Pariṇāma 意译而来，又作转向、施向等。《大乘义章》曰："言回向者，回己善法有所趣向，故名回向。"可简单理解为将个人通过布施、诵经、念佛等修持行为累积的功德和善业，无私地转向众生，希望众生受益，促进平等、幸福与悟道，体现了佛教的慈悲与利他精神。类似于《伽蓝记》此处的用法，还有如《重修蒙山开化庄严阁记》"开化寺北齐文宣帝天保末年，凿石通蹊，依山刻像，式扬震德，用镇乾方。成招提之胜因，俟释迦之真相。人皆回向，时凑福田"，等等。"回向"似乎被用来表达信徒内心深处对信仰的敬畏，是一种心灵的震慑。杨衒之这里强调精舍半球状屋顶的阴影一直落在屋外，可见精舍之高大巍峨，足以令见者折服。

＊

神龟二年七月二十九日入朱驹波国。人民山居，五谷甚
丰，食则面麦，不立屠煞。食肉者，以自死肉。风俗言音与
于阗相似，文字与婆罗门同。其国疆界可五日行遍。

神龟二年（519）七月二十九日，进入朱驹波国境内。朱驹
波国，《魏书》作朱居国，大致位于今新疆莎车县、叶城县一带。
这儿的百姓在山中居住，五谷尤其丰盛，食物以麦面为主，没有
屠宰业。吃肉的人只吃自然死去的牲畜的肉。这里的风俗、语言
和于阗相近，文字与婆罗门所用相同（早期的梵语并没有文字形
式的表达，只通过史诗和婆罗门教典仪等方式口耳相授）。其国
土面积不大，五天就可走遍全国。

＊

八月初入汉盘陀国界。西行六日，登葱岭山。复西行三
日，至钵盂城。三日至不可依山。其处甚寒，冬夏积雪。山
中有池，毒龙居之。昔有商人，止宿池侧，值龙忿怒，咒杀
商人。盘陀王闻之，舍位与子，向乌场国学婆罗门咒，四年
之中，尽得其术。还复王位，复咒池龙。龙变为人，悔过向
王。王即徙之葱岭山，去此池二千余里。今日国王十三世
祖也。

八月初，进入汉盘陀国界。向西行走六日，登葱岭山。又
向西行走三日，到达钵盂城。再行走三日，到达不可依山，此

处非常寒冷，一年四季积雪不断。山中有池，有毒龙潜游其中。曾有商人在池旁夜宿，遇上毒龙发怒，都被毒龙咒杀。盘陀王听闻此事后，将皇位传给儿子，自己前往乌场国学习婆罗门咒，用了四年时间完全掌握了法术，随后回国复位，多次向池中毒龙施咒。最终龙变成人，向国王忏悔。国王便将龙贬斥到葱岭山，距离该池两千多里远。这位国王就是汉盘陀当朝国君的十三世祖。

在佛教的知识体系中，有关方术的元素早有存在，如佛教原有的预言知识体系——谶与卜。咒语在诸多大乘佛教经典中都有记载。婆罗门教认为念诵咒语可以使人与天神的心灵直接感应，从而发挥效力，是人和神沟通的一种方式，通过祈福或诅咒来满足愿望。据《续高僧传》记载，《五明论》就是攘那跋陀罗和耶舍崛多在北周时期翻译的，有关印度声、医、工、术和符咒的典籍。

汉盘陀国，地处帕米尔高原，位于今新疆塔什库尔干塔吉克自治县一带。该国大约建于 2 世纪，不同时期名称亦不同，曾被称作"竭石国""竭叉""奇沙""葱岭古国"等，《魏书》作渴般陀国、渴槃陀国。据典籍对这一葱岭古国的记述，汉盘陀国一直同中国保持着亲密的关系，即使在政权分裂的南北朝时期，也频繁派遣使者进献土产品。《魏书》和《梁书》中均有关于汉盘陀国来魏朝贡的记载。唐朝时汉盘陀国同中央王朝的关系更加密切，归安西都护府管辖。汉盘陀国存在了五百多年，在南北朝时期国势发展最为强盛。国境西邻帕米尔以西的滑国，南接今克什米尔一带的罽宾国和曾经远征印度河南岸的咀叉始罗国。唐朝初期，汉盘陀国走向衰微，约在开元中期归附吐蕃，国家灭亡。玄奘在《大唐西域记》里记载了"汉日天种"——汉盘陀国立国的传说，生动地反映了古中国对汉盘陀国家的形成和发展所产生的深刻影响。

*

> 自此以西，山路欹侧，长坂千里，悬崖万仞，极天之阻，实在于斯。太行孟门，匹兹非险，崤关垅坂，方此则夷。自发葱岭，步步渐高，如此四日，乃得至岭。依约中下，实半天矣！汉盘陀国正在山顶。自葱岭已西，水皆西流，世人云是天地之中。人民决水以种，闻中国田待雨而种，笑曰："天何由可共期也？"城东有孟津河，东北流向沙勒。葱岭高峻，不生草木。是时八月，天气已冷，北风驱雁，飞雪千里。

从这里向西行，山路崎岖不平，绵延的坡道达千里远，悬空的山崖有万仞高，仿佛从天而降、难以逾越的屏障。太行山、孟门山和这里的山相比，都算不上险要；崤山、垅坂与这里相比，简直就是平地。自葱岭开始，地势逐渐升高，这样走上四天才算爬到了岭上。在山脉群峰之中，这还只算是中下高度，实则已经登至半天之高了！

汉盘陀国正位于山顶之上。自葱岭以西，河流都向西流去，世人说这里是天地的中心。百姓都引这里的水灌溉农田，听闻中国的田地要等下雨时节才可以播种，便笑道："怎么能指望与天约定时日呢？"在城的东面有孟津河，顺着东北方流向沙勒。葱岭海拔很高，岭上草木不生。八月天气就已经十分寒冷了，北风驱使大雁南迁，雪花飞洒千里。

　　葱岭位于现帕米尔高原（Pamirs 或 Pamir），地处中亚东南部、中国的最西端，横跨塔吉克斯坦、中国和阿富汗。葱岭平均海拔在 4000 米—7700 米之间，是亚洲大陆南部和中部地区主要山脉的汇集处，包括喜马拉雅山脉、喀喇昆仑山脉、昆仑山脉、天山山脉、兴都库什山脉五大山脉，号称亚洲大陆地区的屋脊。《水经注》引《西河旧事》道："葱岭在敦煌西八千里，其山高大，上生葱，故曰葱岭也。"解释了葱岭名称的由来。玄奘在《大唐西域记》中记载，葱岭"东西南北各数千里，崖岭数百重，幽谷险峻，恒积冰雪，寒风劲烈"，详细描述了葱岭的地貌和气候特征。

*

　　九月中旬入钵和国。高山深谷，峻道如常。国王所住，因山为城。人民服饰，唯有毡衣。地土甚寒，窟穴而居。风雪劲切，人畜相依。国之南界，有大雪山，朝融夕结，望若玉峰。

　　九月中旬进入钵和国。其大致位于今阿富汗东北的瓦罕地区（Wakhan）及巴基斯坦的坎巨提（Kanjut）地区。境内多高山深谷，常见险峻道路，国王居住在依山而建的城池中。百姓们穿的衣服只有毡衣一种，由于地表温度极低，需要挖掘洞窟居住保暖。风雪肆虐之时，人和牲畜只得相互依偎取暖。在钵和国的南面边境上有大雪山，白天雪水消融，夜晚凝结成冰，远远望去如玉峰般晶莹剔透。

十月之初，至嚈哒国。土田庶衍，山泽弥望，居无城郭，游军而治。以毡为屋，随逐水草，夏则迁凉，冬则就温。乡土不识文字，礼教俱阙。阴阳运转，莫知其度，年无盈闰，月无大小，周十二月为一岁。受诸国贡献，南至牒罗，北尽敕勒，东被于阗，西及波斯，四十余国皆来朝贡。王居大毡帐，方四十步，周回以氍毹为壁。王着锦衣，坐金床，以四金凤凰为床脚。见大魏使人，再拜跪受诏书。至于设会，一人唱，则客前；后唱，则罢会。唯有此法，不见音乐。

十月初，到达嚈哒国。这里土地开阔平坦，到处都是一望无际的山川林泽。百姓居住之处不设城郭，依靠流动军队来维护治安。他们用毛毡做成小屋，可以随着水源和草场迁移，夏天就迁居到阴凉之处，冬天就去温暖的地方。当地人都不识字，礼仪和教化也多有缺失，只知道日升月落、寒暑交替，却不知分辨时辰与时节：年无平闰之分，月无大小之别，以十二个月作为一年。

嚈哒国接受各国进贡，南到牒罗，北至敕勒，东及于阗，西达波斯，四十多国都来朝贡。国王住在大毡帐之中，走完一圈大约要四十步。国王身着华美的衣服，坐在装有金饰的矮榻上，榻脚饰以四只金色的凤凰。在接见大魏的使臣时，国王拜了又拜，跪着接受诏书。举行宴会时，会有一人高呼宣告开始，之后众宾客才能上前礼拜；等到这人再次高呼，则宴会结束。当地只有这种宴会规范，不像北魏那样还设有专门的音乐。在儒家文化中，乐不仅是单纯的审美需求，它更多与"礼"相捆绑，被赋予规范等级、教化与治理的功用。此处"唯有此法，不见音乐"便是嚈哒国礼法匮乏的体现，与中原王朝完备系统的礼乐制度形成对比。

嚈哒国（Ephthalite），即嚈哒国、嚈哒汗国。《魏书·西域传》记载："嚈哒国，大月氏之种类也，亦曰高车之别种。其原出于塞北。自金山而南，在于阗之西，都乌浒水南二百余里，去长安一万一百里。"嚈哒国曾使周边三十多个国家臣服，在太安（455—459）年间和永熙（532—534）年间都曾向北魏朝贡，卷四提及被万俟丑奴截获的那只狮子就是来自嚈哒的贡物。

值得一提的是，在中亚地区的历史记载中，嚈哒被认为是相当强盛的游牧民族国家，包括萨珊波斯、犍陀罗地区在内的诸多国家在 5 世纪到 6 世纪中叶，都生活在其铁蹄的阴影之下。567 年嚈哒为突厥与萨珊波斯合击所灭。

*

嚈哒国王妃亦着锦衣，垂地三尺，使人擎之，头带一角，长八尺，奇长三尺，以玫瑰五色珠装饰其上。王妃出则舆之，入坐金床，以六牙白象四狮子为床。自余大臣妻皆随伞，头亦似有角，团圆下垂，状似宝盖。

嚈哒国的王妃也穿着华丽的衣服，衣摆拖垂在地有三尺长，还需要差侍从托着才能行走；头戴角帽，长三尺，上面还装饰着玫瑰和五色珠宝。王妃外出则乘轿撵，回宫则坐金榻，榻上装饰有六牙白象和四头狮子的纹样。那些大臣的妻子都随侍于王妃的伞下，她们的头上也戴着类似的角帽，四周的装饰自然下垂，看起来像是宝盖一般。

《魏书·西域传》记载，嚈哒国风俗是兄弟共有一妻，如果丈夫没有兄弟，其妻子就戴一角帽，有兄弟则依照兄弟的数量增加角的数目。

*

> 观其贵贱，亦有服章。四夷之中，最为强大。不信佛
> 法，多事外神。杀生血食，器用七宝。诸国奉献，甚饶
> 珍异。
> ○按：嚈哒国去京师二万余里。

从他们的服饰上就能看出身份的高低贵贱。在四方少数民族中，就数嚈哒国最为强盛。其国人不信佛教，大多信奉外教之神。他们杀生吃肉，将佛教七宝当作寻常器物使用。各国皆来朝贡，贡品中有很多珍奇之物。

杨衒之按：嚈哒国距离京城有两万多里。

*

> 十一月初入波知国。境土甚狭，七日行过。人民山居，
> 资业穷煎，风俗凶慢，见王无礼。国王出入，从者数人。其
> 国有水，昔日甚浅，后山崩截流，变为二池。毒龙居之，多
> 有灾异。夏喜暴雨，冬则积雪，行人由之，多致艰难。雪有
> 白光，照耀人眼，令人闭目，茫然无见。祭祀龙王，然后
> 平复。

十一月初进入波知国。波知国领土非常狭小，七天时间就能横穿而过。国民傍山而居，生活极为穷困。民风凶恶轻慢，即使和国王见面也不讲究礼节。国王出行时随侍人员也不过几人而已。境内有河流，以前很浅，后来因山崩水流被截断，变成了两个堰塞湖。有毒龙栖居于湖中，因而时常发生灾祸。夏天多是连天暴雨，冬天则是积雪满地，行人途经这里，多感艰难。积雪反射出刺眼的光芒，令人睁不开眼，眼前一片白茫茫，什么也看不清。在祭祀龙王之后，症状就会平复。

《魏书·西域传》记载波知国为山谷中的小国，国中有三个池塘，分别祭祀龙王、龙妇、龙子，不祭祀者易受风雪之困。据学者考证，波知国在今阿富汗北部。

*

> 十一月中旬入赊弥国。此国渐出葱岭，土田境峻，民多贫困。峻路危道，人马仅通。一直一道，从钵卢勒国向乌场国，铁锁为桥，悬虚为渡，下不见底，旁无挽捉，倏忽之间，投躯万仞，是以行者望风谢路耳。

十一月中旬进入赊弥国。赊弥国逐渐远离葱岭山脉，土地贫瘠，国民大多生活贫困。国内道路险峻狭窄，人马仅能勉强通行。一条笔直的道路从钵卢勒国直通乌场国，途中有一道铁锁搭建的桥，凌空而架，深不见底，两侧没有扶栏，稍不注意就会坠入深山巨谷之中。行人闻此都绕路而行。

赊弥国，在今巴基斯坦境内。具体地理位置亦有多种说法，一说在吉里吉特（Gilgit）河流域某处。《魏书·西域传》中记载此国"在波知之南。山居，不信佛法，专事诸神。亦附嚈哒。东有钵卢勒国，路崄，缘铁锁而度，下不见底。熙平中，宋云等竟不能达"。其中"不信佛法，专事诸神"与此处未提及佛教相关一致。《魏书·肃宗纪》又载"舍摩国"与"舍弥国"遣使朝贡的事迹，《魏书·西域传》中却无这两种称谓，疑似皆指赊弥国。学者余太山推测赊弥国可能就是《汉书·西域志》中的双靡。①

玄奘《大唐西域记》有关赊弥国的记录如下："此国周长二千五、六百里，山川相间，堆阜高下，谷稼备植，菽麦弥丰，盛产葡萄，出雌黄，凿崖折石方得之。气序寒而风俗急，人性淳质，俗无礼义，智谋寡狭，技能浅薄，文字同睹货逻国，语言则不同，多穿毡褐。王为释种，故崇敬佛法，国人从其教化，莫不淳信。有伽蓝二所，僧徒寡少。"与上文所载"土田墝崅，民多贫困"反差较大。

月氏本是先秦时期游牧在敦煌以东的民族，前2世纪左右因受匈奴人影响而进行西迁，击败了西边的塞种（《汉书·张骞传》），并征服大夏（《后汉书·大月氏传》）。月氏五歙侯是大月氏征服大夏国之后分封的五个诸侯（现尚不可确认五位诸侯是月氏人还是大夏政权的地方领主，据现有资料来看，大夏有些类似城邦联盟，而大月氏原本的中央政权在此后不见经传）。在前1世纪，其中之一的贵霜歙侯吞并了另外四个诸侯并积极对外扩张，建立起盛极一时的贵霜帝国。宋云等人使至此地时，贵霜帝国早已分裂为无数小诸侯国，且大部分国家已向嚈哒称臣。在嚈

① 余太山：《早期丝绸之路文献研究》，上海人民出版社2009年版，第52页。

哒之后，另一个游牧民族突厥又占据了中亚。8世纪初阿拉伯人征服了大半个中亚，使得依然居住在这里的突厥人定居化与伊斯兰化。之后突厥人逐渐强大，在被蒙古征服前达到势力顶峰，又在17世纪末随着波斯、沙俄等国的扩张而走向终点。我们可以看到，中亚各国的历史在某种程度上是一段游牧民族迁徙与定居的兴衰史。

余太山认为，上一段正文"一直一道"应是形容赊弥国之词。自"从钵卢勒国向乌场国"至"是以行者望风谢路耳"中，当有脱节，应据《魏书·西域传》补"东有钵卢勒国"一句，并据此认为，宋云一行应该是从赊弥国入乌场国，而并非是从钵卢勒国进入乌场国。[1]

*

> 十二月初入乌场国。北接葱岭，南连天竺，土气和暖，地方数千里。民物殷阜，匹临淄之神州；原田膴膴，等咸阳之上土。鞞罗施儿之所，萨埵投身之地，旧俗虽远，土风犹存。国王精进，菜食长斋，晨夜礼佛，击鼓吹贝，琵琶箜篌，笙箫备有。日中已后，始治国事。假有死罪，不立杀刑，唯徙空山，任其饮啄。事涉疑似，以药服之，清浊则验；随事轻重，当时即决。土地肥美，人物丰饶。五谷尽登，百果繁熟。夜闻钟声，遍满世界。土饶异花，冬夏相接，道俗采之，上佛供养。

---

[1] 余太山：《早期丝绸之路文献研究》，上海人民出版社2009年版，第52页。

十二月初进入乌场国。乌场国北面与葱岭相连，南面与天竺接壤。这里气候温和，国土面积约有千里。人民殷实，物产丰富，比得上齐都临淄的气象；原野肥沃，田地膏腴，不亚于秦都咸阳的上等土壤。鞞罗施舍子女、菩提萨埵舍身饲虎等事迹，正是发生在这片土地上。旧俗虽已远去，风气却依旧留存。乌场国的国王能持善道，长期吃斋，每日早晚礼佛时，击鼓、吹贝、弹琵琶、奏箜篌、吹笙箫等仪式一应俱全。正午过后，国王开始料理朝政：对于犯死罪之人，不处以死刑，只是流放到山中，任其自生自灭；判案时如果遇曲直难断之事，就让涉事者服药，以此来验出孰是孰非；不论案情是轻是重，都会当机立断。这里土地肥沃，人口繁多，物产丰盛，粮食和果实品类繁多。夜间响起的悠悠钟声，一直在天地间回荡。这丰腴的土地上生长着诸多奇花异卉，一年四季相继开放，僧俗子弟会采撷鲜花供奉在佛像前。

《魏书·西域传》称乌场国为乌苌，《大唐西域记》称其为乌仗那。据《魏书·西域传》，其"北有葱岭，南至天竺。婆罗门胡为其上族。婆罗门多解天文吉凶之数，其王动则访决焉。土多林果，引水灌田，丰稻麦。事佛，多诸寺塔，事极华丽"，还记载了这个国家服药验罪之事，称"人有争诉，服之以药，曲者发狂，直者无恙"。这种灵药究竟应被归为婆罗门咒术，抑或是本土巫术药学云云尚不可知，在今人看来，它似乎更像是一种具有兴奋作用的致幻剂。

*

国王见宋云，云大魏使来，膜拜受诏书。闻太后崇奉佛

法，即面东合掌，遥心顶礼。遣解魏语人问宋云曰："卿是日出人也？"宋云答曰："我国东界有大海水，日出其中，实如来旨。"王又问曰："彼国出圣人否？"宋云具说周孔庄老之德，次序蓬莱山上银阙金堂，神仙圣人并在其上，说管辂善卜，华佗治病，左慈方术，如此之事，分别说之。王曰："若如卿言，即是佛国，我当命终，愿生彼国。"

国王见宋云，知道是大魏使臣来访，就合掌加额，长跪而拜，接受诏书。听闻胡太后笃信佛法，就面朝东方合掌，遥遥礼拜。国王派懂魏国语言的人询问宋云："您是来自日出之地的人吗？"宋云回答道："我国东临大海，太阳从海中升起，确实如您所说。"国王又问道："你们的国家有圣人吗？"宋云详细介绍了周公、孔子、庄子、老子的德行教化，依次叙述了蓬莱山上的各种银殿金堂，各路神仙圣人都居住其中；又讲到管辂善于卜卦，华佗长于治病，左慈精于各类方术。诸如此类的事情，都一一娓娓道来。国王说："倘若真如您所说的那般，那就是佛国，待我命终之时，希望能够投生于您的国家。"

此处"实如来旨"可以简单理解为"确实如您所说的那样"或是"如来的旨意"，但或许还有另一种理解方式。

据《魏书·释老志》记载，北魏太祖道武帝拓跋珪时期，曾有一名叫法果的僧人称"太祖明睿好道，即是当今如来，沙门宜应尽礼"，"能鸿道者即为人主，我非拜天子，乃礼佛也"。历史上将帝王冠以"如来"称号的做法并不少见（常见的还有转轮王和弥勒下生），一方面君主据此体现权力合法性，以巩固政治地位；另一方面，这同样也可以使佛教扩大自身影响力。这种举措是从信仰和政治的双重维度加强统治的神圣性。[①] 此处的"实如来旨"或许意在说明北魏"皇帝即如来"的身份，我们也可以理解为宋云有意暗示北魏是如来庇佑的佛国，北魏君主就是如来。

＊

宋云于是与惠生出城外，寻如来教迹。水东有佛晒衣处。初，如来在乌场国行化，龙王嗔怒，兴大风雨，佛僧迦梨表里通湿。雨止，佛在石下东面而坐，晒袈裟。年岁虽久，彪炳若新。非直条缝明见，至于细缕亦彰。乍往观之，如似未彻，假令刮削，其文转明。佛坐处及晒衣所，并有塔记。

宋云于是与惠生走到城外，去寻找如来圣迹。龙泉东面有佛陀晒衣处。当年如来在乌场国传布佛法、教化众生，龙王生气发怒，兴起狂风暴雨，如来和众弟子的法服内外湿透。雨停后，如来在石下面朝东而坐，晾晒袈裟。留下的痕迹虽距今已年代久远，仍然焕发光彩，像刚刚留下的一样。不仅衣服上竖直的条缝清晰可见，就连细小的纹理也很明显，猛地一看，好像未经过多年风雨的剥蚀一般。如果将表面的泥垢刮去，衣物的纹路会变得更加清晰。佛陀曾经打坐及晾晒衣物的地方都刻有塔记。

＊

水西有池，龙王居之。池边有一寺，五十余僧。龙王每

① 详参孙英刚：《布发掩泥的北齐皇帝：中古燃灯佛授记的政治意涵》，《历史研究》2019 年第 6 期，第 31 页。

> 作神变，国王祈请，以金玉珍宝投之池中，在后涌出，令僧
> 　取之。此寺衣食，待龙而济，世人名曰龙王寺。

　　龙泉西侧有池，是龙王居住的地方。池旁有一座寺庙，有
五十多名僧人。每次龙王显灵时，国王都会祈祷、请愿，将金玉
珍宝投到池中，等日后池水将珍宝推到岸边后，就令僧人自行取
用。这寺的衣食供养全靠龙王来接济，因此世人称其为龙王寺。

*

> 王城北八十里，有如来履石之迹，起塔笼之。履石之
> 处，若践水泥，量之不定，或长或短。今立寺，可七十余
> 僧。塔南二十步，有泉石。佛本清净，嚼杨枝，植地即生，
> 今成大树，胡名曰婆楼。

　　王城向北八十里处，有如来踩踏石头留下的脚印，后人在此
造塔来保护它。这块印记极其清晰，就如同刚刚在水中踩到软泥
般鲜明。脚印长度每次测量得到的数值都不一样，有长有短。如
今在这里建立起一座寺庙，寺中约有七十多位僧人。自佛塔向南
走二十步，有山有水，风景秀丽。佛本身清洁纯净，他用口嚼过
的杨枝，植入土中立刻就活了，如今已长成参天大树，此树在西
域被称为"婆楼"。

　　乌场国境内涌现一系列佛教圣物，诸如晒衣石、佛足迹、佛
影石等，这些圣物的记载和流传，正是犍陀罗地区佛教信仰的
重要体现之一——对佛陀圣物的崇敬。《大唐西域记·乌仗那国》
中详细记载了乌场国境内的佛教圣物。例如，王城西南方向有一

处"如来足所履迹"，其大小随人的福缘而异；在足迹旁的"濯衣石"上，袈裟纹理清晰可见，宛如雕刻；而在王城南面，一块带有黄白色调的石头，"常年津腻"，相传是如来修菩萨行时，"析骨书写经典"处。这些记载在《伽蓝记》中均有提及，与玄奘的描述可相互印证。

更为引人入胜的是关于"龙"的传说。自宋云等人踏入乌场国以来，他们行纪中频繁出现了与"龙"相关的故事。首先是在波知国的龙池，据说池中有毒龙栖息，时常引发灾害；其次是在佛陀晒衣处附近，《伽蓝记》虽未明确提及龙池，但记录了龙王企图阻止佛陀传播佛法而兴风作浪的故事，由此推测该地亦应存在龙池，位置大致位于乌场国东北方；再次是在乌场国王城西北部的龙池，池畔建有一座龙王寺，国王定期向池中投放珠宝以示祭祀。巧合的是，当玄奘抵达乌场国时，也听闻了诸多关于"龙"的传说。根据《大唐西域记》的记载，乌场国东北方约二百五十里外有一座大山，山中隐藏着一处名为阿波逻罗的龙泉。传说有一条龙化身为人，擅长咒术，能抑制其他恶龙兴风作浪，因此受到了百姓的崇敬和供奉。然而随着时间的推移，有人开始逃避进贡，激怒了这位英雄，他立下毒誓，愿死后变为毒龙，引发暴雨摧毁庄稼，以此惩罚那些忘恩负义的百姓。英雄死后，他的誓言得以实现，如来慈悲为怀，不忍当地百姓受苦，最终度化了这条毒龙。据玄奘所述，这个龙池位于可变化大小的如来足迹的东北方，应即《伽蓝记》中记载的第二处龙池。

乌场国西北方向还有一处龙池，玄奘对此倾注了大量笔墨进行描述。佛陀的种族——塞种人，曾遭受毗卢泽迦王的追杀，其中一人幸得大雁相助，逃至这片龙池边，并邂逅了龙王的女儿。

这位塞种人凭借自身的福德之力，助龙女化为人类，龙王因此允诺将女儿许配给他。婚后，在龙王的庇护下，塞种人被拥立为乌场国国王，推行了一系列改革，政绩斐然。当他向龙王汇报完政绩后，将妻子龙女接到宫中团聚。然而龙女因前世业力未消，偶尔会显露出狰狞的龙形，令国王心生畏惧和厌恶。在一个夜晚，趁龙女熟睡之际，国王残忍地斩下了她的龙头。龙女醒来后施以诅咒，国王的后代将世代遭受头痛的折磨。从方位判断，这一龙池的位置应与《伽蓝记》记载的第三处龙池相对应，即有龙王寺的龙池。

在乌场国西部的迦毕试国，还流传着贵霜君主迦腻色伽王征服龙王的传说。故事同样始于山中龙池内的恶龙肆虐，屡屡破坏周围环境，直至拥有福力的国王迦腻色迦出现，才将其降服。玄奘对迦腻色伽王降龙的形象描绘尤为生动，描述其"两肩其大烟焰"，即双肩喷发出火焰，象征迦腻色迦所受非凡的福力。

从这些故事及其流传的地域分析，其原始灵感可能源自对水灾的恐惧与敬畏。上述诸国皆处雪山腹地，周围多是河流发源地，水患频发，故"龙"或可被视为洪水的化身。各国君主为保障人民安居乐业，积极治理水患，其英勇之举被后世传颂，并逐渐与佛教故事交融，演化成一系列降龙伏魔的民间传说，彰显了古代人民对于自然力量的敬畏与抗争精神。

＊

城北有陀罗寺，佛事最多。浮图高大，僧房逼侧，周匝金像六千躯。王年常大会，皆在此寺，国内沙门，咸来云集。宋云、惠生见彼比丘戒行精苦，观其风范，特加恭敬。

遂舍奴婢二人，以供洒扫。

在王城的北面有陀罗寺，此寺佛事最为兴盛。佛塔高大，僧
房紧密相连，周围摆了一圈金佛像，共六千尊。国王每年都在此
寺中举行法会，国内僧人都会前来。宋云、惠生看到这里的沙门
受戒十分精勤刻苦，观察他们的言行举止后发现很有风范，就对
他们恭敬有加，并施舍给寺庙两名奴婢，帮助寺僧做洒扫之事。

*

去王城东南，山行八日，至如来苦行投身饲饿虎之处。
高山龗嵸，危岫入云。嘉木灵芝，丛生其上。林泉婉丽，花
彩曜目。宋云与惠生割舍行资，于山顶造浮图一所，刻石隶
书，铭魏功德。山有收骨寺，三百余僧。

离开王城，再向东南行走八天的山路，就到达佛陀前世苦行
舍身饲虎的地方。此处山高且险，直插云霄。山上有各种佳木，
灵芝丛生。林间流动的山泉婉转秀丽，绚烂多彩的花朵夺人眼
目。宋云和惠生分出自己的差旅钱，在山顶上建造了一座佛塔，
并用隶书在石头上铭刻大魏的功德。山上有座收骨寺，寺中有
三百多名僧人。

接下来的叙述中涉及很多佛本生故事。佛本生故事亦称佛本
生经（jātaka），主要以文学的方式讲述佛陀释迦牟尼在前世中的
修行事迹，来赞美佛的品行、歌颂佛的功德。这些故事产生的年
代久远，随着佛教传入犍陀罗地区（大致在今巴基斯坦北部，印
度河与喀布尔河交界处），佛本生故事逐渐融入了一些当地的传

说，内容得到了进一步的扩充，流传更加广泛。与印度地区强调轮回的佛本生故事不同，犍陀罗地区的佛本生故事主要强调施舍，即通过布施就可修功德，这吸引来了大批商人信徒，而商人云游四海也从侧面加速了佛本生故事的传播。在汉译佛经中如《菩萨本生论》《六度集经》《生经》《贤愚经》等都收录了精彩的佛本生故事，敦煌莫高窟中还保留有不少北魏时期佛本生主题的壁画。随着宋云步入乌场国（今巴基斯坦西北部斯瓦特县，属犍陀罗地区），《伽蓝记》中开始频繁出现佛本生故事，包括睒子本生、月光王舍头本生、快目王施眼本生、尸毗王贸鸽本生、摩诃萨埵那舍身饲虎本生等，这些故事也都曾在犍陀罗地区广为流传。

舍身饲虎本生（Vyāghri—Jātaka）是佛本生故事之一。摩诃萨埵那太子是国王的三儿子。一日他与两个哥哥出游，看见一只饥饿而虚弱的母虎周围环绕着七只小虎。兄长们讨论说，母虎无法出去觅食，饥饿所迫，可能会将小虎吃掉。大家为老虎的命运担忧，却无计可施。萨埵那太子于心不忍，决定以身布施，于是就支开两位兄长，俯身投地，躺在饿虎嘴边。见母虎没有吃他的力气，又用刀刺破自己的身体，让母虎饮血恢复体力，最终他的整个身体都被母虎吃尽。该故事产生于犍陀罗，克孜尔石窟、敦煌莫高窟、麦积山石窟、云冈石窟、龙门石窟等都存有大量的舍身饲虎图像。

*

王城南一百余里，有如来昔在摩休国剥皮为纸、拆骨为笔处。阿育王起塔笼之，举高十丈。拆骨之处，髓流着石，观其脂色，肥腻若新。

王城向南走一百多里，是佛陀前世在摩休国剥皮为纸、拆骨为笔的地方。阿育王在此筑佛塔保护它，塔高有十丈。拆骨的地方曾有鲜血、骨髓流于石上，观察其石质，颜色剔透、质地细腻，如同血液刚沾染上去一般。

*

王城西南五百里，有善持山，甘泉美果，见于经记。山谷和暖，草木冬青。当时太簇御辰，温炽已扇，鸟鸣春树，蝶舞花丛。宋云远在绝域，因瞩此芳景，归怀之思，独轸中肠，遂动旧疹，缠绵经月，得婆罗门咒，然后平善。

王城向西南五百里处有座善持山。佛经中记载，这里山泉甘甜、果实鲜美。山谷中很暖和，草木在冬季也郁郁苍苍。当时正值孟春（农历正月），山里已经吹起温暖的风，鸟儿在枝头鸣叫，蝴蝶在丛中起舞。宋云看到这些美景，思乡之情顿时涌上心头，触动心肠，引发旧病，卧床一个多月，在婆罗门咒术的帮助下得以康复。

*

山顶东南，有太子石室，一口两房。太子室前十步，有大方石。云太子常坐其上，阿育王起塔记之。塔南一里，有太子草庵处。去塔一里，东北下山五十步，有太子男女绕树不去，婆罗门以杖鞭之，流血洒地处，其树犹存。洒血之

处，今为泉水。室西三里，天帝释化为师子，当路蹲坐，遮
嬷妶之处。石上毛尾爪迹，今悉炳然。阿周陀窟及门子供养
盲父母处，皆有塔记。

靠近山顶的东南方，有太子石室，一室分为两间房。石室向
前十步有一块大方石，传说太子经常坐于石上，阿育王在这里造
塔记载此事。佛塔向南一里远，建有太子草庐。离塔一里，朝东
北方向山下走五十步有一棵大树。之前太子的儿女们不愿离去，
就把用来绑缚自己的绳子绕在树上，婆罗门用杖棍抽打他们，鲜
血洒落一地。那棵树至今还在，血洒之处如今流淌着泉水。石室
向西三里处有一块石头，天帝释（帝释天）曾变成狮子蹲坐于
此，阻挡嬷妶去路。石头上还残存着狮尾毛和爪印的痕迹，如今
看来都很明显。阿周陀（目连）的石窟以及门子（睒子）供养
盲父母的地方，都建有塔并刻塔记。

《太子须大拏经》中记载了须大拏太子本生的故事。因将国
中百战百胜的斗象施舍给敌国，太子须大拏被父亲放逐入深山，
此间太子不仅将私人财产及他人为其送行的赠礼悉数布施出去，
还把愿意放弃荣华生活跟随自己的子女、妻子分别施舍给婆罗门
作奴婢。太子子女不愿跟婆罗门离开，想等外出寻找食物的母
亲回来，便将绑缚自己的绳子绕到树上，此举引来婆罗门一顿鞭
打。太子妃嬷妶在深山中采摘果实，感应到孩子们有所不测，立
刻动身前往察看。天帝释（帝释天）为了帮助太子完成布施的善
行，变化成狮子挡于道路，阻止嬷妶回到子女身边，直到婆罗门
将孩子们带走后，狮子才放行。最后，包括鞭打孩童的婆罗门在
内，所有登场人物都得到了美满的结局。这一故事显然体现了追

求普度众生的大乘佛教立场。

文末还提及了睒子本生故事：睒子为供养盲父母，与他们一同在山中修行，因身穿鹿皮而被外出打猎的迦夷国国王误杀，睒子父母的哀恸之情传到了天上，帝释天等众神被睒子的孝心和慈悲之心感动，降下妙药，最终睒子重生，他的盲父母也因而复明。睒子本生故事与儒家宣讲的"孝"不谋而和，是极容易为中国民众所接受的佛教故事，因此以睒子本生为主题的浮雕在中国也较为多见。麦积山石窟第 127 窟南披还保存有北魏时绘制的睒子本生主题壁画。

*

山中有昔五百罗汉床，南北两行，相向坐处，其次第相对。有大寺，僧徒二百人。太子所食泉水北有寺，恒以驴数头运粮上山，无人驱逐，自然往还。寅发午至，每及中餐。此是护塔神渥婆仙使之然。

此寺昔日有沙弥，常除灰，因入神定。维那挽之，不觉皮连骨离。渥婆仙代沙弥除灰处，国王与渥婆仙立庙，图其形像，以金傅之。

善持山中有当年的五百罗汉床，一南一北排成两行，各床按顺序相对摆放。山中有一座大寺，寺中有僧徒两百人。太子曾饮过的山泉北面还有一座寺，一直用驴子运送粮食上山，这几只驴子都不需要专人驱赶，自己都认识路，能自主来回。寅时（凌晨三点到五点）出发，午时（上午十一点到下午一点）就能到达，正好赶上僧徒们用午餐。据说这是塔神渥婆仙（一说此神即是湿婆，婆罗门三大主神之一）的神力所致。

从前寺中有个沙弥常常在佛前打扫灰尘，因此进入了神定状态。管事僧伸手挽住他时，才发现他已经圆寂多时，皮连骨离。在渥婆仙代替沙弥扫除灰尘的地方，国王建立了一座寺庙，并用金箔为渥婆仙图形造像。

*

> 隔山岭有婆奸寺，夜叉所造。僧徒八十人。云罗汉、夜
> 叉常来供养，洒扫取薪，凡俗比丘，不得在寺。大魏沙门道
> 荣至此礼拜而去，不敢留停。

隔着山岭有婆奸寺，为夜叉（佛教天龙八部众之一）所建，寺中有僧徒八十人。据说罗汉、夜叉常来此寺接受供养，并在这里洒扫、取柴；一般的百姓和僧人都不可在寺内居住。大魏僧人道荣曾来过这里，行礼拜谒后就立即离去，不敢多停留。

*

> 至正光元年四月中旬，入乾陀罗国。土地亦与乌场国相
> 似，本名业波罗国，为嚈哒所灭，遂立敕勤为王。治国以
> 来，已经二世。立性凶暴，多行杀戮，不信佛法，好祀鬼
> 神。国中人民悉是婆罗门种，崇奉佛教，好读经典，忽得此
> 王，深非情愿。自恃勇力，与罽宾争境，连兵战斗，已历三
> 年。王有斗象七百头，一负十人，手持刀槊，象鼻缚刀，与
> 敌相击。王常停境上，终日不归，师老民劳，百姓嗟怨。宋
> 云诣军，通诏书，王凶慢无礼，坐受诏书。宋云见其远夷不

可制，任其倨傲，莫能责之。王遣传事谓宋云曰："卿涉诸国，经过险路，得无劳苦也？"宋云答曰："我皇帝深味大乘，远求经典，道路虽险，未敢言疲。大王亲总三军，远临边境，寒暑骤移，不无顿弊？"王答曰："不能降服小国，愧卿此问。"宋云初谓王是夷人，不可以礼责，任其坐受诏书，及亲往复，乃有人情，遂责之曰："山有高下，水有大小，人处世间，亦有尊卑，嚈哒、乌场王并拜受诏书，大王何独不拜？"王答曰："我见魏主则拜，得书坐读，有何可怪？世人得父母书，犹自坐读，大魏如我父母，我亦坐读书，于理无失。"云无以屈之。遂将云至一寺，供给甚薄。时跋提国送狮子儿两头与乾陀罗王，云等见之，观其意气雄猛，中国所画，莫参其仪。

正光元年（520）四月中旬，到达乾陀罗国境内。乾陀罗国的地形与乌场国相似。此国本叫业波罗国，后被嚈哒国所灭，于是立救勤为王，至今已传至二世。如今的国王性情凶暴，好杀戮，不信佛法，热衷于祭祀鬼神。国中的百姓都为婆罗门种，尊崇佛教，喜欢诵读佛经，忽然遇到这样的国王执政，都很不情愿。国王自恃勇武，与罽宾国争夺国境线，连年发兵作战，战事持续了三年之久。国王有七百头战象，一头象可以驮十个人，骑象人手里拿着楂刀，象鼻子上也捆绑着利刃。国王经常留守在边境线上，长期不回国都，士卒困倦劳累，百姓也多叹息幽怨。宋云来到军营中，递上诏书，国王傲慢无礼，竟坐着接受。宋云见他是远夷之人，不好用礼法约束，就任由他傲慢，并未责备。国王派传事问宋云："你途经这么多国家，历尽艰险，不觉得劳苦吗？"宋云回答："我大魏皇帝尤其热衷于大乘佛法，故而派遣我远求佛经，即使道路险阻，我也不敢说疲劳。大王您统率三军，亲自到边境征战，历经寒暑骤变，不觉得辛苦吗？"国王答道："我没能降服小国，愧对于您的这个问题。"宋云最初认为国王是异族人，不可用中原仪礼来要求他，于是就任由他坐着接受诏书，等听到国王的回答后，宋云觉得他懂得人情礼法，就批评他说："山有高低，水分大小，人处世间也应有礼仪尊卑之分，嚈哒国、乌场国的国君都是跪拜行礼接受诏书的，为何大王独独不拜？"乾陀罗国王回答说："我见到大魏的国君就会行跪拜之礼，现在只有一封诏书而已，坐着读有什么要被怪罪的？世人得到父母的书信都坐着读，大魏就如同是我的父母，我坐着读诏书于理并没什么不妥。"宋云无从反驳。随后乾陀罗国王就带领宋云去了一座寺中，提供给宋云的物资很少。当时跋提国进献了两头小狮子给乾陀罗国王，宋云等人前去参观，见狮子雄壮威猛，认为中原的画并没有表现出狮子真正的威仪。

乾陀罗国，《魏书·西域传》作乾陀国，现通称犍陀罗（Gandhālaya），是前 6 世纪至 7 世纪间的南亚大国。其核心区域包括今巴基斯坦东北部、阿富汗东部，不同时期疆域范围差别较大，极盛时近乎囊括宋云、惠生此行全部所到之城，然至北魏时已严重分裂与衰落。

犍陀罗文明对魏晋南北朝的政治和信仰有着深刻的影响。佛教从一个地方信仰飞跃成为一个世界宗教，与其在犍陀罗地区的重塑和发展脱不开关系。可以说，佛教在犍陀罗地区发生了全面的、革命性的变化。这种变化，通常被学者称为大乘佛教兴起，取代小乘佛教成为主流。这一主流沿着丝绸之路往东进入中国，传入朝鲜半岛和日本列岛，形成了东亚文明的重要内涵。"[①]

*

> 于是西行五日，至如来舍头施人处。亦有塔寺，二十余僧。复西行三日，至辛头大河。河西岸上有如来作摩竭大鱼，从河而出，十二年中以肉济人处。起塔为记，石上犹有鱼鳞纹。

接着向西走五天，就到达佛陀（前世）舍弃头颅布施给婆罗门的地方。在这里也建有塔寺，有僧徒二十多人。又向西行走三天，到达辛头大河。在辛头大河的西岸，佛陀曾化身为摩竭大鱼从河中一跃而出，用自己的肉身救济百姓长达十二年。后人在此处造塔并刻有塔记来纪念此事，如今石头上的鱼鳞纹印记仍然存在。

这里提及的便是月光王舍头本生故事：月光王乐善好施，遭一偏远小国国王毗摩斯那嫉妒。毗摩斯那贴出告示："取来月光王项上首及者，分国土一半，赐公主为妻。"一个叫劳度叉的异教徒为此去找月光王索要头颅，大臣大月打算以五百组七宝做成的头颅作为代替，劳度叉不答应。月光王就说："之前已经施舍了九百九十九个头，加上这个正好一千。"于是平静地交出了自己的头。

---

① 孙英刚：《魏晋南北朝时期犍陀罗对中国文明的影响》，《复旦学报》2022 年第 1 期，第 117 页。

*

　　复西行十三日，至佛沙伏城。川原沃壤，城郭端直，民
户殷多，林泉茂盛。土饶珍宝，风俗淳善。其城内外，凡有
古寺。名僧德众，道行高奇。城北一里有白象宫，寺内佛
事，皆是石像，庄严极丽，头数甚多，通身金箔，眩耀人
目。寺前有系白象树，此寺之兴，实由兹焉。花叶似枣，季
冬始熟。父老传云："此树灭，佛法亦灭。"寺内图太子夫妻
以男女乞婆罗门像，胡人见之，莫不悲泣。

　　又向西走了十三天，到达佛沙伏城。这里的河流与原野交
错，土壤肥沃，山林葱郁，溪流纵横，土地富饶，多奇珍异宝。
城垣方正，街道端直，民户众多，民风淳朴。不论城内城外，凡
是古寺，其中都有道行甚高的名僧大德。城北外一里处有白象
宫，寺内供奉的佛像都是石像，庄严精巧，数量众多。佛像通体
用金箔装饰，光彩炫目。寺前有一棵拴过白象的树，这座寺正是
因此而兴盛。这棵树的花叶与枣树相仿，季冬（冬季的最后一个
月）才成熟。父老相传："如果这棵树死去，那么佛法也就随之
消亡了。"寺中画有太子夫妇将子女施予婆罗门故事的画像，当
地胡人看到此画像，无不为之感伤悲泣。

　　佛沙伏（Varsapura）城，《魏书》未载，《大唐西域记》作跋
虏沙城，今为巴基斯坦白沙瓦东北的 Shahbaz-Garhi 古迹。

*

　　复西行一日，至如来挑眼施人处。亦有塔寺，寺石上有

迦叶佛迹。

接着向西行走一天，就到达佛陀（前世）剜去双目施舍于人的地方。这里也建有塔寺，寺内的石头上有迦叶佛的圣迹。

这里说的是快目王施眼本生故事：据《贤愚经·快目王施眼缘品》记载，富迦罗拔城国王须提罗（快目王）眼睛明亮清妙，喜好施舍。在他的属国中有一个小国，其国王波罗陀跋弥天生傲慢，不服从命令，快目王遂发兵讨伐。小国国王为了逃避惩罚，派遣一盲婆罗门去讨要快目王的眼睛。快目王听闻盲婆罗门的需求后，欣然应允，七日后命令部下将自己的眼睛剜出布施给盲婆罗门。快目王剜目时立下誓言："我以此眼布施，誓求佛道。如果我确实修得佛道，愿该婆罗门得到此眼后即能重见光明。"

＊

复西行一日，乘船渡一深水，三百余步。复西南行六十里，至乾陀罗城。东南七里，有雀离浮图。

○《道荣传》云：城东四里。

推其本缘，乃是如来在世之时，与弟子游化此土，指城东曰："我入涅槃后三百年，有国王名迦尼色迦，在此处起浮图。"佛入涅槃后二百年，果有国王字迦尼色迦出游城东，见四童子累牛粪为塔，可高三尺，俄然即失。

○《道荣传》云：童子在虚空中向王说偈。

王怪此童子，即作塔笼之。粪塔渐高，挺出于外，去地四百尺，然后止。王始更广塔基三百余步。

○《道荣传》云：三百九十步。

从此构木，始得齐等。

○《道荣传》云：其高三丈，悉用文石为陛，阶砌栌栱，上构

众木，凡十三级。

上有铁柱，高三百尺，金盘十三重，合去地七百尺。

○《道荣传》云：铁柱八十八尺，八十围，金盘十五重，去地

六十三丈二尺。

又向西走一天，乘船渡过一道深水河，河宽足有三百多步。再向西南走六十里，到达乾陀罗城。接着向东南方向行走七里，有一座雀离宝塔。

《道荣传》记载："（雀离宝塔）在城东四里。"

考证它的源头，是佛陀和弟子们云游之时宣讲教义途经的地方。当时佛陀指着城东的方向说："我入涅槃后三百年，将有名为迦尼色迦的国王在此处建造宝塔。"佛陀涅槃后两百多年，果真有叫迦尼色迦的国王出游至此，见四个童子正用牛粪堆砌成塔，已经堆到约三尺高，突然间这些童子就消失了。据《道荣传》记载："童子在空中向国王讲偈语。"

国王对童子的行为感到十分诧异，于是就命人建石塔来保护粪塔。没想到粪塔竟持续增高，甚至顶破了笼罩在外的石塔，直到四百尺高才停止变化。于是国王又将塔基扩建至方圆三百多步。据《道荣传》记载："（扩建塔基）三百九十步。"

新外塔用木材搭建，才得以与粪塔齐高。据《道荣传》记载："（塔）高三丈。用有纹理的石头做台阶和斗拱，其上是木质建筑，共有十三级。"

上面有铁柱，高三百尺，有十三重金盘，通高达七百尺。据

《道荣传》记载："铁柱高八十八尺，粗有八十围。有十五重金盘，通高六十三丈二尺。"

乾陀罗城，《魏书》作富楼沙城，《汉书》则称布路沙不逻（Purusapura，意为"人之城"），今为巴基斯坦开伯尔-普什图省省会白沙瓦。《魏书》称此城为小月氏国国都，城中有八百余年之"百丈佛图"。晋僧法显所著《佛国记》亦称弗楼沙城有腻迦王大塔。

《汉书》将月氏西迁时"其余小众不能去者"称作小月氏，《魏书》所言小月氏则是大月氏王寄多罗命其太子驻守此处而形成的国家，二者所指不同。寄多罗贵霜（贵霜帝国寄多罗王朝）是4世纪末贵霜帝国的一次复兴，在5世纪末嚈哒人的攻击下灭国，较之月氏西迁晚了数百年。

此处道荣其人名不见经传，今人考证时只发现唐时《释迦方志》有云："后魏太武末年沙门道药（藥）从疏勒道入经悬度，到僧伽施国，及返，还寻故道，著传一卷。"其中"道药（藥）"疑似"道荣（榮）"之误。如是，则《道荣传》为稍早于宋云出使年代的文本，杨衒之著书时或以此传作为参考。

迦腻色迦是将贵霜帝国发展到极盛的君主，在他的统治期间，贵霜帝国的实际统治疆域被扩展到葱岭以东的吐鲁番盆地与北印度平原。同时他的崇佛举措也是使佛教从地方宗教发展为世界宗教的重要推力之一。迦腻色迦执政期间不仅兴建寺塔（以雀离宝塔为代表）、招揽名僧（马鸣、龙树等）、供奉圣物（舍利与佛钵），就连钱币上也有立佛、释迦牟尼佛和弥勒佛像。在中古汉文佛教文献的描写中，他具备神通力，能控制水火、降伏龙王，堪称佛教的理想君主转轮王。

雀离宝塔（Cakri Stupa）是迦腻色迦建在国都迦腻色迦城（Kanishkapura，Purusapura 在迦腻色迦定都后的另一称谓）的大型佛塔建筑，在其旁侧建有迦腻色迦寺。"雀离（Cakra）"意为"轮""脉轮"，即指迦腻色迦作为转轮王的宗教身份。"迦腻色迦修建的雀离浮图（Cakri Stupa）或者说轮王之塔，一方面是其树立自己佛教君主形象的纪念碑，另一方面也传入中土并留下了自己的影响。中国中古时期有关迦腻色迦的历史记忆，是佛教作为世界性宗教在人类文明交流史上重要地位的明证。"① 此塔建制规模浩大，几次被毁而又得重建，其在贵霜帝国的地位或可相当于永宁寺塔之于南北朝。文中所述建塔故事在晋僧法显《佛国记》中的记载稍有不同：

　　迦尼色迦王见小儿垒粪塔，问："汝作何等?"小儿为天帝释所化，答："作佛塔。"王言："大善。"在粪塔处建造此塔。塔成之时，小塔（或指粪塔）自行移动至大塔南，高三尺许。

*

　　施功既讫，粪塔如初，在大塔南三百步。时有婆罗门不信是粪，以手探看，遂作一孔，年岁虽久，粪犹不烂，以香泥填孔，不可充满。今有天宫笼盖之。
　　雀离浮图自作以来，三经天火所烧，国王修之，还复如故。父老云："此浮图天火七烧，佛法当灭。"

---

① 关于迦腻色迦对中国中古时期的影响，可参见孙英刚：《迦腻色迦的遗产——中国中古时期的历史记忆及影响》，《佛学研究》2017 年第 2 期，第 146—166 页。

○《道荣传》云：王修浮图，木工既讫，犹有铁柱，无有能上
者。王于四角起大高楼，多置金银及诸宝物，王与夫人及诸
王子悉在楼上烧香散花，至心精神，然后辘轳绞索，一举便
到。故胡人皆云四天王助之，若其不尔，实非人力所能举。

石塔完工后，粪塔竟又恢复成最初的大小，移动至石塔南面
三百步处。当时有婆罗门不信是粪，用手探看，捅出一个洞。虽
年岁久远，粪却始终不腐烂；用香泥填塞窟窿，总是填不满。如
今建有天宫将此塔笼罩在内。

雀离宝塔自从建成以来，曾遭天火（雷击）焚烧三次，国王
都极力修缮，将它恢复成本来的样子。当地父老说："如果这座
宝塔经天火烧七次，佛法就会随之消亡。"

据《道荣传》记载："国王筑宝塔时，木工已经完成，还剩
铁柱没有人能够安装上去。于是国王在四面建造高楼，并放置了
很多金银宝物，国王与王后及众王子都在楼上敬香散花，诚心祷
告，再用辘轳绕绳，一次便成功将铁柱吊起并安装完成。因此
胡人都说这是得到了四天王的帮助，若非如此，人力实在无法
完成。"

*

塔内佛事，悉是金玉，千变万化，难得而称。旭日始
开，则金盘晃朗，微风渐发，则宝铎和鸣。西域浮图，最为
第一。

○此塔初成，用真珠为罗网覆于其上。于后数年，王乃思量，
此珠网价直万金，我崩之后，恐人侵夺。复虑大塔破坏，无

人修补。即解珠网，以铜镬盛之，在塔西北一百步掘地埋之。上种树，树名菩提，枝条四布，密叶蔽天。树下四面坐像，各高丈五，恒有四龙典掌此珠，若兴心欲取，则有祸变。刻石为铭，嘱语将来，若此塔坏，劳烦后贤出珠修治。

　　塔内的佛像完全由金玉铸成，姿态万千，难以用言语形容。每当太阳逐渐升起，金盘便会因反射耀眼的日光而闪闪发亮，微风吹拂时，塔上的金铃随风和鸣。在西域的诸多宝塔中，这座堪称第一。

　　这塔刚刚建成之时，国王用珍珠编织成罗网，罩于其上。数年后，国王担心价值万金的珠网会在自己死后被人觊觎，又担心大塔损坏之后无人修补，于是撤下珠网，盛放于铜锅之中，埋在塔西北面约一百步远的地下。又在上面种了一棵菩提树，树的枝条向四面散布，茂密的树叶遮蔽了天空。树下四面都安放有坐佛佛像，每一尊都有一丈五尺高。又有四条龙常年看护珠网，倘若有人因私心夺取珍珠，就会被降下灾祸。国王又在石头上刻写铭文，嘱托后人：倘若这座塔有所损坏，劳烦后世的贤德之人帮忙修缮，费用就用埋在此处的珍珠支付。

*

雀离浮图南五十步，有一石塔，其形正圆，高二丈，甚有神变，能与世人表吉凶。以指触之，若吉者，金铃鸣应；若凶者，假令人摇撼，亦不肯鸣。惠生既在远国，恐不吉反，遂礼神塔，乞求一验。于是以指触之，铃即鸣应。得此验，用慰私心，后果得吉反。

距离雀离宝塔向南五十步的地方，有一座石塔，其形状为正圆形，有两丈高，很是灵验，有预测吉凶的能力。用手指轻触塔身，倘是吉兆，塔上的金铃就会发出响声；倘是凶兆，即使被人摇动，金铃也不会发出声响。惠生身处遥远的异域，担心自己未必能顺利归返，于是礼拜神塔，祈求兆示。在他用手指触碰塔身后，金铃立即鸣声回应。得到吉兆后，惠生内心颇感安慰，后来果真平安归国。

*

> 惠生初发京师之日，皇太后敕付五色百尺幡千口、锦香袋五百枚、王公卿士幡二千口。惠生从于阗至乾陀罗，所有佛事处，悉皆流布，至此顿尽。唯留太后百尺幡一口，拟奉尸毗王塔。宋云以奴婢二人奉雀离浮图，永充洒扫。惠生遂减割行资，妙简良匠，以铜摹写雀离浮图仪一躯，及释迦四塔变。

惠生从京城出发的那日，胡太后下令交付给他一千条五色百尺幡旗、五百枚锦香袋、两千条代表王公卿士的幡旗。惠生一路从于阗行至乾陀罗，途经供养佛像之处广施幡旗和香袋，等到此处时所有存货都已散尽。只剩一条代表胡太后的百尺幡旗，惠生原打算将其供奉于尸毗王塔。宋云把两名奴婢奉送给雀离宝塔，让她们永远在此洒扫供奉。惠生也从旅费中分出一部分钱财，精心挑选良匠，用铜板描摹出雀离宝塔的形象以及释迦四塔变（饲虎处、舍头处、贸鸽处、施眼处）的图景。

＊

于是西北行七日，渡一大水，至如来为尸毗王救鸽之处，亦起塔寺。昔尸毗王仓库为火所烧，其中粳米燋然，至今犹在，若服一粒，永无疟患。彼国人民须禁日取之。

于是宋云、惠生二人又接着向西北方走了七天，渡过一条大河，来到如来为尸毗王救鸽子的地方。这里也建起了塔寺。当年尸毗王的仓库被火所烧，仓库中烧焦了的粳米一直被保存到现在，倘若能吃上一粒，就可以永远不患疟疾。这里的人民只有在禁日才能前来取用粳米。

尸毗王贸鸽本生说的是：尸毗王看到一只鹰正在追捕鸽子，鸽子向尸毗王寻求庇护。尸毗王要救一切生灵，既要保下鸽子也不能让鹰饿死，于是就割下自己的肉喂鹰。鹰要求尸毗王割下与鸽子等重的肉作为交换。尸毗王拿来秤，将鸽子放在一边，自己的血肉放在另一边，几乎将自己身上的肉割尽，可秤上的重量仍不及鸽子。尸毗王最后决定将全身施舍给鹰，于是坐进秤盘，正好与鸽子等重。他十分高兴，认为自己做了善事。这时鸽子和鹰都不见了，原来这一切都是帝释天对尸毗王的考验。帝释天确认尸毗王奉献自身的意志依然坚定之后，就让他的身体恢复如初。

＊

○《道荣传》云：至那迦罗阿国，有佛顶骨，方圆四寸，黄白色，下有孔，受人手指，闪（閦）然似仰蜂窝。

至耆贺滥寺，有佛袈裟十三条，以尺量之，或短或长。复有佛锡杖，长丈七，以水筒盛之，金箔贴其上。此杖轻重不定，值有重时，百人不举，值有轻时，二人胜之。那竭城中有佛牙佛发，并作宝函盛之，朝夕供养。

至瞿罗罗鹿。见佛影，入山窟十五步，西面向户遥望，则众相炳然；近看则瞑然不见。以手摩之，唯有石壁。渐渐却行，始见其相。容颜挺特，世所稀有。窟前有方石，石上有佛迹。窟西南百步，有佛浣衣处。窟北一里，有目连窟。窟北有山，山下有六佛手作浮图，高十丈。云此浮图陷入地，佛法当灭。并为七塔，七塔南石铭，云如来手书，胡字分明，于今可识焉。

据《道荣传》记载：那迦罗阿国有一尊佛顶骨，四寸大小，呈黄白色，下方有孔，手指可以放入，触感就像是探索蜂窝一样。

耆贺滥寺中有佛袈裟十三件，用尺测量，长度忽短忽长。还有一根佛锡杖，长一丈七尺，放在一个水桶中，上面贴有金箔装饰。这锡杖重量时常变化，重的时候一百人也举不起来，轻的时候两人就能举起。那竭城中还有佛牙、佛发，用宝函一并盛放，早晚接受供养。

在瞿罗罗鹿可观赏佛影。进入山窟十五步，从西面向洞口遥望，诸多佛相焕发光明，清晰可见；凑近看却又暗了下去，什么都看不见了，用手只能摸到石壁。慢慢退后，佛像才再次浮现。其容貌挺拔出众，为世间之稀有。窟前有方大石，石头上有佛留下的圣迹。向山窟西南方向走百步，有佛浣洗衣物的地方。窟北一里处，有目连窟。窟北有座山，山下有六佛亲自建造的佛塔，高有十丈。据说这座佛塔陷入地中，佛法就会灭亡。共建有七座塔，七塔南面刻有石铭，相传是如来亲笔所题，刻写的胡文清晰可见，至今仍可辨认。

那迦罗阿国，《魏书》未载，《大唐西域记》作那揭罗曷国，《佛国记》作那竭国，故址位于今阿富汗境内，以藏有佛顶骨著称。

*

惠生在乌场国二年，西胡风俗，大同小异，不能具录。

至正光三年二月始还天阙。

○衒之按：《惠生行记》事多不尽录，今依《道荣传》《宋云家

纪》，故并载之，以备缺文。

惠生在乌场国云游两年，域外各国的风俗大同小异，他不能一一记录下来。直到正光三年（522）二月惠生才回到洛阳。

杨衒之按：《惠生行纪》中还有很多事迹没能传录下来，现依据《道荣传》和《宋云家记》两本书中的内容一并记述，以补充缺少的部分。

郭外诸寺

以《洛阳伽蓝记》的分卷布排，此篇或许不该被划分在任何一卷中，应作为补充性质的附录。以下主要交代了洛阳城的整体布局以及寺庙总量的变化，并未具体介绍某一寺庙。杨衒之曾在洛阳为官，此处记录的里坊制度与洛阳城中寺院数量较为可信，是宝贵的史料。

*

　　京师东西二十里，南北十五里，户十万九千余。庙
社、宫室、府曹以外，方三百步为一里，里开四门，门
置里正二人、吏四人、门士八人，合有两百二十里。寺
有一千三百六十七所。天平元年迁都邺城，洛阳余寺
四百二十一所。北邙山上有冯王寺、齐献武王寺。京东石关
有元领军寺、刘长秋寺。嵩高中有闲居寺、栖禅寺、嵩阳
寺、道场寺。上有中顶寺，东有升道寺。京南关口有石窟
寺、灵岩寺。京西瀍涧有白马寺、照乐寺。如此之寺，既郭
外，不在数限，亦详载之。

　　都城东西长二十里，南北长十五里，共有十万九千多户。庙
社、宫室和府曹除外，其余地区以三百步为一里，每里设有四
个门，每门设有两名里正、四名府吏、八名门士。全城一共有
二百二十里，共有一千三百六十七所寺庙。天平元年（534），京
师从洛阳迁至邺城，此时洛阳还剩寺庙四百二十一座。北邙山上
建有冯王寺、齐献武王寺。在都城东面石关处有元领军寺、刘长
秋寺。嵩山中建有闲居寺、栖禅寺、高阳寺以及道场寺。嵩山上
有中顶寺，嵩山东有升道寺。在城南关口处建有石窟寺、灵岩
寺。城西的瀍水和涧水之间建有白马寺、照乐寺。诸如此类建
在洛阳城郭之外的寺庙，不在计数范围之内，也都一并详细记
录了。

　　《魏书·元叉传》记载：

正光五年秋（当时胡太后被元乂幽禁），灵太后对肃宗谓群臣曰："隔绝我母子，不听我往来儿间，复何用我为？放我出家，我当永绝人间，修道于嵩高闲居寺。先帝圣鉴，鉴于未然，本营此寺者正为我今日。"

可知闲居寺为宣武帝元恪所建，其营建目的或许如胡太后所说——为其日后提供一个避难安身之所。胡太后在正光五年（524）发表的这一通以"出家""修道于嵩高闲居寺"为中心的陈情，既加强了与孝明帝的母子感情，又在很大程度上打消了元乂的顾虑，为自己的政治复辟发挥了至关重要的作用。

此处里坊的数量与《魏书》《资治通鉴》等所载相异。范祥雍在注中指出，"'二百二十里'疑是'三百二十里'之误"。周祖谟则认为："衔之所谓东西二十里，盖东至七里桥，西至张方桥也。七里桥及张方桥均去城阙七里，合城内六里计之，适为二十里。"目前学者结合文献记载和考古数据分析，得出的结论尚不统一。①

至此，《洛阳伽蓝记》就全部结束了。洛阳城昔日的繁华也随着伽蓝的倾塌而散尽。枯荣有数，若是没有杨衒之在感时恨别的转身，这段历史记忆恐已不复存在。传统部类（经、史、子、

① 持"三百二十里"之说的有很多，例如：宿白：《北魏洛阳城和北邙陵墓——鲜卑遗迹辑录之三》，《文物》1978 年第 7 期，文末附《北魏洛阳城设计复原图》；张金龙：《北魏里坊制度探微》，《历史研究》1999 年第 6 期；杨宽：《中国古代都城制度史研究》，上海人民出版社 2016 年版，第 145—147 页；陈建军、王莉、高慧：《〈洛阳伽蓝记〉误载举隅》，《洛阳考古》2019 年第 2 期，第 36—40 页。

持"二百三十里"之说的有何炳棣，见范毅军、何汉威整理：《何炳棣思想制度史论》，台北："中央"研究院、联经出版公司 2013 年版，第 399—434 页。

集）对《洛阳伽蓝记》的划分时常摇摆，[1] 这种不确定性充分显示其复杂性、特殊性和多样性。杨衒之落在笔端的苦心孤诣究竟传递出了多少，作为后人的我们究竟又能领悟多少，或许也会随着历史的几度转身，如同穿透山门的钟声一般——虽然遥远却又逐渐清晰着。

拓展阅读

洛阳城外的高级基地——北邙山

　　邙山为秦岭——崤山山脉的余脉，东西走向，沿黄河南岸绵延，西起三门峡，中经洛阳，东至伊洛河岸，连绵近 200 公里。"北邙"一般指"邙山洛阳段"，位于洛阳市北部，自西向东蜿蜒于洛阳市的新安县、孟津县及偃师市。陈长安先生依洛阳出土之墓志、洛阳地图及相关历史文献的记载，认为北魏时期将东起汉魏故城北、西至瀍河以西的这段山脉（即平岭）均书作芒山。因为此山是土山，所以又被称为芒阜；又因地处京城之北，故称北芒。周代将芒山称为郏山；东汉帝陵葬于此地，故又有芒山之称；直到北魏孝明帝时始见"邙"字出现。[2] 北邙山势为东西走向，西北高，东南低，海拔一般在 200—300 米之间，长约 55 公里。北邙山势不高，地表平坦，土壤肥沃，土质渗水率较低。由于北邙位于黄河南岸，为黄河与洛河的分水岭，背山面水，为山

---

[1]《隋书·经籍志》《旧唐书·经籍志》《宋史·艺文志》《文献通考·经籍考》等将其划入史部地理类范畴；《新唐书·艺文志》《通志·艺文略》等将《洛阳伽蓝记》纳入子部释家类。

[2] 陈长安：《洛阳邙山北魏静陵、终宁陵考》，《中原文物》1987 年特刊。

水形胜之地，符合风水堪舆之说；另一方面，北邙位于古都洛阳北部，洛阳位于洛阳盆地中部，居"天下之中"，干道如织，具有"东控虎牢，南对伊阙，北依邙山，西据崤坂"控扼四方之势，综合起来，北邙山多被视为安葬先人的绝佳之地。

根据文献记载和考古发现，北魏迁洛后的六位皇帝，除孝武帝陵墓不详外，其余帝陵均位于洛阳邙山西段瀍河两岸与邙山中段，有意避开东汉陵区。其中位于瀍西陵区的分别是孝文帝长陵、宣武帝景陵、孝庄帝静陵、节闵帝的陵墓。孝明帝定陵则位于邙山中段。另外埋葬在这片区域的北魏王室宗亲还有广平王元怀、清河王元怿、广陵王元羽、武昌王元鉴、北海王元详、彭城王元勰、江阳王元乂、乐安王元绪、南平王元暐、阳平王元固、广川王元焕、东平王元略、赵王元毓、鲁王元肃、乐陵王元彦等。

从 20 世纪 50 年代至 90 年代，考古工作者已展开了一系列关于邙山陵墓群的调查发掘工作。北魏孝文帝长陵、宣武帝景陵、西晋文帝崇阳陵、武帝峻阳陵这四陵的具体地望、陵墓结构已基本清楚。其中，北魏陵区位于瀍河东西两岸，帝陵多位于瀍河西岸，陪葬墓则集中在瀍河东岸，即汉魏故城的西北方。[①]

北魏迁都之后最先开始的工作是营建洛阳城，不久后也将洛阳人死后的归宿——北邙山——纳入规划之中。据《魏书·高祖纪》记载，太和十九年（495）六月丙辰诏"迁洛之民，死葬河南，不得还北。于是代人南迁者，悉为河南洛阳人"。

北邙山自东汉以来便为三代帝陵所在，也是北魏贵族选定的

---

① 洛阳市第二文物工作队：《洛阳邙山陵墓群的文物普查》，《文物》2007 年第 10 期。

安息之处，因而成为洛阳周围最为显赫的墓地群。在洛阳城特殊的布局之下，使得生死两个世界比邻而居。从洛阳出土的墓志记载来看，当时北邙山被认为是洛阳人灵魂的最终归宿，也是理想的灵魂归宿。[①] 得以归葬北邙山是一件无比荣光之事。

[①] 参见（韩）金大珍：《北魏洛阳城市风貌研究：以〈洛阳伽蓝记〉为中心》，中国社会科学出版社 2016 年版，第 154 页。

附录

《洛阳伽蓝记》与北魏职官制度 [1]

自拓跋珪 386 年复国称代王（同年改称魏王）至 534 年孝武帝元修被迫西奔关中，北魏分裂成东、西魏，鲜卑拓跋氏一脉诸多帝王不可谓不锐意进取，积极改革。

在代国的政治制度向中原王朝取经的过程中，有两位承前启后的重要人物：卫操是西晋征北将军卫瓘的牙门将，始祖神元皇帝（拓跋力微）驾崩后，他就带着侄子卫雄及其宗室乡亲姬澹等十数人归附北魏，积极劝说桓帝拓跋猗㐌招纳晋人，于是晋人附者稍众。桓帝很倚重卫操，任他为辅相，卫操不负众望，帮助拓拔氏确立国家政权、确定法律条文和设置官职等。莫含出身商人世家，家财颇丰，在刘琨任并州刺史时担任从事，穆帝拓跋猗卢非常欣赏他的才干，在继任代王后向刘琨求得莫含，常让他参与

---

[1] 这一部分意在简要说明《洛阳伽蓝记》中提到的官署以及有各官署官员们的具体职能分工。本篇关于北魏官僚机构和官员职务的介绍，除本于史传相关材料记载外，主要参考张金龙《北魏政治史》（甘肃教育出版社 2008 年版）、俞鹿年《北魏职官制度考》（社会科学文献出版社 2008 年版）以及郑钦仁《北魏官僚机构研究》（牧童出版社 1976 年版）等。关于北魏职官制度的研究，陈仲安、王素、阎步克、漥添庆文等学者都有撰文讨论。可参看陈仲安、王素：《汉唐职官制度研究》，中西书局 2018 年版，第 73—87 页；阎步克：《品位与职位：秦汉魏晋南北朝官阶制度研究》，中华书局 2021 年版；[日] 漥添庆文：《魏晋南北朝官僚制研究》，复旦大学出版社 2018 年版；郑钦仁《北魏官僚机构研究续篇》，稻禾出版社 1995 年版。

军国大谋。至于昭成帝拓跋什翼犍时，任命燕凤为右长史，许谦为郎中令矣，官制多同于晋朝。

随着代国对外扩张，鲜卑旧制逐渐不能满足道武帝的进取心。登国十年（395），道武帝亲征后燕，俘获后燕武将数千人以及大量有识文臣，加速了北魏政治制度改革进程。396年中，道武帝改年号为"皇始"，开始上尊号，使用天子旌旗，出入都有警卫清道，随后着手建立中央官员机构，设置百官。皇始三年（398），北魏对后燕的战争取得全面胜利，国家的工作重心转移至于内政建设，迁都平城，开始营造宫室，建设宗庙和祭坛，定度量衡，遣使者巡视诸郡国。尚书吏部郎中邓渊负责修订官制、爵品、礼仪音乐；仪曹郎中董谧负责编定郊庙、社稷、朝觐、飨宴等仪式；三公郎中王德负责制定律令，昭示禁令、戒律；太史令晁崇负责制造浑天仪，观测、记录天象；吏部尚书崔玄伯统筹全部工作。邓渊、董谧、崔玄伯、晁崇均为曾仕于前秦或后燕的文官，在道武帝攻略后燕期间被拔擢（董谧或未仕官，王德不明），在北魏制度建设中所起到重要作用。

事随境迁，为满足新的统治需求，天兴元年至天赐四年（398—407），北魏官制经历了多次调整，如八部大夫、散骑常侍与待诏的设立设置三百六十曹，每曹置大夫，各有属官，文簿当曹敷奏，欲省弹驳之烦，设置两年后便改回三十六曹，每曹置代人令史一人、译令史一人、书令史二人。既有因袭，亦有创举。

自道武帝建立基本官制、至孝文帝大规模官制改革的近百年间，《魏书·官氏志》记载了大小十四次官制改动，多为增置官员（"以诸曹吏多，减其员"、"减置候职四百人，司察非违"的减置二例），其中神䴥元年（428）七月："诏诸征镇大将依品开府，以置佐吏"影响最为深远。

孝文帝的一系列改革并非一蹴而就，也非刻板执行事先定下的计划，而是逐步探索推进的过程。尤其在南人王肃投北之后，孝文帝积极听取王肃的建议，进行了一系列的制度调整，"百司位号，皆准南朝"，大量参考南朝官制，颁行了两次《职员令》。前《职员令》（诞生于太和十七年，493年）和后《职员令》（也称复次职令，诞生于改革末期，太和二十三年，499年）的颁布和施行，标志着北魏官僚体制的逐步成熟和完善，具有里程碑意义。前、后《职员令》内容制定各有侧重，就整体而言，前《职员令》还保留了一部分北魏早期制度的残余；后《职员令》则大量沿用晋、宋、齐的官制，彰显出较强的汉化决心。

复次职令见于《魏书·官氏志》，载中央官员中位居"清品"者，而不载更贴近工作第一线的"浊品"官员；将职官分为九品，每一品又有从品，其中第四品至从九品中又区分有上阶，共分出三十个品阶，只列官名，不论职掌。同年，孝文帝身死，故诞生于该年的复次职令实为宣武帝"颁为永制"。下文中的官制主要取用太和二十三年复次职令中所载情况，《隋书·百官志》言"后齐制官，多循北魏"，故并以《隋书》所载北齐官制以做补充。需要注意的是，尽管北齐之制大多沿用北魏，但目前尚难确定实际沿袭的具体阶段，与孝文帝改革订立的制度应当有别，然具体细节已不可考，暂且列出以供参考。

一路向南，走出殿门，再过三道宫门，

就来到阊阖门外的铜驼大街上。

街边威严的军事衙门惹人注目。依《伽蓝记》，

左边衙门为左卫府，右边则是右卫府。

||| 军府系统 |||

"府"在北魏仍是专有名词，意指"将军府"，省作"军府"。军府制度源于汉代公府制度，其特点是长官有权直接任命其僚佐，且僚佐入品官、食俸禄，称为"辟召"。汉时只有三公级别的官员才有权开设军府，故称"公府"。北魏前期仅允许征镇将军与王公开府辟召汉人僚佐，以稳固和建设占领区域，之后开设军府的下限逐渐降低至五品将军。需注意北魏"开府"为品官之名，与"仪同三司"一样来自"开府仪同三司"，却是两个独立品官。各州亦置军府，军府的功能也不限于军事用途。并不是有将军名号者都可开军府，也不是所有开军府者都有将军名号，但实际领兵的将军应都有自己的军府。

军府中的僚佐虽可由军府长官从事从权设置，但也存在通用的基础结构。三公的军府较之其他要多出数个编制，所谓"开府仪同三司"意即所开军府的规格可用三司（即三公）之制。僚佐品秩随军府长官的级别不同而有调整。

以下简要介绍军府基础结构：

一　上佐

长史、司马、咨议参军事合称上佐，较其他僚佐地位较高。

长史： 军府中的幕僚长，总摄大小事务。品秩较军府长官低五级（公府中长史为从三品，而府主为第一品，为直观起见，下文仅表现公府僚佐品秩），地方军府中军府长官（刺史）有的长居京城不到任上，此时长史即为实际掌权者。

司马： 负责"参赞军务"。公府中司马为第四品上，地方军府中由于北魏军事需求较大，可能出现司马较长史更为重要的情况。

咨议参军事： 应负责"主讽议事"。公府中咨议参军事为从四品上，从三品及以下将军府中不设。

二　诸曹参军事

"曹"为军府中较基层的部门，曹中以参军事为负责人，军府长官有权按需要设置新曹以满足行政需求。

六曹参军事： 在复次职令中，一并载有录事参军事、功曹参军事、记室参军事、户曹参军事、仓曹参军事、中兵参军事六职，在三公府中为第六品上。

列曹参军事、列曹行参军：上述六曹之外的列曹以参军事或行参军为主官，一部分应为军府长官自设。在公府中，列曹参军事为从六品上，列曹行参军为第七品上。常见的设置有外兵参军事、骑兵参军事、铠曹参军事、城局参军事（主城防）、长流参军事（主刑狱）、刑狱参军事、法曹参军事、田曹参军事、水曹参军事等。

参军事、行参军：军府中可任命无部门归属的参军事、行参军。在公府中，参军事为第七品上，行参军为从七品上。

长兼行参军、参军督护：公府中长兼行参军秩从八品，参军督护秩第九品。较低级的军府不设，或为流外官而失载。

三 府门下

包括功曹史、主簿。其中功曹史仅见于从一品至第三品将军府及诸王府中，似与功曹参军事同设，品秩与功曹参军事大抵相同，主簿于各军府皆有设立，负责簿册文书工作，为第六品上。

四 三公府专有之职

包括从事中郎、掾属、祭酒。其职掌未详。从事中郎为第五品，掾属为从五品，祭酒为第七品。

‖‖ 禁军系统 ‖‖

孝文帝改制后，北魏的禁军系统可大致分为领军系统与护军系统。领军系统负责指挥可灵活调动的军队，主要是被称作羽林、虎贲的禁军主力，也包括近卫武官和仪仗队等。主官为领军将军（从二品），不直接领兵，而以左右卫将军领兵。护军系统负责守卫与管理洛阳四周的海陆关隘，主官为护军将军，下设东南西北四中郎将分管洛阳四方关隘，辖有驻守军队及关尉、津尉。

在此基础上，对北魏禁军稍作细述[1]：

一 禁军主力

这些部队时常驻守在洛阳周边，战时随君主（或由君主指派将领）南征北战，有需要时亦可驻戍地方，被孝文帝冠以羽林、虎贲的名号。羽林、虎贲既指部队名称，也指士兵身份。太和十九年（495），孝文帝"诏选天下武勇之士十五万人为羽林、虎贲，以充宿卫"，次年"以代迁之士皆为羽林、虎贲"。宣武帝初，元雍上表中提到"武人本挽上格者为羽林，次格者为虎贲，

---

[1] 此处关于禁军制度的讨论，参见张金龙：《魏晋南北朝禁卫武官制度研究》，中华书局2004年版，第659—814页。

下格者为直从",通过考核达到上等的武人可担任羽林,次等为虎贲,由此看来羽林应较虎贲更为精锐。

军中指挥系统逐级设统军、军主、队主。一军中分有诸队,统多军者则为统军,战时则另设都将指挥主力,别将指挥次主力。太和十七年(493),前《职员令》中设有宿卫军将、宿卫幢将等,但司掌不明,亦不见他载;太和二十三年(499),后《职员令》中不复有宿卫诸职,羽林、虎贲系统仅剩羽林监和虎贲中郎将。《魏书》中与宿卫相关的记载亦仅存宣武帝时"诏宿卫队主率羽林虎贲,幽守诸王于其第"。然而十万军队似乎不可能只保留最基层的队主,可能是改制后职能衰微,又或是此类军职被列为浊品,方才难见于史载。

二 特殊部队

此类部队归属不明,或亦属于羽林、虎贲一部。因其兵源与设立目的有一定特殊性,故单独列举。

宗子军:一支由并不显贵的宗室远亲组成的部队,可随驾出征,亦可率兵征战。太和十一年(487)前未出现此名号,或为孝文帝沿袭鲜卑部族兵传统而设。据《魏书·奚康生传》记载,奚康生担任过宗子队主,而奚氏(原为达奚氏,汉化改为奚氏)在《魏书·官氏志》中被认定为北魏献帝(拓跋邻)亲族的"帝室十姓"之一。以此来看,宗子军兵源范围较广,不仅限于元氏一姓。孝文帝南征时,"以(元)勰行抚军将军,领宗子军,宿卫左右",不难看出此时宗子军仍是皇帝器重的亲兵，并非寄禄之置。永平四年（511），宣武帝"诏改宗子羽林为宗士，其本秩付尚书计其资集，叙从七以下、从八以上官"，宗子羽林或可认定为宗子军或宗子军中较精锐者。即便如此，其品秩仍然不算高，循例不会以此作为宗室子弟的起家官（有封爵的庶族和宗室在承袭爵位后所担任的第一个官职）。

庶子、望士等：疑为由非宗室之贵族组成的部队，史料不详。孝昌二年（526），孝明帝"诏宗士、庶子二官各增二百人；置望士队四百人，取肺腑之族有武艺者"，肺腑之族即旧拓跋部。此时是六镇起义的第三个年头，也是胡太后返政的第二年，二者都可能成为增置亲卫武装力量的原因。永熙三年（534），孝武帝"增置勋府庶子，厢别六百人；又增骑官，厢别二百人；依第出身，骑官秩比直斋"，同年孝武帝与高欢决裂，其增置军队的动机也不难理解。

三　近卫武官

近卫军多由迁往洛阳的鲜卑部民子孙组成。这些武官是皇帝的近卫，名义上只负责保卫君主安全，品秩亦不甚高；但因其贴近君主，故有不可忽视的特殊性。在实际政治运作中，君主往往将近卫武官作为一种储备人才——吸纳各系统中符合一定条件的人才，留于身边考察后再转任各级高官。君主也常用文武重臣与边境酋长之子为近卫武官，因此此类职位也具备"荫"和"质"的双重性。

直卫武官：以直阁将军为长，辖直阁、直寝、直斋、直后、直从等。从三品下，名称仿南朝，需在太极殿（正殿）左右上阁值班，皇帝外出时需履行陪侍护卫之职。最早设置直阁将军的是刘宋政权，孝文帝将之用作直卫武官长的名号，在其下设置诸多武职。"直"作"值"解，官职名即表示其值勤地点。直从似乎只是地位很低的一般兵员，而其他"直"官均有被任命为将领奔赴战场的范例。例如尔朱荣就曾任直寝，正光年间假节（即临时借调军符，事后军符须归还中央，持有临时军符者可斩杀违抗军令的人）为别将，随都督李崇出征抵抗柔然进犯。

千牛武官：包括千牛备身（千牛为刀名，取庖丁解牛之刀"可以备身"的典故）、备身左右、刀剑备身、刀剑左右，担任者可"出入禁中，无所拘忌"，最早见载于宣武帝朝，或为宣武帝初设。这些武官有保卫皇帝安全的职责，以其官名来看应为带刀侍从。据《魏书·恩幸传》所载，宣武帝任用寇猛、侯刚等数名出身贫寒者作为千牛武官，后又将他们安排于军政要职。北齐时沿用了这些近卫武官的名号，由领左右将军统辖。北魏时领左右一职最早见载于孝明帝朝元乂擅权时期，领军将军元乂及左右将军奚康生均曾兼任领左右，为专权者长期把持朝政提供便利。领左右后又为尔朱荣、尔朱兆等承袭。·

四　四中驻军

此即护军系统中守卫洛阳四方海陆关隘的驻军，每方设一中府，通常称东南西北中府，长官为中郎将。其中又以位于河桥（黄河收窄处一座跨河两岸的城，即后来的河阳城）的北中府最为著名。四方中郎将又下辖关尉、津尉，应为关、津中的官员。

永平年间（508—512），宣武帝将四方中郎将划入领军将军麾下，到武定七年（549，东魏孝静帝朝）才改回原状。《魏书·任城王传》称当时"四中郎将兵数寡弱，不足以襟带京师"，任城王元澄上表胡太后，希望能选二、三品亲贤兼称的官员担任四中郎将，并兼任洛阳附近的郡守之职（东中带荥阳郡，南中带鲁阳郡，西中带恒农郡，北中带河内郡），予其重兵履守卫之责，而胡太后最终没有采纳。此处亦可视作四中府大致方位所在。日本学者滨口重国认为东中府在荥阳郡虎牢城；西中府在恒农郡治陕城；北中府在河桥北端；南中府尚不明确，推测其先在鲁阳郡，后移至南安郡。①

五　领、护、二卫系统

此处列举明确属于禁军系统的掌握兵权的将领。实际用兵时也可能将禁军之一部分交予非禁军系统的将军或诸公指挥。

---

① 关于四中郎将，日本学者有过专文论述，参见滨口重国：《正光四五年の交に於ける後魏の兵制に就いて》，《秦汉隋唐史の研究》上卷，东京大学出版会1971年版，第97—103页。

领军将军、中领军：中领军秩第三品，领军将军秩从二品。曹魏置，时为禁卫军职。任者多为宗室、外戚、权臣。

左右卫将军：秩第三品。曹魏末分中卫为左、右卫，为禁卫军职；北魏前期亦置，但可能为一种给禁卫武官的加职。孝文帝改制将左、右卫将军作为禁卫军次长，南征时左、右卫将军俱有随驾出征的记载。正光年间胡太后置左、右卫将军各二人。

武卫将军：秩从三品。始置于曹魏，最早任职者为许褚。世祖太武帝时有武卫将军丘眷击溃赫连定的武勋，高祖朝亦有武卫将军宇文福破萧衍、元嵩破陈显达等的记载，他们都是北魏君主身边的得力干将。孝庄帝亦曾授尔朱世隆武卫将军一职。

护军将军、中护军：护军将军秩从二品，中护军秩第三品。汉置，曹魏改为禁卫军职。需要注意的是，护军一词单独出现时亦可指一种管辖少数民族（既非鲜卑也非汉人）的职官，兼有军政两方面性质，与护军将军似无关联。

东南西北四中郎将：秩从三品，曹魏置，北魏前期亦置。孝文帝所置四中郎将与曹魏及北魏前期四中郎将所掌之职有所不同，前已有述。其下辖关尉（负责守卫某一关隘）、津尉（负责守卫某一渡口），仅"临淮海津都尉"见于《官氏志》，秩从九品上，其余关尉、津尉应在流外（即九品以下）。《魏书·地形志》中记有十余处关隘，理应均设有关尉。有关津渡记载更少，尚未得见史籍系统性地收录。《魏书·尔朱兆传》中还出现了"灅波津令"一职，疑为津渡官吏。

六　冗职将校

此类官员多沿前朝而置，初设时均有明确职事，后期逐渐发展为冗职。此类官员在名义上仍可视作禁卫军的将校，其中的高级职位也常授给有实权的将军或近卫武官作为加官。

骁游：骁骑、游击将军。汉置。孝文帝太和十五年（491）下诏置为散官，秩第四品上。

四军：前军、后军、左军、右军将军。晋置。孝文帝用为散官，秩从四品上。

左、右中郎将：汉置。孝文帝置为散官，秩从四品。

五校：射声、越骑、屯骑、步军、长水校尉。汉置。北魏前期或可领营兵，孝文帝置为散官，秩第五品。宣武帝朝正始四年（507）下诏，进一步明确其散官地位。

三都尉：奉车、驸马、骑都尉。汉置。孝文帝用为散官，奉车都尉秩从五品上，驸马都尉秩第六品，骑都尉秩从六品上。驸马都尉多加尚公主者，但孝文帝时应还未完全等同。

羽林监、虎贲中郎将： 汉置。北魏前期的羽林虎贲为少数郎官，但无此二职；孝文帝时羽林虎贲已完全改制。为散官，秩第六品。

积弩、积射、强弩将军： 汉置。孝文帝置为散官，积弩、积射将军秩第七品上，强弩将军秩从七品上。

殿中将军、殿中司马督： 晋置。孝文帝置为散官，殿中将军秩第八品上，殿中司马督秩第九品。

自左右军府向前走约三百步，
两幢气势恢宏的建筑映入眼帘，
依《伽蓝记》，这便是太尉府与司徒府。

⫴ 诸公官 ⫴

北魏诸公官无法分开讨论，应作为一个整体来看待。

北魏之诸公，指三师（太师、太保、太傅）、二大（大司马、大将军）、三公（太尉、司徒、司空）这八个写入《官氏志》的职位。亦有"开府""仪同三司（三司即三公）"之类被视为"准公官"的品官，"丞相"之类不见于《官氏志》却出现在实际政治运作中的新品官。

三师又称上公，地位崇高，不置府，亦无僚佐；二大、三公都有自己的军府和僚佐，其中司空部分僚佐比大司马、大将军、太尉、司徒府僚佐品秩稍低。八公之位宁缺毋滥，不会随意任命，一朝之中通常仅有三四位公官同时在任。但河阴之变后，不仅八公之位常常"爆满"，丞相之位也变为常置。至于骠骑大将军、车骑大将军更是"人满为患"。

在汉代，太尉是国家最高军事长官，司徒则是最高行政长官，其僚属也与其职位对应，但在北魏已非如此。在制度设计上，诸公官于文参与朝议大事，并无职权分化；于武则需要带兵出征，较早期还可维持常备武装力量。这种设置应出自北魏早期的部落联盟：诸公官的前身是为各部族首领设置的"大人官"，而部族联合的特点就是每个部族各自掌握军事力量，议事时共同决策。诸公官制度可以理解为北魏政权从部族议事转向中央集权的历史残留。在部族体系衰落后，已不再需要大人官系统来缓和制度转变带来的矛盾，于是孝文帝的新制度将其改成为皇帝服务的最高级别散官，人选也以宗室近亲为主：进可使其领兵作战、作为皇权的延伸；退可不留实权只设虚名、作优礼大臣之用。

孝文帝时，诸公官已无具体职务，可视作一种优礼大臣的虚号，但在朝议决策军国大事时，诸公仍可通过对政事、军事、人事等方面施加影响而掌握较大的话语权。北魏亦有将重大事务委任给身居高位者的惯例，这时诸公的身份就会出现一定的差异，例如重大水土工程多会委任司空。北魏身居高位者大多担任过高级军职，故而常被任命为大规模军事行动的最高指挥官，此时无论是太尉还是司徒，其军权大小因人而异，都不与其自身职位直接挂钩。北魏后期似乎倾向于为有能力掌军者加公官，如《伽蓝记》卷二"景林寺"篇中就有记载，皇帝曾为元渊加授仪同三司，令其掌军十万讨伐葛荣。

在离开左右卫府后，继续往前走，
左侧得见国子学，右侧则是将作曹。

⫸⫸⫸ 京城中的学官系统 ⫸⫸⫸

国子学作为最高学府和教育管理机构，统辖国子学、太学、东南西北四门小学，合称六学。其中国子学、太学的入学门槛极高，主要以贵族与官僚子弟为招收对象，传授儒学经典，培养官员。

据《魏书·儒林传》记载，拓跋珪建国之初即"以经术为先，重太学，置五经博士生员千有余人"。拓跋焘时期更是形成了"自王公已下至于卿士，其子息皆诣太学"之壮景，太学成为培养具儒学人才重地。拓跋嗣在位期间（409—423）曾改国子学为中书学（隶属中书省），孝文帝太和中，"改中书学为国子学，建明堂辟雍，尊三老五更"。太和十六年（492）设立专门面向皇族子弟的皇宗学，迁都洛阳后，又仿古礼立四门小学，创立四门小学博士，有效提高了鲜卑贵族群体的儒学素养，任城王元澄、彭城王元勰、清河王元怿等都在皇宗学系统中培养而出。

六学系统设博士作为教师，国子博士秩第五品上，太学博士秩从七品，四门小学博士秩第九品上。仅国子学设一名国子祭酒作为六学总负责人，秩从三品。北齐与隋改"国子学"为"国子寺"，唐以后称"国子监"，正是从孝文帝改革开始了一脉相承的分化与独立进程。

六学并非北魏唯一的人才培养系统，各职能部门几乎都有自己的人才培养方案，如上提及宗正系统内另设有"皇宗学"。但《官氏志》里多是中书省和太常有专门的博士，另还有归属不明、或隶属于廷尉卿的律博士。在地方上，地方长官和学官可以将兴办学校弘扬教化作为政绩，但不得私自办学。道武帝在太平真君五年（444）曾颁布禁止私办学校的诏令，其中提到私办学校者会遭"门诛"、教师也要"身死"；此诏令未见后世君主取消，不知孝文帝时是否还有效。

在孝文帝积极推动汉化的背景下，儒学被立于教育系统的核心。官学系统中的博士几乎可以被任命到任何行政部门中补缺，包括皇帝在内，大小官员在行政中经常会向博士们咨询专业意见。

||| 建筑与园林的工作部门 |||

将作曹是主持土木建筑工作的官署。其主官为将作大匠，秩从三品；其下应有将作大匠丞作为副官，但不见于《官氏志》。

需要建造某大型工程时，当权者会临时设置一个"营构某某都将"来主持事务，也会临时设置典作都将、典作副将、采材副将、采材军主等职位（这种以军事指挥官的军职来命名工程负责人的习惯似乎沿袭自尚武的部落传统），这些职位均可能由并非专门学习建筑工作的文官临时兼任。有一个稍显特别的例子是清河王元怿因其地位较高，被任命为"营明堂大都督"。至于具体落实建造工作的工匠们则全不见于史料记载。

除了建筑宗庙、宫室、陵寝等土木工程之外，将作曹似乎也负责皇家庭园的日常修缮和绿化。《官氏志》仅载清品官员，工匠与园丁们没能在史料中留下痕迹，但据对各类工程的记载中可以推断，将作曹中应该长期备有一支包括园艺师在内的工匠队伍。

继续前进，左侧得见宗正寺，右侧为九级府。

⫯⫯⫯ 宗正卿系统 ⫯⫯⫯

宗正寺是九卿系统中宗正系统的官署，负责管辖宗室相关事宜，在九卿中亦是较特殊的系统。一般情况下，宗正卿会优先从皇室宗亲中选拔，但也出现过庶姓执掌的情况。其职责包括：

一 典掌宗室属籍

宗正本职为管理宗室成员。宗室之血缘亲疏直接关系到袭爵与封邑等一系列待遇政策，故制定宗室户籍时较严格，编有皇族宗谱。

二 管理王国臣属

北齐时各封国臣属也归宗正管辖。其中又分皇子王国、王公封国、侯伯封国、子男封国。不同等级的王国臣属也有品秩与设置上的区别。据此，王又分始蕃王、二蕃王、三蕃王，公又分开国郡公、开国县公、散公，另四爵也有开国爵与散爵之分。各级封爵均记为品官，是孝文帝改革中较有开创性的设计。由于各级属官品秩情况较为繁复，此处主要列举皇子王国的情况。

王国属官包括：

三卿：郎中令、中尉、大农，于皇子王国分别秩第六品上、第七品上、从六品上。

三军：上、中、下将军，于皇子王国秩从八品。

四令：典书令、典祠令、学官令、典卫令，在皇子王国中除典书令正九品上以外，均秩从九品上。

常侍：皇子常侍从七品。

侍郎：皇子侍郎第八品上。

中大夫：皇子中大夫从八品。

三 司掌府官

皇子府官、诸王府官（至少在名义上）亦隶属宗正寺，皇子及诸王府官较一般军府多出师、友、文学三职，其余与一般军府大致相同。

四　宗室中正

宗正亦有从宗室子弟中选拔贤能之责，相当于中正之职，但具体负责此职事的官员未详。

五　宗室司法

宗室成员犯法时，只能交由宗正系统进行审理；其中又分必须向皇帝"议请"与宗正自行依法处置两种，由宗室身份而定。具体负责此职事的官员未详。

⫶⫶⫶　九卿系统　⫶⫶⫶

"卿"是对一些特定职能部门负责人的敬称，官名本身可不加"卿"字。汉时九卿之"九"为实指时，指特定的九个部门的长官，为虚指时可指三公以下一切中央职能部门的长官。北魏时三省六部制度已小具规模，三公也与汉制不同，故而九卿范围也较汉时更为集中。秦汉九卿有较强的皇帝私臣性质，而唐九卿则几乎成了为公事服务的朝臣，其职掌与三省六部对接又互补。北魏时的九卿系统处于二者之间的过渡，不仅公私性质各有参差，职掌也常有与三省六部重叠混杂的情况，以至让人疑惑二者为何同设。由于三省位居禁中，与君主直接对接，故而在职掌重叠时往往以三省作为九卿的上级机构，但未必以三省中对应部门与九卿对接。

九卿之官署均称为寺，故九卿也叫九寺大卿（寺庙之"寺"即源于鸿胪寺之"寺"）。孝文帝改革时参考汉制设置九卿，同样以其中三卿为上卿；九卿之外的其他职能部门亦设卿或少卿作为主官，其官署亦称"寺"；附属于寺的次级部门设令作为主官，设丞为副官，其官署称"署"；再次一级的职能部门称"局"，以都尉为主官，或因级别较低，不多见于史书。

上三卿之正卿官居第三品，少卿居第四品上，丞居从六品，功曹、五官（并不是指五种官职，似是一种用于部门内补缺的储备人才）居从九品；其余六卿之正卿居第三品，少卿居第四品上，丞居第七品。诸署令依其俸禄不同居不同品秩，诸局都尉秩从九品上。

以下分述九卿之概况：

一　太常

上三卿之一，负责陵庙、祭祀、礼乐、历法、占卜等。

宗庙祭祀在当时是时代文化与凝聚力的象征。然而太常虽然地位崇高，却不掌握军政权力，看似清闲却事务繁杂。汉太常甚至可能陷入全年无休的窘境，而北魏太常除了要执行那些沿袭自汉晋的礼事之外，可能还要负责一系列鲜卑祀典。在实际运作中，皇帝可能为了剥夺所忌惮者的军政权力而使之转任为太常。太常卿与尚书省的仪曹尚书职掌有所重叠，但在议礼时两个部门可以群策群力共同参与解决问题。

太常卿下置少卿，有丞，有功曹、五官；有太常博士，秩从七品；有协律郎（主音乐），秩第八品；有太祝令（似主神鬼巫祝），秩第九品上；有治礼郎，秩从九品；宣武帝时有太乐令，设太乐博士；孝明帝时有太史令；《通典》称后魏有太卜博士，有太医博士、助教，有廪牺令、丞，有太常斋郎，但未载其时期与职掌；太常下设诸署未详。另外，太学原属太常制下，有太学祭酒；孝文帝改革时将太学移至国子学下，取消太学祭酒，一说国子六学亦归太常管辖。

二　光禄勋

上三卿之一，负责宫廷中的膳食、器物、门户等，也负责管理御苑。

在秦汉时，光禄勋是维持宫廷日常生活的核心；但到了北魏，门下省与中书省分去了大量工作，以至于光禄勋的重要性也有所下降。

光禄勋卿下置少卿，有丞，有功曹、五官；北齐时光禄勋下辖太官、肴藏、清漳三署，负责在宴飨百官时准备膳食、酒水，而御膳则由门下省的尚食局和中书省的中尚食局负责；宫门署、守宫署、供府署、华林署等制均与两晋时大同小异。因史料缺乏，只能由此猜测北魏时的概况。

三　卫尉

上三卿之一，负责管理兵器、仪仗，以及看守宫门、城门、国有仓库门等。

在北魏九卿中，卫尉是唯一掌握武装力量的。然而自曹魏设领军、护军等禁卫系统之后，卫尉卿的宿卫职能变得越来越不重要；北魏时能负责保管兵器，已是卫尉系统作为宿卫部门的落日余晖。

卫尉卿下置少卿，有丞，有功曹、五官；有城门校尉，秩第四品上；卫尉下设诸署未详，但或可认为北齐时隶属卫尉的公车署（主管尚书不受理的案件）、武库署（除管控甲兵外亦掌吉凶仪仗）、卫士署（掌诸门士兵）在北魏时亦隶卫尉。

四　太仆

太仆负责车舆马匹、牛羊畜产，不仅供应天子百官，亦供军国之用。

北魏有都牧尚书，亦当负责牧事，与太仆之权责分野未详；北魏又有数个较大的国营牧场，畜养牛马数十万计，理应由中央派人管辖，然而亦不知是由哪一部门负责。另外，《伽蓝记》载有白象初置于乘黄"曹"而非乘黄"署"，疑乘黄所事御驾车舆归尚书之部曹管辖。

太仆卿下置少卿，有丞；肃宗时有左牧令，职掌未详，而既有左牧令，理应也有右牧令。北齐太仆下设骅骝、左龙（有左龙局，后三署亦有同名局）、右龙、左牝、右牝、驼牛（掌饲驼骡驴牛，有典驼、特牛、牸牛三局）、司羊（有特羊、牸羊局）、乘黄（掌诸辇辂）、车府（掌诸杂车）这九署令，复杂程度远超南朝，大概因为鲜卑原为马背民族，对马匹极为看重，而北魏也算得上是畜牧大国。

五　廷尉

廷尉负责判案、刑狱等，其中也包括地方发来的疑狱。北齐时也叫大理卿，其官署便是后世文艺作品中经常出现的大理寺。

北魏时三省中有刑狱职能的是都官尚书，权责分野未详；廷尉办案需要向尚书省上报才能定罪施刑，但似乎未必与都官尚书对接；即使廷尉已将结果上报，在廷尉内部认为还有"情状未尽"，或有相关人士"邀驾挝鼓"，又或者"门下立疑"，则案件仍需重审。北齐时御史台也参与刑狱之事，有将人囚送至廷尉的记载，甚至还出现北齐显祖也颇认同的"台欺寺久"的状况，但此情状是否同样出现在北魏则还不明。

廷尉卿下置少卿，有丞；有廷尉正、廷尉监、廷尉评，合称廷尉三官，秩第七品；《通典》称后魏有狱丞；廷尉下设诸署未详。

六　大鸿胪

大鸿胪秦名典客，负责接待外国宾客，亦负责归义四夷，有一定的外交部门性质。

北魏的外国自然也包括"南夷"在内，宾客也包括投北的南朝人。左右四邻一有大的动乱或外交意图，就会使大鸿胪卿为此奔忙；此外，有番僧来北魏时，也先由大鸿胪负责接待。倘若该僧人欲于某寺入籍，应转交僧官机构昭玄曹管理。

大鸿胪卿下置少卿，有丞；有治礼郎，秩从九品下；大鸿胪下设诸署未详，北齐时置有典客署（有京邑萨甫二人，诸州萨甫

一人，萨甫似为管辖少数民族的官员）、典寺署（有僧祇部丞一
人，典寺令在孝文帝时有过记载）、司仪署（有奉礼郎三十人，
应与治礼郎为同一职掌）。

七　宗正

负责宗室相关事务。前文已作介绍。

宗正因其特殊性，与三省系统并无功能重叠。

宗正卿下置少卿，有丞；其下辖署令亦未详。

八　大司农

负责仓市薪菜、园池果实。其中比较重要的是太仓与几处御
苑，尚不清楚是否有管理市场物价的责任。

北魏原本的大司农卿系统主要负责统领财政收支，因税收以
粮帛为主，支出也只能是粮帛，是否管钱不甚清楚，但钱并不是
当时主要流通的货币；到孝文帝时期，与粮食无关的财务被转移
到太府卿系统中去，既然不再管理钱帛，粮米因其运输困难也不
再是流通性强的货币，司农之职就变得纯粹多了。北魏三省中与
钱粮相关的是度支尚书，与司农、太府二卿应为对接及监管之
关系。

大司农卿下置少卿，有丞；下设诸署未详。北齐时下置六署
令：平准（似司掌市场物价）、太仓、钩盾（领大圃、上林、游
猎、柴草、池薮、苜蓿六部丞，应掌六丞所辖园林、猎场）、典
农（领山阳、平头、督亢三部丞，此三处地名均寓意膏腴之地而

远离洛阳，疑为某种象征）、导官（主舂米、制干粮，领御细部、麸面部、典库部等仓督员）、籍田（供应皇家祭祀什物）。又领梁州水次仓、石济水次仓两处漕运仓库。

九　太府

太府负责钱帛收支，包括收纳赋税、发放俸禄、皇帝赏赐等，地方罚没的不法财物也会交到太府处；也管铸钱、染布、营造器物等。

前《职员令》原设少府卿，负责营造各类器物。孝文帝改少府为太府，将与货币相关的事宜都统筹到该系统中：少府有天子私库之意，太府则更倾向于国家财政。太府、少府均为先秦已有之官，但将太府位列九卿是在孝文帝时。

太府卿下置少卿，有丞；《元歆墓志》载有十州都将，主采金铁；灵太后时有铸钱都将；太府下设诸署未详，北齐时置有尚方、司染、诸冶、细作、甄官五署令，应为从原少府系统转移。

┆┆┆　九级府　┆┆┆

《魏书》并未载入与九级府相关的任何信息，《元河南志》亦载将作曹南便是太社，并无九级府存在。但太社太庙相对而成"左祖右社"之势，更符合我们的认知，将作曹应当不会横跨国子学与宗正寺，故而将作曹与太社之间应确实存在一处官署。今人有认为九级府是铨叙官员品第的官署，此处暂将九级府假定为此用途，简述铨叙官员品第的九品官人法。

魏文帝曹丕时颁行九品官人法，在各都邑设小中正，各州设大中正，根据人才的优劣确定品第，由小中正将人才按九等划分，呈报给大中正，大中正校对核验后上报给司徒，司徒核实后交付尚书选用。到北魏时除核验工作移交尚书省下辖部门完成之外，并未对这一流程进行大的改动。

　　　　　继续往前，就到了太庙和太社。
　　　　"左祖右社"是周礼中营建国都的定式，
　　　　二者都是国家祭祀中的重要礼制建筑。

⫴⫴⫴ 太庙与太社 ⫴⫴⫴

太庙与太社之制见于周礼，北魏入主中原后便设立这两所祭礼中心。其各类祭仪较为繁复，少部分重要的仪典需皇帝亲自参与，多数祭祀活动由仪曹尚书与太常卿主持。

一　太庙

太庙是皇室祭祀先祖的场所，供奉着历代帝王神主。七庙之制古已有之，分别供奉"太祖二祧四亲"。其中太祖为开国皇帝，二祧为功德出众之祖，四亲为最近的四位皇帝。若七庙中迁入新神主，则需将原七庙中一位神主迁出。北魏太庙至迟在孝文帝时期已为七庙。

明元帝（拓跋嗣）后，北魏皇家的先祖祭祀以东庙为主。道武帝至献文帝时期为"天子七庙"的形成阶段，东庙祭祀在先祖祭祀中居于主导地位，由皇帝亲祀，而太庙祭祀处于从属地位，皇帝并不参与，多交由太常等负责礼仪的部门代理执行相关事宜。直至太和六年（482），孝文帝亲祀太庙。同年十月，孝文帝改东庙所祀献明帝、道武帝为有司摄事，皇帝不复亲祀，又改使明元帝以下无殿宇之诸帝停止祭祀，此后太庙祭祀逐渐成为北魏皇家先祖祭祀的中心。

孝文帝将北魏与代国切割，一改道武帝时尊代王拓跋郁律（道武帝追尊其为平文皇帝）为北魏太祖的做法，追尊北魏开国皇帝道武帝为太祖；尊世祖太武帝与显祖献文帝为二祧；道武帝前的代国诸王除道武帝之父高祖昭成帝之外均不入北魏宗庙，故七庙尚缺一神主。即太和十五年（491）时太庙神主有：高祖昭成帝、太祖道武帝、太宗明元帝、世祖太武帝、高宗文成帝、显祖献文帝。

到了宣武帝时，宣武帝又尊孝文帝为高祖，如此便与昭成帝的庙号重复，疑似在这个阶段，昭成帝之神主被迁出太庙。孝文帝时虽定下太祖，却未改昭穆，由此引发了宣武帝朝中关于是否应该调整昭穆的大讨论。昭穆即庙中神主之排列，始祖居中，始祖之子居昭（左），始祖之孙居穆（右），始祖孙之子再居昭，以此类推。最终太庙中的昭穆排列改为：太祖道武帝（居中）、太宗明元帝（昭）、世祖太武帝（穆）、恭宗景穆帝（昭）、高宗文成帝（穆）、显祖献文帝（昭）、高祖孝文帝（穆）。其中恭宗景穆帝是太武帝的太子拓跋晃，没有当过一天皇帝，其子文成帝拓跋濬即位后才追尊其为景穆帝。这位皇帝虽入宗庙，却不能参与宣武帝以后的太庙祀典中最重要的祫禘大祭，每次大祭，他所在的昭穆之位都要被空出。

此外，七庙之帝都可有功绩特别卓著的大臣与之"配飨"。北魏前期此制度并不完备，仅道武帝朝的拓跋虔和文成帝朝的拓跋素配飨太庙。孝文帝时追录先朝功臣，以崔玄伯、长孙嵩配飨明元帝，以奚斤配飨太武帝，以陆丽配飨献文帝。在宣武帝以后，配飨主要与禘祭相关，但不知是否还在太庙中配飨功臣。

二　太社

太社是祭祀土地神的地方。关于洛阳城中太社之制式，可从宣武帝与刘芳关于太社的问答中一窥。

《魏书·刘芳传》载刘芳因社稷无树曾上疏，引经据典洋洋洒洒列出太社需有树之七证：一曰《周礼》云在社稷祭坛上树立"田主"要各以其社所宜木，而郑玄注"所宜木""谓若松柏栗"；二曰《小司徒》云王社之祭坛要堆起矮土墙并植树，而郑玄注"王主于社"、"稷，社之细也"；三曰《论语》中宰我答哀公问社云夏后氏以松、殷人以柏、周人以栗；四曰《白虎通》云社稷有树之目的是为了"尊而识之"、"使民望而敬之""所以表功"；五曰《五经通义》云"社皆有垣无

屋，树其中以木有木者土，主生万物，万物莫善于木，故树木
也"；六曰《五经要义》辑录《尚书》中云"太社惟松，东社
惟柏，南社惟梓，西社惟栗，北社惟槐"；七曰诸家《礼图》
中社稷图皆画为树，唯诫社、诫稷无树。最终得出结论植松树
则可"不虑失礼"。最终宣武帝听从刘芳的建议，在太社种上
了松树。

> 继续向南行至路口，就到了从青阳门通向西明门的大街，
> 在街对面左边是护军府、右边是司州。
> 护军府正是前述禁卫军中掌管关隘港口的护军将军的军府。
> 迁都后将洛阳所在的洛州改名为司州，
> 司州是州名也是官署名。

||| 北魏的地方政治制度 |||

司州则是京师所在地的地方官署。迁都后将洛阳所在的洛州
改名为司州，司州是州名也是官署名。此处的主官是司州牧，我
们需要在北魏的地方行政系统中理解这个官职的意义。

北魏地方行政系统包括州、郡、县三级，可以简单对应理解
为如今的省、市、县。在州—郡—县三级系统之外，还另有与州
级行政平行的设置，即为巩固边防和基本维持原部落自治的军镇
系统与领民酋长系统。还有高于州级行政、为专事专办而设立、

有一定程度尚书省外派机构性质的行台系统，以及统括多州军事的都督区系统。

在国土面积远小于当代中国的北魏中，一共设置了 44 个州（不同时期数字有浮动，南朝也大致承认这种行政划分），每个州下辖郡、县的数量不等，依据情况分为上、中、下三级。其中司州作为都城洛阳所在最为特殊：司州下辖 20 个郡、121 个县，豫州和荆州下辖郡数最多，也不过十多个，荆州下辖县数最多，也未超过 50 个。司州的行政系统也与别州不同：司州的主官为司州牧，官从二品。司州牧以下的主要属官例示如下。

一　上纲

上纲之职设置之初由司州牧、州刺史自辟，通常为本州人，后来改为由朝廷任命。

司州别驾从事史：州佐之首，地位类似于军府长史。秩从四品上。

司州治中从事史：职责似与功曹相仿。秩从四品。

二　州门下

此类职务为司州牧、州刺史自辟，职责较为广泛。

司州主簿：主文书，亦可能因受刺史信任而被委任州事。秩从七品上。

司州西曹书佐：掌诸吏选举事。秩第八品上。

三　学官

宣武帝时有考功郎中崔轨奏请四门博士明经学者检视诸州学生，则诸州或有州办学校，或聚集州中学子共同应检。

司州文学：负责宣传教化、奖励学术。秩从八品。

四　诸曹从事

分管诸曹事务，司州牧、州刺史可自行从事从权设置。见诸记载的有记室、户曹、法曹、武猛、祭酒（负责尊老礼贤）、部郡（负责监察郡情）等。

五　僧官

司州沙门统：负责州中各类佛教事务。

其他州的主官为刺史，上、中、下州刺史分别为第三品、从三品、第四品。刺史有权开设军府，故而属下有州佐吏与府佐吏两种并行系统。在实际运作中，州中行政似以府佐吏系统为核心，州佐吏则常用来安置州中望族以便政治协商，而非由两个系统分管民事与军事。

州刺史以下属官品秩不详，应均低于对应的司州属官品秩，其职掌略示如下：

一 州佐吏

上纲：别驾、治中二从事史，与司州设置相同。

州门下：与司州设置相近，多出州都（主州吏选署）、录事、省事（从事文书工作）、门下督（门下警卫）等职。

诸曹从事：包括户曹从事、租曹从事等，刺史可自行设置。

僧官：包括州沙门统和州沙门维那（维那意为管事僧，但具体职掌未详）。

州中正：由中央任命，负责选拔人才。

其他：有市令、驿帅、逻队主等。

二 府佐吏

见前文军府条目。

||| 诸郡官员构成 |||

郡是州与县之间的行政区划。郡官员也由一名主官（河南尹、郡太守）、一名副官（郡丞）、几名辅佐官员（主簿等）、诸多分职官员（诸曹曹掾、曹佐）、僧官（郡维那）以及中央任命的郡中正组成。较特别的是郡一级可设置乡学博士与助教，北魏末年还有郡太守开军府设立府佐系统的例子。

与现代中国横向（地方主官领导各部门官员）纵向（上级部门官员领导下级部门官员）两种领导关系同时存在所形成的网格状系统不同，北魏时的地方行政系统更接近树状，地方主官向上级主官及监管部门负责，而地方部门系统主要由地方主官根据实际需要组建，因此地方部门官僚主要的负责对象是地方上的主官，而非上级同类部门。

||| 京县与其余诸县 |||

洛阳、河阴二县均为京县，长官为令（洛阳令、河阴令）。洛阳令下有设六部尉负责打理洛阳城内治安，六部为左右东西南北，每个部尉有若干经途尉作为下属。洛阳城中各里坊的里正直接受洛阳令管辖，如《伽蓝记》所言，一里之中以里正为长，亦有门吏、门士之职。洛阳城中亦有"坊"，也以里正为长，里正下有二里史为佐；里坊系同归洛阳县管辖；里正为"勋品"官员，"勋品"稍低于从九品，是流内品官与流外之吏的交界处。

京县以外的诸县亦以县令为长，有县丞为副。县中有县中正主管人事，有县维那主管佛教相关事务，有诸曹打理各项行政事务。县下有党长、里长、邻长三级制度，规定五户为一邻，五邻为一里，五里为一党，依自然村大小可分为一村多党或多村一党。

继续向南前行便出了宣阳门，自西边的津阳门一路向北，

左边是元乂所居的永康里，

右边依次是昭玄曹、永宁寺、御史台。

元乂曾任职于集书省和门下省，

想搞清楚他的履历，就要先了解北魏的诸省系统。

┊┊┊ 北魏诸省 ┊┊┊

此处的"省"是一种设于皇宫内部的政务部门，各省结构相差很大。俗称的"三省"乃中书省、门下省、尚书省，这种制度结构到隋唐时才基本完善。在北魏时，见诸史载的省足有六个，

这六省中还另有从属之省，隋唐之"三省"实际上是对魏晋南北朝的诸省体系进行取舍后的结果。由于政治实践上的多样性，省的职权范围与影响力在不同时代出现了很大不同，例如两晋以中书省总摄机要，北魏则有"政归门下"的说法。

以下介绍孝文帝改革后的诸省结构，以距离中央权力的亲疏远近而排定。

一　门下省

"门下"之意原指门客，是效忠于个人而为其谋划执行公私事务的人。北魏门下省可以确定的职务有三个：参议政事和律令制定、撰定服制、平尚书事（负责审核尚书省提交至皇帝的报告）、审核诏书（审核中书省撰写的诏令，如未发现问题便由舍人省颁发）等。景明二年（501），尚书仆射源怀上奏，就被门下省以现行法规已颁行为由，驳回了他所奏之事。

所谓"政归门下"主要诞生于于忠、元乂二人曾以侍中身份把持朝政、私颁诏书的行为中，其虽为个例，也是与当时的政治情况分不开的：撰写诏书的工作原属中书，到宣武帝朝为门下所侵夺。门下既有权限驳回臣子上书，又有权限审核自身编撰的诏令，甚至可能也侵夺了舍人省颁发诏令的工作，实际已具备了操纵皇宫内外信息往来的条件。

门下省长贰与从属部门的职权较割裂。长官与次官的职事主要是为皇帝完善诏令、谋划政事，在孝明帝朝被称为"小宰相"，辅政由门下省进行。北齐门下诸局的职掌都是与政事无关的勤务工作，其工作性质似乎也用不着"小宰相"们费心统筹；另一方面，衣食、医药都是事关君主生命健康的大事，门下作为君主私务部门的性质也由此体现。

门下省官员包括：

侍中：初置四员，普泰年间（孝庄帝朝）增至六员，秩第三品。《通典·职官志》称北魏尤重门下官，多以侍中辅政。

给事黄门侍郎：秩第四品上。在北魏建国之初，曾仿照晋之门下设门下省，以黄门侍郎、给事黄门侍郎参议政事，但很快废止。到明元帝时又设门下，这时便改侍中为门下主职。在孝文帝改革之后，给事黄门侍郎也会参与议政，如《伽蓝记》卷一至卷三都有出现的胡太后幸臣徐纥。

门下录事：秩从八品上。应从事录事工作。

北齐门下省内设有六局，应沿袭了北魏之制。六局主官各有多人，局中或有属官：

领左右局：主官为领左右，掌禁中事务，兼任禁军系统中的领左右将军。

尚食局：主官为尝食典御，副官为尝食典御丞，工作是"总知御膳"。

尚药局：主官为尝药典御，副官为尝药次御，属官有司药丞、侍御师，"总制御药事"。

主衣局：主官为主衣都统，掌皇帝御用服饰。

斋帅局：主官为斋帅，负责铺设洒扫。

殿中局：主官为殿中监，管理殿中事务。

此外，门下省还设有宫外办事机构，通常称作门下外省，似是用于文书工作的地方。被废死的君王亦常死于门下外省，缘由未详。

二 中书省

"中书"之"中"乃指禁中，是指在禁中进行文书工作之处。中书省是为皇帝草拟诏书的部门。另外，中书省亦有参与机密、执掌机要的职事。

中书省内另辖舍人省。舍人省掌管敕令下达、宣旨劳问。由于宣武帝朝草拟诏书和下达敕令的工作被门下省侵夺，中书省似常不在政治体系中。即使中书省恢复正常职能，门下省对其工作亦具备审查和驳正的权力。

中书省主官是中书监，又称西台大臣，秩从二品。副官为中书令，秩第三品；属官有中书侍郎（秩从四品上）、中书舍人（秩第六品）等。其中中书舍人是舍人省的主官。

《魏书·徐纥传》记载，中书舍人徐纥兼任给事黄门侍郎，甚至可以一人独揽诏书草拟、审核和传诏大权。这显然不符合设置此官的原本目的，此乃胡太后授官不当所致。

三　尚书省

　　尚书省是分职务管理各类事务的部门，其下分有六部，六部下又分有诸多郎曹。尚书省之职事与宫外对接甚多，分野甚细，是君王的执行部门。君王要处理的政务基本都源于尚书令向上汇报的问题。

　　尚书省中所设职官包括：

　　录尚书事、尚书令：尚书令秩第二品。录尚书事未载于《职员令》中，似为地位崇高者兼领尚书令时的代称。

　　左、右尚书仆射：秩从二品。未必同时设。

　　左右丞：左丞从四品上，右丞从四品。北齐左右丞各掌十数曹之事，亦管辖台中。北魏后期在左右丞下设左右司郎作为副官。

　　都令史：秩从八品上，职事未详。

　　主书令史：秩从八品上，职事未详。

　　六部主官均为尚书，秩第三品；列曹主官均为郎中，其中吏部郎中秩第四品上（一说其为单独设置的吏部侍郎），其他郎中秩第六品；诸曹各有属官，不枚举。

六部掌辖如下部门：

吏部：设吏部曹（协助主官处理官员任免事务）、考功曹（论定官吏功过）、南主客曹（处理外交与属国事务）、北主客曹。

殿中部：设殿中曹（协助主官处理表、疏相关事务）、直事曹（职务内容不详）、三公曹（掌诸曹刑狱事务）、驾部曹（掌车舆、牛马、厩牧等事务）。

仪曹部：设仪曹（协助主官处理吉凶礼制事务）、祠部曹（掌祠部医药、死丧赠赐等）、左主客曹、右主客曹、虞曹（掌地图，包括山川远近、园囿田猎、肴膳杂味等）、屯田曹（掌籍田、诸州屯田等，屯田指各州用来充当官员俸禄的公田）、起部曹（掌诸兴造工匠之事）。

七兵部：设七兵曹（协助主官处理七兵事务）、左中兵曹（掌诸郡督告身、诸宿卫官等事，中兵是指直属于中央的军队）、右中兵曹（掌京畿地区丁帐、事力、蕃兵情况）、左外兵曹（掌河南及潼关以东丁帐与征兵诏令，外兵是指地方上的军队）、右外兵曹（掌河北及潼关以西丁帐与征兵诏令）、骑兵曹、都兵曹（掌鼓吹、太乐、杂户等事，鼓吹即仪仗乐

队，太乐即国事所用音乐，杂户是一种地位略低于平民的户
口类型）。

都官部： 设都官曹（协助主官处理刑狱事务）、二千石曹
（掌地方上的得失）、左士曹（职务内容不详）、右士曹、比
部曹（掌诏书、律令等的勾检校对）、水部曹（掌舟船津梁、
公私水事）。

度支部： 设度支曹（协助主官处理各类会计事务）、仓部曹
（管仓库的会计）、左民曹（管全国范围内的记账、户籍）、
右民曹（管全国范围内的公私田宅租调，即决定该收多少
税）、金部曹（管度量衡，库藏文帐）、库部曹（管军用器械
仓库的会计）。

四 集书省

"集书"一词应取收集诸书（知识）之意。集书省是一个侍
从顾问部门，职责范围与门下省有所重合，所以隋时集书省被合
并到门下省之中。

集书省原名散骑省，以散骑常侍为主官，同一职位上有数
个员额。同类职官包括：散骑常侍（秩从三品）、通直散骑常侍
（秩第四品）、散骑侍郎（秩第五品上）、员外散骑常侍（秩第五
品上）、通直散骑侍郎（秩从五品上）、员外散骑侍郎（秩第七
品上）。

另有谏议大夫（从四品）、给事中（从六品上）、奉朝请（从

七品）等职官，皆为谏议之官，没有具体职事，职官之间似无上下级关系。

奉朝请原是朝廷赐予退职的大臣、将军、皇室、外戚定期参与朝会的名义（古人称春季的朝见为"朝"，秋季的朝见为"请"，东汉对罢省的三公、外戚、宗室、诸侯给以此名），使其具有岁时朝见的资格，以示优待。孝文帝改革将奉朝请改为从七品散官，作为加官授人。杨衒之曾任此职。

五　秘书省

"秘书"之意原为秘库藏书。西汉以降，朝廷曾多次下诏求书，藏于宫内秘府，等闲人难得一见，"秘书"一词即由此而来。秘书省原有内秘书系统，掌禁中文事，孝文帝的心腹之臣李冲曾任内秘书令；但内秘书系统在太和改革中罢去不设，此后秘书省应已不预政事。秘书省内另辖著作省，应是著书之处。

主官为秘书监（秩第三品）、副官为秘书丞（秩第五品上）、下辖秘书郎中（秩第七品）、著作郎（秩从五品上）、著作佐郎（秩第七品）、主书令史（秩从八品）等职官。

六　中侍中省

中侍中省的"中"代表宫中，主官为中侍中，是宦官充任的官职，未见载于后《职员令》中，品秩未详。刘腾曾任此官职。下设中常侍、中给事中、中尝药典御、中尝食典御、中谒者大夫、中谒者仆射等。

‖‖‖ 昭玄寺 ‖‖‖

与北魏极度兴盛的佛教发展态势相伴而生的是堪称完备的僧官系统。道武帝时，初设监福曹为中央一级僧务机构。职能包括僧官的任免、建造寺庙、剃度僧人、管理寺院经济、管理外国僧尼等，甚至曾涉及对道教的管理。另有比丘尼统掌管比丘尼事务。

孝文帝改监福曹为昭玄寺（一说是文成帝时期），[①] 并增设副职都维那。据《魏书·释老志》载，孝文帝在太和十七年（493）诏立《僧制》四十七条。沙门统副职都维那（仅次于沙门统的僧官，亦可译作"授事""知事"）协助沙门统领导全国僧众。昭玄寺在当时只听命于皇帝，不隶属于其他官署，政令传达方式单一。宣武帝永平元年（508）秋下诏："自今已后，众僧犯杀人已上罪者，仍依俗断，余犯悉付昭玄，以内律僧制治之。"这表明昭玄曹具备宗教领域内的司法权，当时僧人犯杀人以下罪者不再受世俗法律制裁，权限和影响颇大。

---

① 对于监福曹更名具体时期，汤用彤据《魏书·释老志》推断易名昭玄寺的时间应在孝文帝时期，参见汤用彤：《汉魏两晋南北朝佛教史》，北京大学出版社1997年版，第372页。谢重光认为既有可能就是在孝文帝太和二十一年（497），但也不能排除文成帝和平初年（460）的可能性——当时昙曜代替师贤任僧曹主官，在把道人统更名为沙门统的同时，一并将监福曹改名为昭玄寺。参见谢重光：《中古佛教僧官制度和社会生活》，商务印书馆2015年版，第56页。

┃┃┃ 御史台 ┃┃┃

御史台作为中央监察机构，是中央司法机关之一，负责纠察、弹劾官员、肃正纲纪。御史台的主官是御史中尉，属官有治书侍御史、殿中侍御史、检校御史、符玺郎、符节令等，分别负责一个领域的纠察工作，或是管理印玺符节等。

┃┃┃ 大长秋卿与太后三卿 ┃┃┃

大长秋卿系统完全由宦官组成，掌管宫阁之事，主官为大长秋，副官为中尹和大长秋丞；其下设有中黄门署，主官为中黄门令，属官有中黄门冗从仆射、中黄门、小黄门；宫舆少卿后改为中宫仆，也归在大长秋卿下。

太后三卿汉始置，以太后宫名为官号，应为宦官部门。北魏前期不置，孝文帝改革后仅胡太后设有太后三卿。因胡太后居崇训宫，故三卿应为崇训卫尉、崇训太府、崇训太仆。卿下亦设少卿与丞，有属官，官名与品秩未考。

继续向东便来到了东阳门旁的治粟里，

左转进入开阳门内大道，

在道路尽头与建春门内大道交叉处，

正是东宫的规划建筑用地。

但在《伽蓝记》中，它未能发展成"东宫"。

┃┃┃ 东宫官 ┃┃┃

《伽蓝记》称洛阳城中的东宫始终未完工，或许与元恂被废不无关系。北魏的东宫官僚系统并未因此空缺，皇储在哪里，哪里就是东宫。

培养太子就是培养下一代国君，因此东宫官系统十分完备，大致可以分为四种：负责教育太子的太子六傅（太师、太保、太傅、少师、少保、少傅），负责协助太子的太子三卿（家令、率更令、仆）等，负责东宫庶务的詹事（詹事丞、詹事功曹、詹事五官）等，负责保卫工作的太子三校（屯骑校尉、步兵校尉、翊军校尉）等。

由建春门内大道穿过万岁门便回到了宫城，

关于北魏部分官署和职官的介绍也就此接近尾声。

北魏官僚体制由习惯部落制的鲜卑族建立，因而建成初期带有较浓厚的部落制特色，例如宗室与异姓贵族不分官职地参与重大决策、皇帝任用官员时需考虑其门阀出身等。

在混乱的时局中，秩序难以保障，政治制度的废立往往屈于强权。孝文帝薨世后，交付到宣武帝手中的，是一个暗流涌动的帝国。[①] 孝文帝在临终前精心安排了六位辅政大臣：侍中、太尉元禧，司空元详，尚书令王肃，尚书左仆射元嘉，尚书右仆射元澄，吏部尚书宋弁。元禧以"天子儿，天子叔"自居，与元详权势最大。汉人王肃身居处理军国要政的核心职位，这是孝文帝力图将改革成果延续的意志体现。但身份敏感的王肃跻身于王室宗亲之间，行政阻力可想而知。孝文帝精心建立的职官体系很快被恣意篡改。

宣武帝在即位之初首先要面对的就是如何巩固尚不稳固的根基：生母早逝，父亲孝文帝赐死了太子元恂，两年后薨逝于征战南齐的途中，叔父们都对皇权虎视眈眈。在朝中尚无依凭的宣武帝最终靠高聪打开局面，重新启用父亲的亲信于烈，联合舅舅高肇铲除元禧、元详。宣武帝终于在即位的第六年、亲政的第三个年头，铲除心腹大患。初步站稳根基后，宣武帝励精图治，北魏一时间拥有了一幅令人期待的前景。但随着宣武帝早逝，北魏政局很快又坠入了新一轮的动荡之中。几经浮沉，最终"永熙多难，皇舆迁邺"，一切来到《洛阳伽蓝记》开篇所描绘的场景中。历史又换了人间。

---

① 关于宣武帝临政时北魏政治局势的分析，可参看罗新：《漫长的余生：一个北魏宫女和她的时代》，北京日报出版社 2022 年版，第 193—213 页。

北魏帝王世系表

庙号	谥号	姓名	年号		备注
烈祖 （明元皇帝拓跋嗣尊） 太祖 （孝文帝元宏改）	宣武皇帝 （初谥） 道武皇帝 （明元皇帝 拓跋嗣改谥）	拓跋珪 （371—409）	登国	386—396	
			皇始	396—398	
			天兴	398—404	
			天赐	404—409	
太宗	明元皇帝	拓跋嗣 （392—423）	永兴	409—413	
			神瑞	414—416	
			泰常	416—423	
世祖	太武皇帝	拓跋焘 （408—452）	始光	424—428	
			神麚（jiā）	428—431	
			延和	432—434	
			太延	435—440	
			太平真君	440—451	
			正平	451—452	
	南安隐王、敬 寿皇帝	拓跋余 （？—452）	承平 或永平	452（232天）	
恭宗 （北魏文成帝追尊）	景穆皇帝	拓跋晃 （428—451）			

庙号	谥号	姓名	年号		备注
高宗	文成皇帝	拓跋濬 （440—465）	兴安	452—454	
			兴光	454—455	
			太安	455—459	
			和平	459—465	
显祖	献文皇帝	拓跋弘 （454—476）	天安	466—467	
			皇兴	467—471	
高祖	孝文皇帝	元宏 （拓跋宏） （467—499）	延兴	471—476	
			承明	476	
			太和	477—499	
世宗	宣武皇帝	元恪 （483—515）	景明	500—503	
			正始	504—508	
			永平	508—512	
			延昌	512—515	
	文景皇帝	元愉 （488—508）	建平	508（39天）	
肃宗	孝明皇帝	元诩 （510—528）	熙平	516—518	
			神龟	518—520	
			正光	520—525	
			孝昌	525—527	
			武泰	528	
	隐帝	元法僧 （454—536）	天启	525（15天）	
	女帝、敬哀公 主、殇帝	元氏 （528—?）	武泰	528（1天）	

庙号	谥号	姓名	年号		备注
	少帝 （幼主）	元钊 （526—528）	武泰	528（45 天）	
肃祖 （北魏孝庄帝追尊）	文穆皇帝	元勰 （元协） （473—508）			
宣宗 （北魏孝庄帝追尊）	孝宣皇帝	元劭 （？ —528）			
敬宗	武怀帝 （初谥） 孝庄帝 （北魏孝武帝改）	元子攸 （507—530）	武泰	528	
			建义	528	
			永安	528—530	
	北海王、顺帝	元颢 （？ —529）	孝基	529	
			建武	529	
孝宗	长广敬王、惠 哀皇帝	元晔 （？ —532）	建明	530—531 （117 天）	
	先帝 （北魏节闵帝追尊）	元羽 （471—501）			
烈宗	节闵皇帝 （西魏追谥） 广陵王、 前废帝	元恭 （498—532）	普泰	531—532	
明宗	安定郡王、 后废帝、 顺文皇帝	元朗 （513—532）	中兴	531—532 （165 天）	
穆宗 （北魏孝武帝追尊）	武穆皇帝	元怀 （？ —517）			
显宗	孝武帝 （西魏谥） 出帝 （东魏谥）	元修 （510—535）	太昌	532	
			永兴	532	
			永熙	532—534	

主要人物表

		籍贯	姓名	官职		备注
				河阴之变前	河阴之变后	
北魏	宗室	—	元勰	太师、录尚书事、侍中、都督冀定幽瀛营安平七州诸军事	—	宣武帝的叔叔。女嫁清河崔氏。
			元天穆	西北道行台、都督东北道诸军事、太尉（元悦）掾	太宰、领军将军、录尚书事、侍中、京畿大都督	女嫁高欢族弟。
			元颢	西道大行台	称帝	
			元袭 （元桃汤）	河内太守	—	
			元乂	领军将军、尚书令、侍中	—	子女与琅琊王氏、清河崔氏、范阳卢氏联姻。
			元雍	太师、侍中、司州牧	—	子女与清河崔氏、荥阳郑氏联姻。
			元怿	太尉、侍中、尚书仆射	—	女嫁陇西李氏。
			元悦	太尉、侍中	大司马	

	籍贯	姓名	官职		备注
			河阴之变前	河阴之变后	
北魏	宗室		元纪	—	给事黄门侍郎、尚书左仆射	
			元洪超	尚书右丞、廷尉卿、行台	—	
			元怀	太尉、侍中	—	有三女分别嫁给宇文泰、高欢异母弟高琛、荥阳郑氏。
			元渊	都官尚书、中书侍郎、河南尹	—	娶琅琊王肃之女。
			元徽	侍中、尚书令、西道行台	太保、录尚书事、宗师、司州牧	娶陇西李氏。李氏在元徽死后成为高欢侧室。
			元彧	侍中、尚书左仆射、御史中尉、东道行台	大司马、尚书令	
			元继	—	—	权臣元义的父亲。
			元略	—	—	死于河阴之变。尔朱荣为其姑丈。
	崔	清河崔氏	崔光	太傅、尚书令、侍中	—	
		清河崔氏	崔休	给事黄门侍郎、尚书左丞、冀州大中正、洛州刺史、幽州刺史、青州刺史	—	清河六房之一大房的始祖。有两女分别嫁给元义之子元稚舒和高欢之子高济。
		清河崔氏	崔叔仁	—	司徒司马、颍州刺史	崔休之子。
		博陵崔氏	崔孝忠	侍御史、秘书郎	—	任职时间不详

437

	籍贯	姓名	官职		备注
			河阴之变前	河阴之变后	
北魏	崔	博陵崔氏	崔延伯	右卫将军、荆州刺史、豳州刺史、并州刺史、岐州刺史	—	
	卢	范阳卢氏	卢景裕	—	国子博士、齐王（高欢）府属	
		范阳卢氏	卢辩（卢景宣）	太学博士	给事黄门侍郎、尚书令、中书舍人、太常卿、国子祭酒、幽州大中正	
	郑	荥阳郑氏	郑季明	光禄少卿、谯郡太守	—	
		荥阳郑氏	郑道昭	秘书监、光州刺史、青州刺史	—	
	李	陇西李氏	李瑒之	太常卿、七兵尚书、国子祭酒、秘书监、王府（元飀）行参军	侍中、尚书左仆射、三荆二郢大行台	
		陇西李氏	李延寔	督光州诸军事	太傅、侍中、录尚书事、东道大行台	
		陇西李氏	李韶	侍中、吏部尚书、将作大匠、抚军将军、西道都督	—	
		赵郡李氏	李同轨	国子博士	中书侍郎	
	杨	弘农杨氏	杨宽	宗正丞	给事黄门侍郎、尚书左仆射、廷尉卿、将作大监、总管梁兴等十九州诸军事	

		籍贯	姓名	官职		备注
				河阴之变前	河阴之变后	
北魏	杨	弘农杨氏	杨椿	太保、侍中、都官尚书、卫尉卿、抚军将军、督征讨诸军事	—	
		弘农杨氏	杨顺	武卫将军、太仆卿	抚军将军、冀州刺史	
		弘农杨氏	杨津	吏部尚书、卫尉卿、右卫将军、左卫将军、抚军将军、北道行台	领军将军、司空、侍中、尚书令、中军大都督	
	其他	河内	常景	给事黄门侍郎、太常博士、幽州刺史、徐州刺史	给事黄门侍郎、秘书监	
		范阳	祖莹	给事黄门侍郎、国子祭酒、幽州大中正	太常卿	
		彭城	刘芳	中书令、国子祭酒、太常卿、徐州大中正、青州刺史	—	
		渤海	封伟伯	太学博士、行台郎中、太尉（元怿）参军事	—	
		乐安	徐纥	给事黄门侍郎、中书舍人、领军（元乂）司马	—	
		顿丘	李彪	度支尚书、御史中丞	—	
		顿丘	李崇	侍中、尚书令、中书监、都督定幽燕瀛四州诸军事	—	

籍贯		籍贯	姓名	官职		备注
				河阴之变前	河阴之变后	
北魏	其他	顿丘	李神轨	武卫将军、给事黄门侍郎、中书舍人	—	
		范阳	李訢（李真奴）	司空、侍中、仪曹尚书、相州刺史、徐州刺史	—	
		代郡	朱瑞（朱元龙）	大行台（尔朱荣）郎中	侍中、尚书左仆射、青州大中正、沧州大中正	
		太原	郭祚	侍中、尚书右仆射、都督雍岐华三州诸军事、并州大中正	—	
		河间	邢峦	度支尚书、中书侍郎、御史中尉、抚军将军、瀛州大中正	—	
		河间	邢邵（邢子才）	著作佐郎	给事黄门侍郎、中书侍郎、国子祭酒	
		河内	司马悦	豫州刺史	—	
		广平	游肇	侍中、尚书右仆射、中书令、廷尉卿、御史中尉、相州刺史	—	
		巨鹿	魏收	太学博士	尚书右仆射、中书令、著作郎	
		济阴	温子昇	御史、行台（元渊）郎中	主客郎中、中书舍人、大将军（高澄）咨议参军、本州大中正	

	籍贯	姓名	官职		备注
			河阴之变前	河阴之变后	
北魏	其他	中山	甄琛	侍中、中书博士、御史中尉、河南尹、定州大中正	—	
		昌黎	韩子熙	清河王（元怿）郎中令、中书舍人、著作郎、鸿胪少卿	吏部郎、著作郎、国子祭酒	
		上谷	寇弥（寇祖仁）	尚书郎	—	
		北地	毛鸿宾	岐州刺史	西兖州刺史、南青州刺史	
	宦官		宋云	—	—	
			刘腾	司空、大长秋卿、太府卿	—	
			王温	中侍中、崇训太仆少卿、光禄勋卿、抚军将军、瀛洲刺史	—	
			贾粲	中给事中、中尝药典御、中常侍、光禄少卿	—	
	鲜卑	—	尔朱荣	直寝、肆州刺史、秀容第一领人酋长	天柱大将军、大都督、侍中、尚书令、领军将军	
			尔朱世隆	直阁将军	太傅、领军将军、尚书令、侍中、司州牧、肆州大中正	

441

	籍贯	姓名	官职		备注
			河阴之变前	河阴之变后	
北魏	鲜卑	—	尔朱兆	步兵校尉	柱国大将军、大都督、录尚书事、侍中、武卫将军、大行台	
			尔朱天光	—	侍中、尚书令、抚军将军、左卫将军、并肆云恒朔燕蔚显汾九州行台	
			长孙稚	抚军大将军、大都督	太师、录尚书事	
			山伟	侍御史、国子助教、廷尉评	中书令、秘书监、修起居注	
			源子恭	给事黄门侍郎、抚军将军	侍中、尚书右仆射、中书监、行台	
南朝	高车	—	斛斯椿	—	太傅、尚书令	
	宗室	—	萧赞	司徒、齐州刺史	—	
			萧彪	中书侍郎、王府（元劭）长史	侍中、五兵尚书、中书监、大司农、抚军将军、扬州大中正	
			萧宝夤	司空、西讨大都督	—	反叛称帝
	王	琅邪王氏	王肃	尚书令、都督淮南诸军事	—	
			荀济	—	—	布衣名士

北魏大事年表

年　　号	公元	大　　　事
登国元年	386 年	正月，鲜卑拓跋珪复国，称代王；四月，改称魏王。后燕定都中山，后秦定都长安。前秦苻坚继位。
登国九年	394 年	八月，后燕灭西燕。
登国十年	395 年	十一月，拓跋珪歼后燕军于参合陉。
皇始二年	397 年	南凉、北凉独立。北魏控制黄河以北中原地区。
皇始三年	398 年	北魏迁都平城。
天兴五年	402 年	北魏与后秦大战。
天兴五年	402 年	北魏道武帝被杀，明元帝继位。
始光三年	426 年	北魏讨伐夏，占领长安。
始光四年	427 年	北魏占领夏首都统万。
神□三年	431 年	北魏占领关中全境。
太延二年	436 年	五月，北燕主冯弘逃往高丽，北魏灭北燕。
太延五年	439 年	九月，北魏灭北凉，统一华北。南北朝时代开始。
南朝宋　元嘉二十二年 北魏　　太平真君六年	445 年	正月，宋颁行《元嘉新历》。九月，北魏卢水胡人盖吴起义于杏城。十二月，宋杀史学家范晔。
太平真君七年	446 年	二月，北魏毁佛寺，坑僧尼，焚经像。八月，盖吴败死。
太平真君十年	449 年	北魏大胜柔然。

年　　　号	公元	大　　　　事
南朝宋　元嘉二十七年 北魏　太平真君十一年	450 年	十二月，北魏太武帝拓跋焘侵宋，进至瓜步。
正平二年	452 年	太武帝被宦官刺杀，文成帝即位，佛教复兴。
北魏文成帝　兴安元年	453 年	云冈石窟开凿。
和平六年	465 年	冯太后摄政。
南朝宋　泰始五年 北魏　皇兴三年	469 年	正月，北魏陷宋东阳，夺取青州。五月，北魏迁青、齐民于平城，置平齐郡。又用沙门统昙曜言，以平齐户及诸民能输谷入僧曹者为僧祇户，以重罪犯及官奴为佛图户。
延兴六年	476 年	冯太后杀献文帝，摄政。
宋顺帝　昇明元年 北魏　太和元年	477 年	宋萧道成擅政。北魏制，一夫治田四十亩，中男二十亩。
南齐　永明三年 北魏　太和九年	485 年	十月，北魏孝文帝颁均田令。十二月，南齐富阳人唐寓之起义。
太和十年	486 年	北魏实施三长制。
太和十四年	490 年	冯太后去世，孝文帝亲政。
太和十七年	493 年	决定迁都洛阳。
太和十八年	494 年	北魏迁都洛阳。 孝文帝接见南朝北投王肃。 下令禁穿胡服。
太和二十年	496 年	北魏禁鲜卑语。改鲜卑姓，并以门第用人。
南齐　永元元年	499 年	是岁，诗人谢朓下狱死。
南齐　永元二年 北魏宣武帝　景明元年	500 年	自然科学家祖冲之卒。陶弘景增订《肘后百一方》成书。 龙门石窟开凿。
南齐　永元三年	501 年	刘勰《文心雕龙》成书。
景明二年	501 年	洛阳大兴土木。

年　号	公元	大　事
南朝梁　天监元年	502 年	四月，萧衍称帝，国号梁，南齐灭亡。
天监六年	507 年	范缜著《神灭论》成。
建武七年	508 年	北魏爆发京兆王愉之乱。高肇杀彭城王元勰。
天监九年	510 年	梁采用祖冲之制订的《大明历》。
天监十二年	513 年	闰二月，文学家、史学家沈约卒。
北魏延昌四年	515 年	六月，北魏冀州沙门法庆起义，自号大乘。
南朝梁　天监十五年 北魏孝明帝　熙平元年	516 年	宣武帝去世，孝明帝即位，胡太后摄政。 梁浮山堰崩塌，缘淮村落十余万口被漂入海。柔然击杀高车王弥俄突。
北魏　神龟元年	518 年	北魏命惠生、宋云往北天竺求法。
正光元年	520 年	元义幽禁胡太后。
正光三年	522 年	正月，惠生、宋云从北天竺回到洛阳。
正光五年	524 年	三月，六镇起义。六月，关陇起义。
孝昌元年	525 年	胡太后返政。八月，杜洛周在上谷起义。
孝昌二年	526 年	正月，鲜于修礼起义于定州左人城。八月，鲜于修礼被害，部将葛荣继续领导起义军。
孝昌三年	527 年	九月，关陇起义军领袖莫折念生被杀。十月，《水经注》作者郦道元被杀。 梁武帝舍生同泰寺。
永安元年	528 年	四月，尔朱荣举兵入洛阳，杀朝士二千余人于河阴，遂擅魏政。六月，邢杲起义于北海。七月，万俟丑奴于关中称帝。八月，葛荣起义军为尔朱荣所败。
永安二年	529 年	四月，邢杲失败。
永安三年	530 年	四月，万俟丑奴失败。九月，北魏孝庄帝杀尔朱荣。十二月，北魏孝庄帝为尔朱兆所杀。
南朝梁　中大通四年 北魏　普泰元年	531 年	尔朱兆拥立节闵帝。高欢自立。 四月，《文选》纂撰者梁昭明太子萧统卒。

年　号	公元	大　事
永熙元年	532 年	高欢占领邺城，灭尔朱荣军，拥立孝武帝。
永熙二年	533 年	正月，尔朱兆自杀，高欢尽灭尔朱氏。是时北魏僧尼近二百万，寺院三万所。
北魏　永熙三年 东魏孝静帝　天平元年	534 年	七月，北魏孝武帝西奔长安，投奔宇文泰。十月，高欢立元善见为帝，是为东魏孝静帝，京都迁邺。北魏分立为东、西魏。闰十二月，宇文泰杀孝武帝。
西魏文帝　大统元年	535 年	正月，宇文泰立元宝炬为帝，是为西魏文帝。
西魏　大统三年 东魏　天平四年	537 年	十月，高欢进攻宇文泰，战于沙苑，东魏大败。
西魏　大统四年 东魏　元象元年	538 年	八月，东西魏战于河桥，西魏初胜后败。
西魏　大统九年 东魏　武定元年	543 年	三月，东西魏战于邙山，东魏胜西魏。
西魏　大统十二年 东魏　武定四年	546 年	十月，东魏围西魏玉壁，士卒死伤七万人；十一月，东魏军无功而退。
南朝梁　太清元年 东魏　武定五年	547 年	正月，东魏丞相高欢卒。三月，侯景叛东魏降梁。十一月，梁丧师于寒山堰。 杨衒之撰《洛阳伽蓝记》。
南朝梁　太清二年 东魏　武定六年	548 年	侯景之乱爆发。
南朝梁　太清三年	549 年	侯景攻陷建康，梁武帝去世。
北齐　天保元年	550 年	高洋接受孝静帝禅让。东魏灭亡，北齐建国。

参考文献

一、古籍

1. 《北齐书》，（唐）李百药撰，北京：中华书局，1972 年。

2. 《北史》，（唐）李延寿撰，北京：中华书局，1974 年。

3. 《册府元龟》，（北宋）王钦若等编，北京：中华书局，2003 年。

4. 《陈书》，（唐）姚思廉撰，北京：中华书局，1972 年。

5. 《春秋繁露义证》，（西汉）董仲舒撰，苏舆义证，钟哲点校，北京：中华书局，1992 年。

6. 《春秋左传注》，杨伯俊编著，北京：中华书局，2009 年。

7. 《重刊洛阳伽蓝记》，徐高阮重刊别文注并校勘，北京：中华书局，2013 年。

8. 《大慈恩寺三藏法师传》，（唐）会立原本，（唐）彦悰撰定，《大正藏》第 50 册。

9. 《法苑珠林》，（唐）道世撰，《大正藏》第 53 册。

10. 《佛国记》，（东晋）法显撰，上海：商务印书馆，1922 年。

11. 《佛祖统纪》，（宋）志磐撰，《大正藏》第 46 册。

12. 《广异记　冥报记》，（唐）戴孚、唐临撰，北京：中华书局，1992 年。

13. 《国语》，（战国）左丘明撰，（三国吴）韦昭注，上海：上海古籍出版社，2015 年。

14. 《汉书》，（东汉）班固撰，（唐）颜师古注，北京：中华书局，1962 年。

15. 《后汉书》，（南朝宋）范晔撰，（唐）李贤注，北京：中华书局，2000 年。

16. 《金石萃编》，（清）王昶撰，北京：中国书店，1955 年。

17. 《晋书》，（唐）房玄龄撰，北京：中华书局：1996 年。

18. 《开元释教录》，（唐）智昇撰，《大正藏》第 55 册。

19. 《礼记正义》，（汉）郑玄注，（唐）孔颖达正义，上海：上海古籍出版社，2008 年。

20. 《梁书》，（唐）姚思廉撰，北京：中华书局，1973 年。

21. 《洛阳伽蓝记》，（北魏）杨衒之撰，尚荣译注，北京：中华书局，2012 年。

22. 《洛阳伽蓝记合校》，（北魏）杨衒之撰，张宗祥校，扬州：江苏广陵古籍刻印社，1997 年。

23. 《洛阳伽蓝记校笺》，（北魏）杨衒之撰，杨勇校笺，北京：中华书局，2006 年。

24. 《洛阳伽蓝记校释》，（北魏）杨衒之撰，周祖谟校释，北京：中华书局，2010 年。

25. 《洛阳伽蓝记校释今译》，（北魏）杨衒之撰，周振甫释译，北京：北京联合出版公司，2019 年。

26. 《洛阳伽蓝记校注》，（北魏）杨衒之撰，范祥雍校注，上海：上海古籍出版社，2018 年。

27. 《南齐书》，（梁）萧子显，北京：中华书局，1972 年。

28. 《南史》，（唐）李延寿，北京：中华书局，1975 年。

29. 《全上古三代秦汉三国六朝文》，严可均辑，北京：中华书局，1958 年。

30. 《廿二史劄记》，（清）赵翼撰，上海：上海古籍出版社，2011 年。

31. 《全唐诗》，（清）彭定求等编，北京：

中华书局，1960 年。

32. 《全唐文》，（清）董诰等主编，北京：
    中华书局，1983 年影印版。

33. 《史记》，（汉）司马迁撰，北京：中华
    书局，1959 年。

34. 《水经注校正》，（北魏）郦道元撰，陈
    桥驿校正，北京：中华书局，2001 年。

35. 《说文解字注》，（汉）许慎撰，（清）
    段玉裁注，上海：上海古籍出版社，
    1981 年。

36. 《搜神记》，（东晋）干宝撰，北京：中
    华书局，2009 年。

37. 《隋书》，（唐）魏征撰，北京：中华书
    局，1973 年。

38. 《太平广记》，（宋）李昉撰，北京：中
    华书局，1961 年。

39. 《通典》，（唐）杜佑撰，北京：中华书
    局，1988 年。

40. 《太平寰宇记》，（宋）乐史撰，王文楚
    等点校，北京：中华书局，2007 年。

41. 《魏书》，（北齐）魏收撰，北京：中华
    书局，1997 年。

42. 《文选》，（梁）萧统编，（唐）李善注，
    上海：上海古籍出版社，1986 年。

43. 《周易正义》，（三国魏）王弼注，（唐）
    孔颖达疏，《十三经注疏本》，北京：北
    京大学出版社，1999 年。

44. 《资治通鉴》，（宋）司马光撰，（元）胡
    三省注，北京：中华书局，1956 年。

二、墓志

1. 洛阳市文物局：《洛阳出土北魏墓志选
   编》，北京：科学出版社，2001 年。

2. 赵超：《汉魏南北朝墓志汇编》，天津：
   天津古籍出版社，2008 年。

3. 赵万里：《汉魏南北朝墓志集释》，北
   京：科学出版社，1956 年。

三、近人论著

（一）专著

1. 曹道衡：《南朝文学与北朝文学研究》，
   南京：江苏古籍出版社，1998 年。

2. 陈垣：《二十史朔闰表》，北京：中华书
   局，1962 年。

3. 陈金华：《佛教与中外交流》，上海：中
   西书局，2016 年。

4. 陈侃理主编：《变动的传统：中国古代
   政治文化史新论》，上海：上海古籍出
   版社，2023 年。

5. 陈爽：《世家大族与北朝政治》，北京：
   中国社会科学出版社，1998 年。

6. 陈寅恪：《隋唐制度渊源略论稿》，上
   海：上海古籍出版社，2020 年。

7. 陈昌远编著、陈隆文修订：《中国历史
   地理简编》，开封：河南大学出版社，
   2007 年。

8. 陈戍国：《魏晋南北朝礼制研究》，长
   沙：湖南教育出版社，1995 年。

9. 陈仲安、王素：《汉唐职官制度研究》，
   上海：中西书局，2018 年。

10. 丁牧：《中国戏剧的历史》，北京：中国
    商务出版社，2018 年。

11. 方北辰：《魏晋南朝江东世家大族述
    论》，台北：文津出版社，1991 年。

12. 方立天：《方立天文集》，北京：中国人
    民大学出版社，2012 年。

13. 高二旺：《魏晋南北朝丧礼与社会》，上
    海：上海古籍出版社，2017 年。

14. 葛兆光：《中国思想史》（第 1 卷），上
    海：复旦大学出版社，2019 年第二版。

15. 韩理洲等辑校编年：《全北魏东魏西魏
    文补遗》，西安：三秦出版社，
    2010 年。

16. 何炳棣著，范毅军、何汉威整理：《何
    炳棣思想制度史论》，台北："中央"研

究院、联经出版公司，2013年。

17. 胡新生：《中国古代巫术》，济南：山东人民出版社，1998年。

18. 黄永年：《黄永年文史论文集》第4册，北京：中华书局，2015年。

19. 季羡林：《印度古代语言论集》北京：中国社会科学出版社，1982年。

20. 李凭：《北魏平城时代（第四版）》，上海：上海古籍出版社，2023年。

21. 李泽厚：《美的历程（插图本）》，桂林：广西师范大学出版社，2001年第2版。

22. 刘淑芬：《中古的佛教与社会》，上海：上海古籍出版社，2008年。

23. 刘庭风：《园释》，北京：中国建材工业出版社，2020年。

24. 刘跃进：《中古文学文献学》，南京：江苏古籍出版社1997年。

25. 逯耀东：《从平城到洛阳：拓跋魏文化转变的历程》，北京：中华书局，2006年。

26. 鲁迅：《中国小说史略》，北京：东方出版社，1996年。

27. 罗新：《漫长的余生：一个北魏宫女和她的时代》，北京：北京日报出版，2022年。

28. 罗宗强：《魏晋南北朝文学思想史》，北京：中华书局，1996年。

29. 吕思勉：《中国制度史》，上海：上海三联书店，2009年。

30. 孟光全：《〈洛阳伽蓝记〉研究》，成都：巴蜀书社，2011年。

31. 饶宗颐：《中国史学上之正统论》，上海：远东出版社，1996年。

32. 任继愈主编：《中国佛教史》第2卷，北京：中国社会科学出版社，1985年。

33. 孙英刚：《神文时代：谶纬、术数与中古政治研究》，上海：上海古籍出版社，2015年。

34. 汤一介：《魏晋南北朝时期的道教》，西安：陕西师范大学出版社，1988年。

35. 汤用彤：《汉魏两晋南北朝佛教史》，北京：北京大学出版社，1997年。

36. 汤用彤：《隋唐佛教史稿》，武汉：武汉大学出版社，2008年。

37. 唐长孺：《魏晋南北朝隋唐史三论》，北京：中华书局，2011年。

38. 唐长孺：《魏晋南北朝史论丛》，北京：中华书局，2011年。

39. 田余庆：《拓跋史探》(修订本)，北京：生活·读书·新知三联书店，2011年。

40. 毋有江：《北魏政治地理研究》，北京：科学出版社，2018年。

41. 王青：《魏晋南北朝时期的佛教信仰与神话》，北京：中国社会科学出版社，2001年。

42. 王素：《三省制略论》，上海：中西书局，2021年。

43. 王文进：《净土上的烽烟·洛阳伽蓝记》，北京：九州出版社，2018年。

44. 王仲荦：《魏晋南北朝史》，上海：上海人民出版社，2003年。

45. 项海帆、潘洪萱等编著：《中国桥梁史纲》，上海：同济大学出版社，2009年。

46. 萧振士编著：《中国佛教文化简明辞典》，北京：世界图书出版公司，2014年。

47. 谢重光：《中古佛教僧官制度和社会生活》，北京：商务印书馆，2009年。

48. 阎步克：《品位与职位：秦汉魏晋南北朝官阶制度研究》，北京：中华书局，2023年。

49. 杨宽：《中国古代都城制度史研究》，上海：上海古籍出版社，1993年。

50. 俞鹿年：《北魏职官制度考》，北京：社会科学文献出版社，2008年。

51. 杨明编选：《六朝风采远追寻》，北京：

商务印书馆，2017年。

52. 卢嘉锡总主编，邱光明、丘隆、杨平著：《中国科学技术史：度量衡卷》，北京：科学出版社，2001年。

53. 余太山：《早期丝绸之路文献研究》，上海：上海人民出版社，2009年。

54. 严耕望：《严耕望史学论文选集》（上），北京：中华书局，2006年。

55. 张岱年主编：《中国哲学大辞典》，上海：上海辞书出版社，2010年。

56. 张国刚：《中西文化关系通史》，北京：北京大学出版社，2019年。

57. 赵君平、赵文成编：《河洛墓刻拾零》（上下），北京：北京图书馆出版社，2007年。

58. 郑钦仁：《北魏官僚机构研究》，台北：牧童出版社，1976年。

59. 郑钦仁：《北魏官僚机构研究续篇》，台北：稻禾出版社，1995年。

60. 张驭寰：《古建筑勘查与探究》，南京：江苏古籍出版社，1988年。

61. 张金龙：《魏晋南北朝禁卫武官制度研究》（上下），北京：中华书局，2004年。

62. 张金龙：《北魏政治史》（全9册），兰州：甘肃教育出版社，2008年。

63. 周一良：《魏晋南北朝史论集》，北京：北京大学出版社，1997年。

64. 周一良：《魏晋南北朝史札记》，北京：中华书局，1985年。

65. 周振鹤主编，牟发松、毋有江、魏俊杰著：《中国行政区划通史·十六国北朝卷》，上海：复旦大学出版社，2016年。

66. 朱大渭、刘驰、梁满仓、陈勇著：《魏晋南北朝社会生活史》，北京：中国社会科学出版社，2005年。

67. ［日］滨口重国：《秦汉隋唐史的研究》上卷，东京：东京大学出版会，1966年。

68. ［韩］金大珍：《北魏洛阳城市风貌研究：以〈洛阳伽蓝记〉为中心》，北京：中国社会科学出版社，2016年。

69. ［日］堀池信夫：《汉魏思想史研究》，东京：明治书院，1988年。

70. ［日］前野裕一著，韩文译：《黄老道的形成与发展》，南京：凤凰出版社，2021年。

71. ［日］窪添庆文著，赵立新、涂宗呈、胡云薇等译：《魏晋南北朝官僚制度研究》，上海：复旦大学出版社，2017年。

72. ［法］谢和耐著，耿昇译：《中国5—10世纪的寺院经济》，上海：上海古籍出版社，2004年。

（二）期刊、论文

1. 曹道衡：《关于杨衒之〈洛阳伽蓝记〉的几个问题》，《文学遗产》2001年第3期。

2. 陈长安：《洛阳邙山北魏定陵、终宁陵考》，《中原文物》1987年特刊。

3. 陈建军、王莉萍、余兵：《北魏洛阳永宁寺塔基遗址新出土的彩绘泥塑造像》，《文物天地》2018年第10期。

4. 陈建军、王莉萍、高慧：《〈洛阳伽蓝记〉误载举隅》，《洛阳考古》2019年第2期。

5. 陈明达：《中国封建社会木结构建筑技术的发展》，建筑理论及历史研究室编：《建筑历史研究》第一辑，中国建筑科学研究院建筑情报研究所，1982年。

6. 杜玉生：《北魏永宁寺塔基发掘简报》，《考古》1981年第4期。

7. 段鹏琦、杜玉生、肖淮雁、钱国祥：《洛阳汉魏故城勘察工作的收获》，《中国考古学会第五次年会论文集：1985》，北京：文物出版社，1988年。

8. 段鹏琦：《汉魏洛阳与自然河流的开发与利用》，《庆祝苏秉琦考古五十五年论文集》，北京：文物出版社，1989年。

9. 何德章：《北魏国号与正统问题》，《历史研究》1992年第3期。

10. 侯旭东：《北朝乡里制与村民的生活世界——以石刻为中心的考察》，《历史研究》2001年第6期。

11. 霍宏伟：《洛阳北魏永宁寺建筑艺术及其历史地位》，《河洛文化论丛》第一辑，郑州：河南大学出版社，1990年。

12. ［法］乐维著，张立方译：《官吏与神灵——六朝及唐代小说中官吏与神灵之争》，《法国汉学》第3辑，北京：清华大学出版社，1998年。

13. 林瑜胜：《北魏时期的政教关系与宗教治理》，《世界宗教研究》2022年第11期。

14. 刘康乐、韩琳：《北魏宗教管理体制初探》，《宗教学研究》2008年第3期。

15. 刘铭恕：《洛阳出土的西域人墓志》，《洛阳——丝绸之路的起点》，郑州：中州古籍出版社，1992年。

16. 刘浦江：《德运之争与辽金王朝的正统性问题》，《中国社会科学》2004年第2期。

17. 刘曙光：《汉魏洛阳研究四札》，《中原文物》1996年特刊。

18. 洛阳博物馆：《河南洛阳北魏元墓调查》，《文物》1974年第12期。

19. 洛阳市第二文物工作队：《洛阳邙山陵墓群的文物普查》，《文物》2007年第10期。

20. 孟凡人：《北魏洛阳外郭城形制初探》，杜金鹏、钱国祥主编：《汉魏洛阳城遗址研究》，北京：科学出版社，2000年。

21. 孟光全：《论〈洛阳伽蓝记·庭山赋〉的另一种趣味》，《内江师范学院学报》，2005年第20卷增刊。

22. 宿白：《北魏洛阳城和北邙陵墓——鲜

卑遗迹辑录之三》，《文物》1978年第7期。

23. 孙英刚：《布发掩泥的北齐皇帝：中古燃灯佛授记的政治意涵》，《历史研究》2019年第6期。

24. 孙英刚：《迦腻色迦的遗产——中国中古时期的历史记忆及影响》，《佛学研究》2017年第2期。

25. 孙英刚：《魏晋南北朝时期犍陀罗对中国文明的影响》，《复旦学报》2022年第1期。

26. 孙英刚：《武则天的七宝——佛教转轮王的图像、符号及其政治意涵》，《世界宗教研究》2015年第2期。

27. 孙险峰：《空间与时间：北魏宇宙观与政治文化研究》，郑州大学博士学位论文，2016年。

28. 唐燮军：《〈洛阳伽蓝记〉三题》，《史学史研究》2005年第1期。

29. 王朝海：《北魏政权正统之争研究》，《北方民族大学学报》2012年第2期。

30. 王贵祥：《关于北魏洛阳永宁寺塔复原的再研究》，《建筑史》第32辑，2013年。

31. 王建国：《〈洛阳伽蓝记〉的作者及创作年代辩证》，《江汉论坛》2009年第10期。

32. 王静：《北魏洛阳佛寺若干问题研究》，陕西师范大学博士学位论文，2020年。

33. 魏斌：《北魏洛阳的汉晋想象——空间、古迹与记忆》，《北京大学学报》2023年第3期。

34. 徐世民：《佛陀"相好"与六朝文学作品中的女性形象审美》，《惠州学院学报》2022年第1期。

35. 偃师市文物管理局：《汉魏洛阳城东阳渠、鸿池陂考古勘察简报》，《华夏考古》2011年第1期。

36. 叶万松：《周秦汉魏时期洛阳与西域的

文化交流》，《洛阳考古四十年——1992
年洛阳考古学术研讨会论文集》，北京：
科学出版社，1996年。

37. 袁洪流：《洛阳伽蓝记研究》，华中师范
大学博士学位论文，2015年。

38. 张金龙：《北朝中央护军制度考索》，
《史学月刊》1999年第4期。

39. 赵立伟、宁登国：《魏三体石经历代出
土与变迁考》，《洛阳理工学院学报》
2008年第1期。

40. 赵永磊：《塑造正统：北魏太庙制度的
构建》，《历史研究》2017年第6期。

41. 中国社会科学院考古研究所洛阳工作
队：《汉魏洛阳城的初步勘察》，《考古》
1973年第4期。

42. 中国社会科学院考古研究所洛阳工作
队：《汉魏洛阳城南郊的灵台遗址》，
《考古》1978年第1期。

43. 中国社会科学院考古研究所洛阳汉魏城
工作队：《汉魏洛阳城北魏建春门遗址
的发掘》，《考古》1988年第9期。

44. 中国社会科学院考古研究所洛阳汉魏城
工作队：《北魏洛阳外郭城和水道的勘
察》，杜金鹏、钱国祥主编：《汉魏洛
阳城遗址研究》，北京：科学出版社，
2007年。

45. 周建波、孙圣民、张博、周建涛：《佛
教信仰、商业信用与制度变迁——中古
时期寺院金融兴衰分析》，《经济研究》
2018年第6期。

46. 周勋：《论千金堨与魏晋时期洛阳城水
利关系》，《安阳师范学院学报》2015
年第1期。

47. ［日］仓本尚德：《行像与行城——敦煌
行城仪式起源考》，《唐研究》第26卷，
2021年。

48. ［日］山崎宏：《北魏の大人官に就
いて》，《東洋史研究》卷9号5、6，
1947年。

49. ［日］松永雅生：《北魏の三都》，《東洋
史研究》卷29号2、3，1970-1971年。